产品服务与技术创新融合视域下的我国数字媒体发展研究

李强 张伟 安静／著

吉林大学出版社

·长春·

图书在版编目（CIP）数据

产品服务与技术创新融合视域下的我国数字媒体发展
研究 / 李强, 张伟, 安静著 . —— 长春 : 吉林大学出版社, 2022.7
　ISBN 978-7-5768-0106-4

　Ⅰ . ①产… Ⅱ . ①李… ②张… ③安… Ⅲ . ①数字技
术 – 传播媒介 – 产业发展 – 研究 – 中国 Ⅳ . ① G219.2

　中国版本图书馆 CIP 数据核字（2022）第 136064 号

书　　名　产品服务与技术创新融合视域下的我国数字媒体发展研究
　　　　　CHANPIN FUWU YU JISHU CHUANGXIN RONGHE SHIYU XIA DE WO GUO SHUZI MEITI FAZHAN YANJIU

作　　者　李强 张伟 安静 著
策划编辑　矫正
责任编辑　郭湘怡
责任校对　田茂生
装帧设计　久利图文
出版发行　吉林大学出版社
社　　址　长春市人民大街 4059 号
邮政编码　130021
发行电话　0431-89580028/29/21
网　　址　http://www.jlup.com.cn
印　　刷　天津和萱印刷有限公司
开　　本　787mm × 1092mm　　1/16
印　　张　13.5
字　　数　200 千字
版　　次　2023年6月　　第 1 版
印　　次　2023年6月　　第 1 次
书　　号　ISBN 978-7-5768-0106-4
定　　价　78.00 元

前　言

　　数字媒体作为计算机技术、网络技术、数字通信技术与文化、艺术、商业等领域相融合的产物，以二进制数的形式记录、处理、传播和获取信息载体，为人们带来了更自由化、个性化的文化传播和艺术创作形式。随着数字技术的不断发展，如智能手机、个人电脑等，越来越多的个人数字终端逐渐在人们日常生活中不可或缺。据中国互联网络信息中心（CNNIC）最新发布的第 48 次《中国互联网络发展状况统计报告》显示，截至 2021 年 6 月，我国网民规模达 10.11 亿，较 2020 年 12 月增长 2175 万，互联网普及率达 71.6%。十亿用户接入互联网，形成了全球最为庞大、生机勃勃的数字社会。[①] 数字媒体已全面渗入人们生活的各个方面：在经济领域，用户倾向于网络购物和网上支付；在政务领域，政务微博和政务微信公众号的兴起推动着服务型政府建设及政务信息公开；在娱乐行业，网络游戏、网络文学和网络直播市场繁荣发展；在线教育方面，小学教育、职业教育、大学生和研究生教育、语言培训等领域用户规模和使用率增长较快。数字媒体的广泛应用不仅带动了金融、医疗、教育、娱乐、旅游等多个行业的快速发展，还深刻影响着用户的心理、思维方式和行为习惯。用户通过数字媒体平台获取最新资讯、发布消息动态、与朋友聊天互动已是常态，用户使用数字媒体的频次与在线时间大幅度提升。从当前的用户心理特征看，用户的主体意识更加强烈，不再满足于信息的被动接收，而是强调主动选择，愈发注重使用过程的心理感受和用户体验。从用户的信息行为看，充分利用碎片化时间通过数字媒体平台获取、发布、分享与交流信息已成为用户在移动互联网时代显著的行为特征。此外，数字媒体大大降低了社交

[①]　第 48 次《中国互联网络发展状况统计报告》发布：我国网民规模超十亿 _ 新闻频道 _ 央视网 [EB/OL]. news.cctv.com/2021/08/27/ARTIAQ68 VS 88 OMHn Ra 210827.shtml.

发现成本，通过互动沟通增加了社会协作的可能性，体现了"随时随地""主动参与"和"社会协作"等行为特性。因此，数字媒体的信息产品服务质量就成为其提高自身竞争力的一个非常重要的因素。

随着社会的发展和用户认知水平的提高，用户的主体意识愈加强烈，数字媒体互动技术给予用户更多的自主性：用户可以不受时空的限制，依据个人兴趣选择所需的信息和平台类型；用户作为人际关系网中一个节点，可以自主选择关注或免打扰，构建自己的信息关系网络，并依据关系网对信息进行传播和筛选。传统的信息服务方式主要是"点对面"，用户只是服务对象中的一员，用户需求只能通过大众化的信息产品和服务内容得到部分满足。而数字媒体将"点对点"传播和服务变为可能，甚至可以根据用户个性化的需求定制推送相关信息资源，即提供个性化服务，用户的主体地位得到进一步提升。此外，用户本性中除了具备主动性，还存在很强的"懒惰性"，主要表现为用户总是倾向于花费最少的成本以获得最大的收益，例如信息获取方面，用户往往依赖信息服务主体或其他用户降低自身发现有用信息的成本；在信息阅读方面，用户往往先通过浏览标题和关键词以决定是否进行深度阅读和思考，这就要求数字媒体信息服务过程中，既要充分激发用户的主动性与参与性，又要尊重和顺应用户的"懒惰性"。在当前，用户更加关注平台使用过程中的体验和需求的满足程度，以体验中和体验后的心理感受作为衡量信息服务质量好坏的标准。用户体验的好坏直接影响用户的持续使用意愿和参与互动程度。数字媒体用户需求也由以往单一的信息需求逐渐演化为多样化、层次性的需求体系，例如对界面的简约美观性、操作系统的灵活易用性、交互过程的安全感和归属感等方面提出了更高的要求；而且用户需求并非一成不变，是随着体验的逐渐深入和需求的不断满足呈动态变化，这无疑增加了数字媒体信息服务的难度，要求服务主体必须深入分析用户需求，重视用户的心理感受和情感体验，不断深化"以用户为中心"的服务理念，进而提高用户的满意度和自身的竞争力。

随着我国数字媒体产业初具规模，数字媒体产业分工初步确立，我国数字媒体产业链条也初具雏形。然而，数字媒体产业链的结构仍不完整，产业链分工协作仍不明确，产品服务质量不佳，技术创新不足，产业链运行尚未顺畅，成为制约我国数字媒体产业发展的主要因素之一。不解决这些问题，就难以打造和构建结构完整、运行协调的数字媒体产业链，数字媒体产业的做大做强也将沦为空谈。在产业链各环节加速融合的背景下，解决数字媒体产业链存在的上述问题，亟须强化对数字媒体产业链的管理，完善数字媒体产业链，推动产业链的分工协作、有效运行。从实现产业链的分工协作、有效运行的角度看，这就不仅需要构建合理的产业链结构，还需建立和完善产业链的运行机制。

总之，推动数字媒体健康有序发展，打造具有较强竞争能力的数字媒体产业，不仅是国家整体文化发展的现实需求，也是包括出版业及相关技术、服务企业的现实需求，更是弘扬社会主义先进文化的现实需求。实现这一目标的有效途径，就是构建结构完整、协调运行的数字媒体产业链，实现产业链主体的分工协作。基于此，本书以产品服务与技术创新为视角，探究数字媒体产业链与创新链的有机融合，为上述问题的解决探寻路径，推动数字媒体产业的健康、有序发展。

本书共计 20 万字，其中李强撰写了 8 万字，张伟撰写了 6 万字，安静撰写了 6 万字。

目　录

第一章　数字媒体概述

　　1946 年 2 月 14 日，世界上第一台电子计算机"艾尼阿克"（Eniac）被开发出来，它的诞生为人类生存方式带来了一场数字化革命。这场数字技术的革命使得几乎所有传统媒介都拥有了各自数字化的新形态，媒体的范畴也在全新时代背景下被重新定义。数字媒体作为计算机技术、网络技术、数字通信技术与文化、艺术、商业等领域相融合的产物，以二进制的形式记录、处理、传播和获取信息载体，为人们带来了更自由化、个性化的文化传播和艺术创作形式。随着数字技术的不断发展，如智能手机、个人电脑等，越来越多的个人数字终端逐渐成为人们日常生活中不可或缺的部分。借助数字终端设备人们能够在短时间内高效检索、查阅到自己需要的信息，数字终端阅读逐渐为受众所热衷。数字媒体带来了受众阅读方式的巨大变革，而受众的阅读活动在依赖媒介的同时，也对媒介有着一定的反馈和要求，推进着数字媒体的发展。

　　本章以数字媒体的内涵与特点为切入点，从理论上对数字媒体加以概述，详细阐述数字阅读的时代背景及数字阅读媒体的动态演化，进而梳理我国数字媒体产业的发展历程，为全书的研究做理论铺垫。

一、相关概念界定及内涵阐释

（一）相关概念界定

1. 媒体

　　"媒体"或者称为"传播媒体""媒介"，源于拉丁语"Medius"，意思为"中间的""一般的""不偏不倚的"。所谓媒介，即中介或中介物，它存在于事物的运动过程中，就传播而言，媒介存在于整个传播的过程之中。

传播学大师施拉姆（W. Schramm）给媒介下了这么一个定义："媒介就是插入传播过程之中，用以扩大并延伸信息传送的工具。"[①] 媒介是符号的载体，是传播的渠道，它不直接构成传播内容，但是却与传播内容相辅相成、相互影响、相互促进。好的传播内容需要媒介去扩大其传播范围，才能让内容的阅读或是收视率保持较高的水平，同样，先进的媒介技术也只有内容的注入才能加速其应用推广，人们在阅读的同时才感受到媒介载体的实际价值。传播媒介的发展不是一个一蹴而就的过程，从印刷媒介、广电媒介、网络媒介到如今的移动终端媒介，这一过程的演变与人类探索科技的发展史相辅相成的。由此可以看出，媒体的最初含义是事物之间的中介，主要指传播资讯的载体，是各种传播工具的总称。

2. 传播

媒体是传播内容的载体，因此传播是媒体的主要属性。传播是人类发展史上一种神奇而独特的社会现象，它无处不在，是人类社会赖以生存和发展的基础。对于"传播"的定义，古今中外有很多不同的解释。

在我国古代，"传"和"播"是两个相近但并不相同的概念。"传"是指知识、消息、情感的流动，有传授、传承、表达等含义；"播"原意是播种、撒种，引申为分散、散布、传布等含义。"传"和"播"用在一起，是广泛的散布、传扬之意。当前，"传播"一词一般是指事物的传递、散播。

英文中"传播"对应的单词"Communication"，与汉语中一般意义上的"传播"相比，意义更加广泛，不仅包含通信、会话、传递等意，还包括交通、交流之意。它更加强调传播的双向性和行为主体双方地位的平等。

不同学者从不同角度对于"传播"这一概念的定义各不相同。1976年，美国学者法拉克·丹斯（P. Dans）在《人类传播功能》中，对"传播"已有定义进行了统计，有126种之多，40多年来，更是有许多新的定义问世。社会学家一般侧重强调传播的社会关系性，指出传播是一种社会互动行为，把传播看作是人与人关系得以成立和发展的基础，如美国社会学家库利（C.H.Cooley）在1909年《社会组织》中，将"传播"定义为："人与人赖以成立和发展的机制——包括一切精神象征及其在空间中得到传递、

---

① [美] 施拉姆. 传播学概论 [M]. 陈亮灯译. 北京：新华出版社，1984：4.

在时间上得到保存的手段。它包括表情、态度和动作、声调、语言、文章、印刷品、铁路、电报、电话以及人类征服空间和实践的其他任何成果。"①信息科学与传播学相互影响和渗透，扩大了传播学的视野，指出传播并不是人类特有的现象，而是自然和社会的普遍现象，信息是物质的普遍属性。1990 年我国学者徐耀奎就提出，传播就是人们进行信息交流的一种活动，综合社会学和信息科学的观点，郭庆光在 1999 年提出："所谓传播，即社会信息的传递或社会信息系统的运行。"②可见，传播是一种信息共享活动，是一种双向的社会互动行为，它是在一定社会关系中进行，又是一定社会关系的体现。

3. 传播媒体

传播媒体是传播者和传播受众之间的桥梁和纽带，是在传播过程中用来传递信息的中介。人类对于传播媒体的使用历史非常悠久，早在远古时代人类就开始使用动作、表情、语言等传递信息。在人类历史上，传播媒体的发展先后经历了 5 次革命。

第一次媒体革命发生在大约 2 万年前，其标志是语言的产生和使用。语言的使用使人类实现了从猿到人的转变，身体在信息交流时得到了解放，同时也为人类思想准确交流和继承提供有效依托，从而有效促进了人类文明的进程。

第二次媒体革命发生在公元前 4000 年左右，其标志是文字的产生。通过文字记录历史和传递信息，使得生活经验得以保存，传递信息更加准确，并且信息传递突破了声音传递距离的限制，延伸了人际传播的距离，拓展了人类交流的空间。古埃及将文字写在草皮上、中国商朝将文字刻在动物骨头、竹简上，这些最早文字的出现都为造纸术和印刷术的诞生奠定了基础。

第三次媒体革命发生在公元 100—1000 年左右，其标志是造纸术和印刷术的发明。公元 100 年左右，我国东汉的蔡伦发明了用树皮、麻头等植物纤维制成纸张，用于书写；公元 1000 年左右，我国宋代的毕昇发明了活字印刷术，之后，德国古登堡进一步发明了金属活字和活版印刷机。纸张价格便宜，货源充足，携带方面，而印刷术使信息的快速和大量复制成为

---

① 转引自郭庆光. 传播学教程 [M]. 北京：中国人民大学出版社，1999：2.

② 郭庆光. 传播学教程 [M]. 北京：中国人民大学出版计，1999：2.

可能，两项发明为信息的传递和保存带来极大便利，推动了教育文化事业发展，加速了新思想的传播。

第四次媒体革命发生在19世纪到20世纪，其标志是无线电技术和电视的发明。1844年美国人莫尔斯发明了有线电报，1876年美国人贝尔发明了电话，1895年意大利人马可尼发明了无线电报，1920年美国诞生了世界上第一家电台，1936年英国建立了世界上第一个公众电视发射台。第四次媒体革命让信息的传播突破了时间和空间的限制，并成为人们获取信息和休闲娱乐的主要媒体。

第五次媒体革命发生在20世纪下半叶，以电子计算机和互联网等信息技术的应用为标志，也称为新媒体革命。新媒体具有速度快、容量大、多媒体、超文本、可复制、交互性等诸多优点，极大降低了媒体成本，提高了媒体传播的效率，给人们的生产生活方式带了深远的影响。

4. 新媒体与数字媒体

数字媒体包含在新媒体语境中，因此需要先对新媒体概念进行梳理。新媒体的外延很广泛，如果将新媒体放在历史的轴线上进行界定，只要是随着时间的推移，新产生的、旧时期没有的媒体就可以称之为新媒体。这里的"新"是与"旧"相对而言的。从这个层面说，印刷媒体相较于口语媒体是新媒体，广播相对于印刷媒体是新媒体，电视相较于电影也可以称之为新媒体。如果将对新媒体的界定立足于充满着"当下"意蕴的时间上，新媒体则只能指向新近才出现的媒体。从这两个层面去界定新媒体显然存在诸多局限，充满着诸多不确定性。

媒体的演进离不开技术的发展。正如提及新媒体，很多时候人们会把它与计算机技术、数字技术、互联网技术相关联。媒体就是某种技术形式。如果用这一思路考量，似乎可以尝试从技术的维度去界定新媒体。黄鸣奋在《新媒体与西方数码艺术理论》中就将新媒体界定为"运用当代数码技术的媒体（简称'数码媒体'）"[1]。他认为新媒体是以"人机共生"为契机兴起的，它改变着信息的传播方式、改变着人们处理信息的方式，甚至改变着人类精神交流的途径。数字技术将计算机从一个没有表情、没有生

---

① 黄鸣奋. 新媒体与西方数码艺术理论 [M]. 上海：学林出版社，2009.

命的冷机器中解放出来，变成了一个可以让人与人之间建立对话，保持关系的界面，甚至可以打通人的感官，成为可以穿戴、可以触摸、可以感知的媒介。

罗伯特·洛根（Robert Logan）在《理解新媒介——延伸麦克卢汉》中提出："我们所谓的'新媒体'是这样一些数字媒体：它们是互动媒体，含双向传播，涉及计算，与没有计算的电话、广播、电视等旧媒体相对。"① 他认为新媒体是旧媒体与可计算的芯片与可存储的硬盘的结合。除了麦克卢汉（M.Mc Luhan）提出的口语传播时代、书面传播时代、大众电力传播时代之外，又新加入了一种"互动式数字媒介或'新媒介'时代"。随着时代的发展，技术的进步，新媒体的内涵会更为丰富，呈现形式会更加多样化，又会有新技术"赋权"给新媒体，但在现阶段，新媒体在某种意义上是可以与数字媒体互换的。新媒体之所以呈现出传统媒体不可及的特性，正是因为它具备了数字技术属性。

数字技术让新媒体具备可编程性。在传统媒体中，人们获取信息的方式是线性的，只能按照媒体固有的编排顺序阅读和观看。比如在印刷媒介中，信息的编排是逐字、逐句、逐页地向前推进的，循序渐进，一个逻辑紧扣下一个逻辑，一个观念导出另一个观念，受众获取信息的方式也遵循着线性逻辑。在传统电视媒体中，即使遥控器的发明在一定程度上使得电视有了互动性，观众可以随意调换频道，但所有电视节目与时间轴都是一一对应的，什么时间就播放什么电视节目，观众的选择权只有看或不看，却无法决定电视节目的播放进度，更不能随意暂停。如果翻看一本照片集，观看者的能动性也只能体现在观看与否或者选择看哪一张图片上，不能随意对图片进行诸如改变对比度、调色或者补光等编辑行为。传统媒体的内容呈现是相对稳定的。与传统旧媒体的线性特点不同，新媒体可以抽象成一种数字呈现，这种数字呈现是可编辑的，让新媒体具备了非线性的特点。我们可以在像 Photoshop 这样的照片编辑软件里利用预先设定的算法编辑和设计图像，并且可以随时随地在自己需要的地方调用图像信息；可以借助 Premiere 等视频剪辑软件按照软件的编程进行视频剪辑操作，按照自己的

---

① [加拿大]罗伯特·洛根. 理解新媒介——延伸麦克卢汉 [M]. 上海：复旦大学出版社，2012.

需求和喜好结构原生影像素材的蒙太奇组接以及音响、音乐的融入。新媒体的可编程性，让数字媒体时代的艺术呈现出可复制可改编的特性，为以数字媒体为载体的艺术创作提供了更高级的技术支持。

数字技术还让新媒体呈现出了人性化趋势。"每一种媒介或技术都提升人的某种功能"——麦克卢汉在他的媒介定律中论述了技术、媒介与人类功能的关联。而之后的保罗·莱文森（P.Levinson）则更进一步，他由达尔文的进化论得到启发，提出了媒介进化理论。他认为技术和媒介的演进不但提升人的某种功能，而且这种提升是遵循人性化发展趋势的。数字技术的开发与应用越来越像人的各种官能，复制人的模样、模仿人的行为，再通过复制和模仿参与人的感知和认知。媒介的演化追寻着人类理性的意志，又激发人与数字技术碰撞出的新感性。新媒体的人性化趋势在数字媒体时代可以更加细化，这种细化表现为两个方面：一是延伸的欲望。数字革命带来的是人的感知系统的重组，在数字媒体中，视觉地位获得前所未有的提升，视觉与听觉、触觉、嗅觉等多种官能相互交织融合，引领人们的视觉到达一个曾经无法企及的虚拟现实世界。人们的观看方式拥有更加多维的视角，通过数字媒介，原本肉眼可以看见的事物可以看得更清晰；肉眼无法到达的可以通过数字技术以全新的视角重新审视；现实世界中看不到的景观可以通过数字技术虚拟现实，供人们观看。数字技术一步一步地唤起人们对视觉的欲望，通过视觉沉浸"俘获"人的感知模式。二是按需服务。在传统媒体中，人们只能按照媒介提供的服务选择需求，就如电视台播放什么样的电视节目，我们就只能在相应的时间观看什么样的电视节目。而数字媒体时代，丰富的媒介"入口"向受众敞开，媒体"溢出"带给受众铺天盖地的信息以及无数选择。数据悄悄将人的媒介行为和表情记录下来，使用媒介的次数越多，媒介就越懂得你的习惯与需求。按照需求设计媒体界面、按照需求推送信息、按照需求提供服务是新媒体人性化趋势的另一个表现。

新媒体以数字技术为依托，不断融入已产生的所有旧的媒体形态，正如麦克卢汉所说，每一种旧媒介都会充当新媒介的内容。界定新媒体和数字媒体需要用发展的观点，但这种发展的观点并不代表新媒体的演化需要以淘汰旧媒体为契机。相反，在媒体演进的过程中，新旧媒体相互交织、相互借鉴、相互影响，更多体现的是媒体之间的融合以及在媒体融合之上的创新。数字媒体时代，媒介之间的包容性体现得更加明显：数字媒体让媒介有了自己的表达，这种表达融合了个体经验的内容，体现在影像艺术及受众阅读变迁的规律之中。

（二）数字媒体的内涵与特点

1. 数字媒体的内涵

数字媒体时代，新的传播媒体不断涌现，新的产业和市场也在不断整合发展，给社会经济和人类的社会生活带来重要影响。数字媒体作为一门交叉的综合学科，其涉及的领域非常广，包括计算机软硬件应用、数字通信、移动网络等技术，还涉及数字媒体内容管理、数字媒体版权、文化创意产业、电子消费等多个领域。

要理解数字媒体的含义，这里笔者先对媒体、媒介、媒质的概念进行区分。在人类社会中，信息的表现形式是多种多样的，我们把这些表现形式称为媒体（medium）。"媒体原有两重含义：一是指存储信息的实体，一般也称之为媒质，如纸张、磁盘、光盘、磁带、半导体存储器等；二是指传递信息的载体，一般也称之为媒介，如数字、文字、声音、图形等。"[①]如我们熟知的报纸、杂志和图书以纸张为媒质，以文字和图形图像为媒介；无线广播以磁带为媒质，以声音为媒介；电影和电视以磁带、磁盘等为媒质，以动态图像和声音为主要媒介。

数字媒体的发展具有相互交叉和相互融合的特点和趋势，各类数字媒体内容服务与系统都综合运用了相关的数字媒体技术。实际上，媒介的融合也带来媒介产业的整合，各产业间的界线划分也愈来愈模糊，可以说呈现出"你中有我，我中有你"的状态，因此很难严格、清晰地界分数字媒体。

学术界对数字媒体的概念理解仍未达到统一认识。狭义上，可将数字媒体看作是同传统纸质媒体（主要是指报纸、杂志）相对应的一种新的媒体形式，按其载体不同大致可以分为以下三种形式：以网络为载体、以电子纸为载体和以手机为载体。电子报、手机报是传统的纸质媒体同数字媒体相"嫁接"的产物，其核心因素在于数字技术的运用，因此，将其归入

---

① 顾涛. 数字技术的发展对电视媒体的影响研究 [D]. 大连：大连理工大学，2007：6.

数字媒体。以电子杂志、电子报纸、手机报等为代表的多媒体的盛行，充分体现了数字媒体的诞生实现了不同媒体间的融合。而广义上，数字媒体实现的是传播方式、传播内容的数字化，也就是信息的采集、存取、加工和分发的数字化过程，它包含了文字、图像、图形、音频、视频影像和动画等多种形式，如数字化的文本、图片、音频和视频等，所以数字媒体的主体应该是技术、内容、应用和人。随着计算机技术、网络技术和数字通信技术的高速发展与融合，传统媒体也同时以数字化的方式存在和传播，媒体数字化浪潮滚滚而来。数字媒体当前的表现形式包括：数字报刊，数字音乐，数字电影，数字动画，网络游戏以及网络媒体等。因此，"以数字形式存在的信息内容和存储、传输、接收数字信息内容借助网络传播的数字媒体介质或者设备都可以称之为数字媒体"①。它不仅包括软、硬件设施，还包括数字信息内容。

总的来说，数字媒体主要包括两方面含义：一是指信息的载体，即以区别于以往模拟信号的数字符号为载体，以"比特"为单位，全方位交互传播信息的计算机装置；二是指被传递的内容，即以"比特"作为最小信息单位的信息本身。直到网络的出现和发展，才真正带来了数字媒体革命，继语言和文字之后，数字媒体成为最新的信息载体。随着数字技术的发展，数字媒体不仅仅限于计算机，手机媒体也成为数字媒体发展的一个新方向，网络媒体也是数字媒体目前的典型应用。因此，数字媒体应该从更广、更深的角度来承载信息技术和信息社会的传播特性。

在本书中，笔者将数字媒体视作广义上的数字媒体，它既包含了媒介的载体形式，也包含了媒介的传播内容；并且本书主要探讨基于产品服务与技术创新的数字媒体发展，因此，在本书中数字媒体主要涉及的是与产品服务与技术创新相关的领域研究。

2. 数字媒体的特点

数字媒体借助数字信息和网络传播等先进技术，具有传统媒体不可比拟的优势，如数字媒体的传播具有及时性、交互性，传播渠道多样化以及受众可个性化订制信息、技术与艺术融合等特征。

---

① 张竑. 数字媒体时代的三维动画变革研究 [D]. 哈尔滨：哈尔滨师范大学，2010：6.

（1）信息量大、及时性强

数字媒体传播在流程上，减少了不必要的环节，最大程度上节约了成本，传播过程更为方便快捷。在纸质媒体时代，受报纸等传统传播工具的限制，传播流程烦琐且缓慢。一条信息从产生、传播到被受众接收，至少需要经历信息采集、编辑信息，再经审查到印刷／播报信息，最后受众接收信息等五个环节。而数字媒体借助数字技术和网络传播技术的特性，在每个环节都大大节约了时间，缩短了传播周期，时效性也得以增强。如今，最新的网络信息装载到服务器的那一刻起，无论何时何地，读者都可以便捷地存取、阅读。这打破了传统传播媒介的地域局限，增强了传播的及时性。

随着信息时代的到来，传统纸质媒体传播的信息容量小、不易携带等缺点越来越不能满足受众的需求，以往烦琐的信息处理方式也被人们所"嫌弃"。随着网络技术的逐渐成熟和资费的降低，愈来愈多的人选择利用手机上网查载信息、阅读、聊天等。电脑、手机等移动数字设备在互联网络的支撑下，不仅实现了传播信息的及时性，而且准确性也得到极大提高，同时巨大信息的储存和处理也不再是问题。目前，电脑和手机可谓是最主要的两种数字媒体传播工具，人们借助电脑、手机等数字终端进行阅读活动，既实现了阅读的及时、便捷，也保障了阅读内容量的庞大、可随选性，更好地迎合了受众的需求。

（2）双向互动的交流

与传统的大众传播中依赖媒体组织机构不同的是，在数字媒体时代，个人也可以成为信息的发布者。数字媒体的交互性和实时性使传播和接收信息之间进行实时的通信和交换成为可能，受众不再像在传统媒介时代那样，仅仅被动地接收信息，而是可以根据自己的喜好及时地互动交流，交互性增强。数字媒体时代的传播模式是点对点的传播与点对面的传播共存，一方面，受众可以不受时间和空间的限制，自由选择网上的任何信息，传播范围变大；另一方面，数字传播也可针对一部分受众群体，在特定范围内进行传播，这种方式也被称为"窄播"。像"多对一""一对多"的传播都可以看作是个人化的传播，是"窄播"的一种延伸。传媒主体可以根据受众的个性需求传播信息，比如，读书论坛或网站会根据用户喜好推荐读物，进而推销产品和服务等。数字媒体时代的受众已经不单单是一个接收者，也可以成为信息的发送者、传播者。如在个人主页、博客、手机微信等网络平台上，任何人可以作为信息的传播者发布信息，也可以作为接收者选择接收任何自己感兴趣的信息。

数字媒体时代，受众已然成了信息的生产者，他们拥有自己独到的原创性和自主性，更加愿意表达自己的思想观点和看法，因而依托互联网络的平台，信息交互性的传播方式更为普遍。我们时常是从某个热门的博客或者论坛网页上最先获得有用的信息，也可能是从网友间的分享信息中获得我们自身所需的讯息。再如连载网络小说的风靡也依靠交互性的传播方式：作者直接了解读者的想法和感受进而改进作品，读者实时发布自己的评价和观点影响着网络写手的写作方向，等等。这种传播方式促成了一种双向互动模式的形成。受众不再被束缚在传统大众传播被动接收的状态中，而是掌握主动权。数字媒体这种双向互动的模式调动了广大受众的参与积极性，增强了受众的阅读兴趣，发挥了更好的传播效果。

（3）传播架道多样化

新兴的各种数字终端、数字工具的使用拓展了信息传播的渠道。互联网传播方式像蛛网一样覆盖了全球每个角落，"触角"延伸至各个领域，愈来愈多的人通过网络来阅读和掌握信息，电脑和手机等数字终端逐渐成为最重要的传播工具。互联网和移动网络的诞生使电脑和手机等移动设备的功能得以大大扩展，网络化、数字化成为现在信息传播的重要特征。手机报的广受追捧是得益于手机、报纸和通信的三方结合，不再受时空限制，打开手机就能看到订制的信息，最早实现了报纸内容的及时传播。到目前为止，传统的报纸、期刊等大多数都已实现网络化、数字化，这种与网络的整合为信息的传播拓展了渠道。

作为普通纸张的替代物，专门用于阅读的电子装置——电子纸被研发出来，它拥有如纸般轻薄的显示屏，且具有擦写功能，有的电子纸甚至可以弯曲、折叠，跟普通的纸张很相像，却有着其无法比拟的功能，如随时下载更新内容、任意调节字幕颜色和字体大小、选择翻页阅读或拖拽阅读，等等。电子纸诞生后，报界曾积极尝试，但并未取得完全的成功。2006 年 4 月 15 日，解放日报报业集团做了第一个吃螃蟹的人，率先使用 IREX 电子纸发布了第一份电子报纸。随后烟台日报传媒集团和宁波报业集团也尝试推行 IREX 电子报纸，虽然电子纸具有小巧轻便、信息承载量大的优点，但其高昂的价格还是阻碍了它的市场发行和推广。实际上，手机报、电子报纸等均是数字媒体与传统媒体相结合的产物，它们的出现使当今社会人们对信息的需求得以满足，丰富了信息传播的架道。

（4）订制信息

数字媒体颠覆了传统媒体的信息传播模式。传统的大众传播是由媒体组织机构掌握和控制信息源，信息的传播者决定一切，组织编好、审好的信息，再铺天盖地地推向受众，而受众只能被动接收，毫无主动权和选择权。传统大众传播的媒体信息也都是由传播者或者是作者决定其结构，并且多是线性结构，比如书籍中的文章按章、节、小节等顺序排列，再如影视剧的上、中、下集的顺序播出，因而受众不能按自己不同的需要和兴趣有效地过滤、分拣和排列自己需要的信息，导致传播中"沉默的螺旋"[①]的形成。

数字时代的信息传播与以往传统的大众传播完全不同，信息量更加庞大，铺天盖地，但是受众不再是单向接收，而是"点出"其需要的信息，甚至可以按需求订制信息。这一功能的实现是由于数字媒体可以为受众提供检索、导向和互动的功能。如美国 ivillage 女性网站（www.ivillage.com），其主要受众是 25 至 54 岁的女性，内容几乎涉及与女性生活工作有关的所有话题。网站提供大量分类信息，并且可免费订制。只要在分类信息中选择和订制需要的栏目，并提供自己有效的邮件地址，就可以不定期地收到网站发来的更新内容。如不再需要订制服务，通过邮件通知就可以取消。其实，现在微博、论坛等网络互动社区中添加关注这一功能也是订制信息的一种延伸。

由于数字信息的交互性和阅读内容的可选行，读者或用户不再需要像

---

① "沉默的螺旋"（The Spiral Of Silence）是一个政治学和大众传播理论。最早见于诺埃勒－诺依曼（Noelle-Neumann）1974 年在《传播学刊》上发表的一篇论文。该理论基于"大多数个人会力图避免由于单独持有某些态度和信念而产生的孤立"这一假设，基本描述了这样一个现象：人们在表达自己想法和观点的时候，如果看到自己赞同的观点且受到广泛欢迎，就会积极参与进来，这类观点越发大胆地发表和扩散；而发觉某一观点无人或很少有人理会（有时会有群起而攻之的遭遇），即使自己赞同它，也会保持沉默。意见一方的沉默造成另一方意见的增势，如此循环往复，便形成一方的声音越来越强大，另一方越来越沉默下去的螺旋发展过程——笔者注

以往购买传统图书或光盘那样为出版物付费，而只需依据自己感兴趣的某一篇文章或图片，为实际检索的时间和获取的信息量买单，这样的传播发行方式对于一些读者和用户来说也是合理的。

（5）技术与艺术的融合

信息技术和人文艺术之间一直有着如同左脑和右脑一般的、公认的明显差异，但数字媒体却可以在这之间架起桥梁。正如电影、电视的发明创造是由于技术层面的推动，而电影、电视的传播应用却多是由艺术家完成，他们有着与科学家截然不同的价值观、知识结构和文化背景。

电脑、手机等数字设备的发明和普及已然不能单纯依靠信息技术来完成，数字媒体的传播应是信息技术和人文艺术的融合。技术的发展是技术应用的基础，而数字信息技术的应用又是传播的基础。伴随数字媒体技术、信息技术和网络传播技术的不断完善与发展，数字媒体能够将图、文、声、像并茂，更加生动立体地体现，使丰富、复杂的信息得以更有效、直接地传播。但正由于数字媒体的表现丰富性，常易带来信息的冗余和被误解，因此，如何利用数字媒体综合最佳的表现形式，更具针对性、有效性地传播信息，日益成为一个值得研究的课题。数字媒体传播可以说是文理融合、技艺交错的全新领域，需要不断研究才可到达良好、理想的传播效果。

（三）数字媒体的传播优势及广阔前景

1.数字媒体的传播优势

数字媒体交互式、及时性、多样性、个性化等传播特点也注定了数字媒体有着一定的传播优势。

首先，在信息传输的质量上，数字媒体具有其他传统媒体无法比拟的优势。以数字媒体的信息传输与过去模拟系统的信息传输对比为例：众所周知，数字信息是以数字"0"和"1"为编码，既不容易被干扰也不会被轻易更改，只要基本的"0"和"1"的编码能够被识别，原始的信息就可以被正确还原，信息质量不存在任何差别。但过去通过模拟信号进行信息传输的模拟系统就不能如此，比如要将一盘模拟信号的音乐磁带翻录到另一盘上，然后再拷贝到另一盘上，信号质量会大幅度降低，噪音频出，而数字媒体则可以轻松实现一次又一次的无损拷贝。

其次，在信息传输的数量上，数字媒体的信息传输量依靠压缩技术得以大大增强。数字媒体因采用数字编码的信息传输，所以可以进行压缩。例如，视频压缩技术能够实现以前只可加载一个节目的频道同时传输十个节目。数字无线通信可以采用码分多址或时分多址的技术，互不影响地共用一个传输渠道。正如我们的移动电话，利用一个频率就保障了多部手机的高质量通信需求。除此之外，更多的数字信息内容通过现存的频道空间被压缩传输的同时，还有更多频道正在被开发利用。

再次，在传播模式上，数字媒体传播实现了真正的互动性。与传统的大众媒体截然不同的是，数字媒体能够实现信息及时、便捷地在发送者和接受者之间的双向流动。即便在施拉姆的 SMCR 模式中，大众媒体的反馈机制得到重视，但大众媒体从根本上说仍是一对多的传播，还谈不上真正的信息发送者与接受者间的互动。然而，互联网和移动网络的出现使这一点变成现实。早在 20 世纪 90 年代，"地球村"的比喻就深入人心，人们认识到随着交通工具和信息交流变得更加方便快捷，地球已经变得越来越小，犹如一个村落。但是从媒体传播的角度而言，直到计算机互联网的出现和普及，才使"地球村"的比喻变得更加贴切。在一个村落里，人和人之间的交流是面对面的、互动的、双向的，而在计算机互联网上亦是如此。如今，只要你拥有一台能联网的数字终端，你就可以在世界的任何角落、任何时间和位于地球另一端的人进行"面对面"的交流。另外，在互联网上，没有绝对的中心。人人都可以在虚拟的网络空间中发表言论和观点，任何权威的观点和声音都有可能遭到别人的攻击。可以说，在网络的虚拟空间中"处处是边缘，无处是中心"。

最后，在数字媒体传播过程中，接收者的地位得到突出和强调。传统大众媒体传播时代，接收者作为毫无选择权的被动受众，只能选择接收与不接收，而无法选择接收什么。而此时的信息传送者是担当"把关人"的角色，监导信息符合社会规范和意识形态方面的要求。但在数字媒体传播中，丰富的信息内容给了受众更多选择，受众依据自己的需求对媒体信息内容进行筛选、控制，实现了更多的自由选择权和主动权。媒体不再只是"把关人"的媒体，更大程度上变为"我"的媒体。

数字媒体正是依靠这些传播优势，在短短几年的时间里取得了令人瞩目的成绩。数字化已然成为媒体发展的方向，数字媒体的持续发展给我们的生活带来深刻影响，数字媒体有着无限良好的发展前景。

2.数字媒体的广阔前景

近年来，数字媒体在诸多媒体事件中，扮演着重要角色。如今，受众可以方便快捷地通过数字媒体传播，获得一些传统媒体还未注意到的信息，特别是通过网络渠道，从而引发大众的广泛关注，进一步演变为网络热门事件，再到传统媒体的转载报道，最终形成社会舆论。这种多样化的传播方式，打破了传统媒体单一性的话语权，有益于信息的快速传播，同时也弥补了传统媒体报道的诸多不足。

如今，媒体可谓无处不在，伴随数字媒体相关技术的革新进步，新的数字媒体业务、数字媒体终端产品不断涌出，数字媒体产业发展步伐持续加快。随着技术应用的不断深入和扩大，数字媒体的发展经历了多个不同阶段和时期。目前，多源媒体的融合革新将成为其新的发展方向。

今后，数字媒体行业的发展将更加突出真实感、互动性、个性化等优势，依托多源媒体融合的发展趋势，逐步扩大其数字内容产业的影响范围。媒体融合技术将渗透到各个领域、各个行业之中，改变人们的生活方式。在数字内容产业发展政策方面，因国家"文化大发展大繁荣"战略的提出，各行业对数字内容的重视"更上一层楼"，产业发展迎来了历史性利好政策；在数字媒体发展动向方面，数字媒体融合和多元化发展将进一步深化，数字内容渠道资源大幅拓展，用户规模大幅增长；在数字内容产业发展态势方面，出现了全面"云"化，实体平台与虚拟平台同步发展，商业模式处于积极探索中等情势。未来，在数字经济的快速发展驱动下，随着数字技术与文化创意的不断融合，数字内容产业占 GDP 的比重也将会持续增大，必将成为未来推动经济发展的主力军。

二、数字阅读的时代背景与媒体演化

（一）数字阅读的时代背景

自古而始，阅读往往与文字、纸张相伴相生。历史文明发展的进程证明，文字与纸张流通顺畅，书籍的普及与知识、信息传播便捷，文明发展与经济繁荣便会紧随其后。从古埃及的莎草纸书本，到中国的活字与纸张的完美结合，书籍被从特权阶层中解放出来从而惠及大众。大众报、便士报的普及又进一步将文字阅读从高高在上的神坛上拉下，文字阅读不再是精英阶层的专享。时至今日，阅读已进一步突破了文字与书本载体的限制，图像、视频、语言等各种符号元素与文字比肩，均被纳入阅读对象之列。而传统纸张阅读所承载的私人物有、个体式默读转变成屏幕前电子信息的无障碍流通、共享与转发。随着新媒介时代的到来，阅读正在发生革命性的剧变。

1. 媒介基础：新媒介的迅速崛起

随着信息技术突飞猛进式发展，大众传播媒介的变革也一日千里。书籍、报纸的纸墨之香还在指尖萦绕之时，网络媒介、移动数字媒介等新媒介概念与种类已如井喷。美国传播学者保罗·莱文森在《新新媒介》一书中将现有媒介大体分为三大类：旧媒介（old media）、新媒介（new media）和新新媒介（new new media）。

在保罗·莱文森的分类中，旧媒介是指互联网诞生之前的一切媒介，它们是空间和时间定位不变的媒介，比如书籍、报刊、广播、电视、电话、电影等，处处凸显了自上而下的控制、专业媒介机构的生产。新媒介是指自 20 世纪 90 年代中期起互联网上的第一代媒介，其媒介内容一旦上传到互联网上，人们可以自由使用、欣赏，而不是按照媒介确定的时间表去使用，电子邮件、网上书店、报刊的电子网络版、网络电子公告与聊天室等均被划分为新媒介之列。而在莱文森的媒介分类中，新新媒介是指互联网上的第二代媒介，始自 20 世纪末，兴盛于 21 世纪，其网络的消费使用者即为其内容生产者，内容生产大多由非专业人士进行。个人用户能够自由选择适合自己个性需求的内容、信息并自由表达和出版。在媒介内容的制作与传播中，没有自上而下的控制与把关。[①]

对照莱文森对媒介的分类，阅读媒介在现今处于三类媒介共存共生的阶段。

在旧媒介领域，传统出版印刷行业应对市场需求，走出了专业阅读、精英阅读与大众化阅读分层发展的应对之路，畅销书的盛行与经典文本的

---

① [美]保罗.莱文森. 新新媒介 [M]. 何道宽译，上海：复旦大学出版社，2011：3-4.

兴盛不衰并行不悖。

在新媒介领域，20 世纪末，在历经千年的纸质印刷书籍之后，伴随着网络技术的发展，阅读媒介也在第一代互联网的冲击与革新中迎来新媒介时代的电子阅读。1987 年 10 月，迈克尔·乔伊斯（Michael Joyce）使用 Storyspace 软件编写的世界上第一本超文本格式的电子书《下午》（*Afternoon*）出版，并在 ACM 会议上通过 5 英寸的软盘发行。1998 年 10 月 Nuvomedia 推出第一款手持电子阅读器——火箭（The Rocket）阅读器。从此之后，人们不仅可以在计算机上阅读，还可以通过计算机下载到便携的阅读器上阅读。2007 年 11 月，全球最大网络书城亚马逊（Amazon）推出电子书阅读器 Kindle。时至今日，Kindle 阅读器与平板电脑的多功能、彩色显示屏等诸多电子产品发展潮流大相径庭，在 6 英寸的黑白屏幕间坚守最纯粹的阅读。电子阅读被誉为数字阅读的初始阶段，其阅读媒介主要依托于个人计算机与电子阅读器，阅读内容多被统称为电子书。2011 年中国电子书产业峰会上，百道新出版研究院首席顾问程三国认为，电子书市场可划分为三种基本类型：电子书 1.0 是传统纸质图书的数字化，典型代表是亚马逊模式；电子书 2.0 是指在网络发行的原生电子书，其典型代表是盛大文学；电子书 3.0 是包括互动与游戏在内的增强型电子书，主要以苹果公司为终端平台的阅读应用。①

随着新新媒介技术的发展，阅读已从传统平面纸质阅读发展到电子阅读、网络阅读、手机阅读、社交型阅读等多种阅读方式。无论是电子阅读、网络阅读，还是社交型阅读，其阅读类型、内容倾向、互动功能虽各有侧重，但都归结于一个相交点，即其阅读媒介的本质变革。在新新媒介领域，随着个人通信技术与社交媒介应用的结合，数字阅读的阵营之中又开辟出了与传统纸质阅读截然不同的一块领域——社交型阅读。社交网络的兴起改变了人们获取内容的渠道，在社交网中推荐阅读，在阅读中促进社交。微信阅读、拇指阅读、Zaker、豆瓣阅读等一大批社交型阅读应用也迅速崛起，国内首个做移动无线阅读的 91 无线熊猫看书，已经有超过 2 亿的注册用户，每天点击量超过 10 亿。现在的人们每天都有阅读、浏览信息的习惯，

---

① 百道新出版研究院程三国：电子书的三个世界 _ 百道网 _ 网易科技 [EB/OL]. https：//www.163.com/tech/article/6PVSOFJ300094JDJ.html.

但阅览内容并不是传统书籍，更多的是微信、微博、人人网、今日头条、小红书等社交媒介上朋友分享的文章或好友状态。通过社交网络，或是来自熟人朋友圈，或是来自网络论坛的意见领袖，普通读者用户就能获取真人的个性化推荐阅读。除此之外，社交型阅读具有"笔记"功能，用户可将阅读某篇文章或某本书籍时所感所思付诸于文字并上传分享到社交媒介上，在加深阅读深度的同时，也赋予用户"书写"内容、成为生产者的权利。这种群体共读共享、共同生产内容的模式，与传统阅读的自吟自诵有着天壤之别，这进一步加剧了以新媒介和新新媒介联合发展的数字阅读的普及与应用，将一度曾渐行渐远的阅读又拉回到普通民众的生活之中。

2. 社会需求：信息爆炸与注意力经济

在信息匮乏的年代，信息作为稀缺资源被严密控制传播范围与传播流向。在封建社会，统治阶级将信息牢牢把控于手中，统一民众思想、使其"知其然不知其所以然"，信息在此时是特权的象征；在工业革命时期，信息是社会经济的增长点与财富的聚集点，投资者一掷千金购买独家新闻，为其投资盈利占领先机，信息在此时是金钱的象征；而在历史的步伐迈入20世纪90年代后，信息量以几何级别增长，互联网的出现进一步加快了信息传播的速度与容量。

2011年4月7日在"存储网络世界"（Storage Networking World）年会上，美国加利福尼亚大学的研究指出，到2024年，如果将全世界服务器处理的年数据量转换成书本，叠起来的厚度可以直达距离太阳系最近的恒星——半人马座阿尔法星，其距离长达4.37光年，是2008年总量的4500多倍。

网络上涵盖万千、无所不包、即时即刻的海量信息使得信息不再是少数特权阶层所能把控与占有的稀缺资源，信息已成为大众触手可及、廉价快捷的便利品。海量的信息将人们包围，从信息匮乏到信息爆炸再到信息泛滥，瞬时的剧变让人们不知所措。在这个世界，信息不再是稀缺物，很难再成为垄断资源。有了搜索引擎，百科全书的销量一落千丈；有了网络新闻应用，守着电视时刻表坐等新闻栏目的时代一去不返。手机中不断弹出的新闻推送，网站实时更新的个性化信息推荐，在这个信息极大丰富的时代，人们竭尽全力抓住身边每时每刻的新信息，在看到精彩内容后"先转再看""果断保存"，更多的时候是在信息海洋中快速"冲浪"以致保存后基本上不会再看。在信息泛滥与海量信息的"围剿"中，人们成了"信息饥渴症"患者。

随着网络承载量的不断增强，人类有限的精力与时间与无所不包、瞬息万变的信息流之间的矛盾日益显著，像传统媒介时期那样成为无所不知的"万能全才"也变得越发不现实，一杯茶，一张报纸，坐知天下的时代已一去不复返。每天面对不断刷屏的新闻信息，堆积如山的电子邮件，纷繁复杂的行业资讯，单靠人力已无法承担从此海量信息中检索、搜集、分类与排序的任务，而真正与己有关、含金量高的信息最终只能被淹没在信息汪洋之中。

在数字媒介时代，我们需要将有限的注意力资源集中于有价值、含金量高的信息之中，需要能将我们从信息泛滥的困境中解救出来的信息过滤装置。依托于计算机网络搜索技术与日益先进的大数据技术科学算法的基础，将信息分门别类，并按照个性化的需求定点推送信息，能够将人工检索、查找的成本与精力降至最低。传统新闻媒介也在大数据的支持下将个人信息需求与海量信息过滤有机结合。新闻信息"在内容服务上更具量身定制的特征，成为真正意义上的所谓'信息管家、时事顾问和意见领袖'，并以此为基点延伸出更多的内容服务和内容以外的服务。"①通过对用户在各种平台、各种行为中产生的数据进行整体连接并进行挖掘与分析，新闻媒介为受众打造个性化、专属式的新闻报道。对于受众而言，个性化新闻服务摒弃了没有用的信息和噪音，使受众看到的新闻就仅仅是自己想看的。这种由"我找"到"它推送"的转变，一改往日大海捞针式的无助与困惑，成为医治"信息饥渴症"患者的一剂良药。

与此同时，传统的纸质书籍在新媒介技术的魔术棒下将被拂去沉积的灰尘。图书馆中古老的经典文本，在经过上传、分类、标签后，被钉死于纸本之上的文字将重获新生。由迈克尔·哈特（Michael Hart）于1971年启动的古腾堡工程（Project Gutenberg，常简写作 PG）是最早的数字图书馆工程。哈特曾这样描绘古腾堡计划中"电子书自由如空气"的未来：大多数人没有意识到，电子书有一个特点。它是人类有史以来，制造出来的第一

---

① 喻国明. 当前中国传媒业发展面临的四个转变——关于现阶段中国传媒业发展基本面分析的若干结论[J]. 新闻与写作，2013（04）：84.

样像空气一样取之不尽用之不竭的产品。古腾堡计划倡导由志愿者参与文本著作的电子化、归档以及发布，确保公有领域的书籍自由流通、格式开放，并实现文本在各种计算机上阅读。2000 年 10 月，查·弗兰克斯（Charles Franks）启动 "Shared Proof-reading"，志愿者可以通过扫描仪，将书本变成图片，存储到电脑中，然后通过将图片中的文字转为文本，经过校对后发布到网络上。古腾堡计划所收藏的电子书可供互联网用户自由下载与使用，人们可按照自己的意愿改变电子书的字体、颜色，也可以自由的剪辑、粘贴，而且可以支持全文搜索，赋予读者最大的自由。

3. 当代文化的宽松氛围

文化影响传媒，有什么样的文化就有什么样的传媒。传媒受文化的浸润影响，反映文化，代表文化，成为一定文化的喉舌。

（1）主流文化的制导

所谓主流文化，是指在一个社会、一个时代中被倡导的，且起着主要整合、引导作用的文化，是一种在文化竞争中形成的，融合力高、传播力强且被广泛认同的文化形式，是在诸多文化中占主导地位的文化。每一个时期都有符合当时社会发展的主流文化，像在中国封建社会，自汉武帝"罢黜百家，独尊儒学"直到清末，历代帝王均崇尚儒学，可见儒家文化是当时的主流文化。在西方，自中世纪以来一直是以基督教文化为主流。而在当今社会，我国的社会主义主流文化是中国特色社会主义文化。它的先进性体现在以马克思主义为指导，体现时代精神且是为人民服务的。可以说，主流文化是代表国家的意愿和根本利益，传达国家意识形态和社会道德的基本观念，因而主流文化具有权威性。

如今数字出版的发展已势不可挡，在主流文化的传播过程中，数字出版业也大显身手。如早在 2011 年中文在线投入的"书香中国"这一网络数字图书馆项目，其主打数字阅读，通过与各省（区、市）政府合作，依托数字出版技术而打造的面向中小学生及教师的公益阅读平台，形成了规模化的、以健康阅读、互动交流为特色的读书社区和互动读书服务平台。该平台的建立有益于大众全民阅读的普及，促进了社会文化建设和未成年人思想道德建设的发展，也成为主流文化传播和引导文化发展的有利渠道。

作为传播文化的内容产业，出版产业的发展毋庸置疑地受到主流文化传统性、民族性等特性的影响，像符合主流文化的出版物在政策等方面会得到一定的扶持。全国各出版单位每年都会围绕党和国家的工作大局，深入推进社会主义核心机制体系建设，推出一系列主旋律作品。如 2021 年是建党 100 周年，结合这一主题的出版物的出版达到了近十年来的高峰。《大决战》《跨过鸭绿江》《光荣与梦想》《1921》《理想照耀中国》《红船》等主题出版物具有思想进一步解放、视角独特新颖、文风生动活泼的特点，达到思想性、艺术性、可读性的统一，受到了广大读者的热烈欢迎。当然也有一些主流文化的出版物成了应景之作、叫好不叫座，因而如何在符合主流文化、迎合受众口味两者间获得平衡，利用数字媒体达到更佳的传播效果，这是值得传播者思考的问题。

（2）精英文化的崛起

精英文化是与大众文化、草根文化等相对立的，西方社会评论家列维斯（A.Levis）则认为精英文化的受众是受教育程度或文化素质较高的少数知识分子或文化人，因而将精英文化限定为表达这一群人的审美趣味、价值判断和社会责任的文化。而国内学者邹广文将精英文化定义为："由知识分子阶层中的人文、科技知识分子创造、传播和分享的文化。"① 简单地说，精英文化是由知识分子及精英阶层的人创造和传播的文化。而所谓精英阶层，是指受过高等教育，有一定社会地位、社会关系和背景的人，主要包括政治精英、经济精英和知识精英。较典型的是以文化精英为主导的，在 20 世纪 20 年代我国出现的新文化运动，现在较为明显的是在经济全球化和我国市场经济发展浪潮中涌现的，以经济精英为主导的精英文化。

精英文化是充分体现关注社会发展、活跃在社会政治、经济、文化领域的人的追求，体现的是这一知识群体的"精英追求"。在《当代中国社会阶层研究报告》中，划分出了当代中国的十大阶层，包括："国家与社会管理者阶层、经理人员阶层、私营企业主阶层、专业技术人员阶层、办事人员阶层、个体工商户阶层、商业服务业员工阶层、产业工人阶层、农业劳动者阶层和城乡无业失业半失业者阶层。"② 透过这一分层划分，我们

---

① 邹广文. 当代中国的主流文化、精英文化与大众文化 [J]. 杭州师范学院学院（社会科学版），2002（06）：14.

② 陆学艺. 当代中国社会阶层研究报告 [M]. 北京：社会科学文献出版社，2002：1.

大致可以看出在传媒消费中精英和大众两类读者的分布，如办事人员阶层、个体工商户阶层、商业服务业员工阶层及产业工人阶层多会对大众生活类报刊比较感兴趣，而与之相对，重要政治、经济及专业类书报的核心读者层主要集中在国家与社会管理者阶层、经理人员阶层和专业技术人员阶层。据调查，《北京日报》的读者中，行政职务者和厂长、经理占 42%。由此可见，精英文化主要反映的是精英阶层的人的意识和追求。精英文化的"精英"二字就注定了其受众不是普通的受众，其受众群体是较为高端的精英群体。二者所需显然不尽相同，比如对新闻信息资讯的需求，普通受众一般只需要获知事件的发生、时间、简单原因，而精英文化则更加看重深层信息的挖掘，需要获取被提升的内容、信息和深层报道，甚至以小见大、探知背后隐藏的信息和诱因等，这在精英阶层受众的阅读需求、内容要求上也可以得到充分体现。精英文化关注社会中的不合理、不满足现象，优于揭示、展现、曝光社会各种问题和现象，发掘问题产生的社会历史根源。这有益于社会主体在思考、改善中得以精神上的升华，从而建构新的生活方式，实现其人类理想精神家园的追求，而对于文化产业的发展更是起到引导、提升作用。

（3）大众文化的狂欢

"大众文化"这一概念，最早由美国哲学家奥尔特加（J.Qrtega）在其《民众的反抗》一书中提出："主要指的是一地区、一社团、一个国家中新近涌现的，被大众所信奉、接受的文化。"[1] 现在我国学术界对大众文化概念的界分有很多，较为主流的观点偏重于阿尔都塞（Louis Althusser）的意识形态说，认为大众文化是工业时代的一种意识形态。现代社会，大众文化主要是"指一种产生于 20 世纪城市工业社会、消费社会的以大众传播媒介为载体并且以城市大众为对象的复制化、模式化、批量化、类像化、平面化、普及化的文化形态"[2]。

伴随着改革开放和市场经济的发展，我国的大众文化崛起于 20 世纪后期。大众文化迅速壮大，与主流文化和精英文化并驾齐驱，形成了新的文化格局，改变了人们的生活形态。不同于以往主流文化和精英文化重说教、

语言严肃、内容单一的特点，大众文化更加活泼生动、自由平等、充满个性化，其挑战了主流文化的话语"霸权"，给受众更多的选择自由和精神解放。这些都促使受众更加愿意接受大众文化。

大众文化商业性和消费性的特点，为数字媒体的发展提供更为广阔的是市场。大众文化的娱乐化和通俗化，丰富了人们的文化生活，满足了受众的娱乐需求。大众文化的全民性和参与性，给予了大多数受众，特别是普通文化水平阶层的人以消费的权利。数字媒体将信息视听化呈现功能的创新和进步，促进了大众文化的传播，大大降低了受众的门槛。在传统印刷媒体时代，一个人即便要阅读一本通俗小说，也必须具备断文识字的能力，而在数字媒体时代，受众依靠视听感官便可同样接收大众文化的传播感染，不需阅读训练的武装。另一方面，随着大众文化的蓬勃发展，受众越来越习惯数字化阅读的方式，但也造成了阅读浅化、碎片化的发展趋势。大众文化的传播，借助数字媒体的打破传统信息接收模式，集合视、听、触等多种感官感受，运用大量图像、声音等，使受众阅读更加丰富多彩，更为迎合受众的生活习惯和心理需求。

（二）数字阅读媒体的动态演化

探析数字阅读的发展，必然从传统阅读开始着手。传统书本阅读自其诞生之日起，随着阅读载体而不断发生着变化。从甲骨、莎草到绢帛、竹简，再到纸张、电子存储，阅读载体一次又一次的革新，让阅读文本更加便捷、普及、易得。随着阅读文本传播媒介的发展，人们对"阅读"的理解也在潜移默化中发生改变。

1. 手抄时代的阅读：少数读者与表演式诵读

史蒂文·罗杰·费希尔（S. R. Fisher）在《阅读的历史》一书中，将阅读定文为"对记忆之物（记忆辅助手段）和图示（图形显示）进行解码"①。从穴居人和现代智人看懂骨头凹痕，岩洞中富含大量狩猎、日期计数信息的图文开始，这些都被视为原始意义上的阅读。

从阅读者的角度来看，早期的阅读者并非是主动阅读者，从某种意义上来说，早期的阅读行为是一种职业行为。公元前 3200 年左右，美索不达

---

① [新西兰]史蒂文·罗杰·费希尔. 阅读的历史[M]. 北京：商务印书馆，2009：2.

米亚人使用大小如巴掌的泥板作为书写载体，在上面刻写楔形文字记录"从谷物运输到寺庙供奉，从简单信息到长篇赞美辞，以及城镇日常生活繁杂活动等"①，以此实现社会生活的协调运行。而在当时，书写并非是社会统治阶级全权掌握的技能，而是通过特定学校的专业学习培养职业书记员所特有的职业技能。职业书记员在从事社会公共事务记录的同时，成为最早的阅读者。除了公共事务的记录与宣读之外，职业书记员还为不识字的贵族阅读，因此，在早期的记录中常常有"读信人""写信人"为贵族阅读个人书信、公文之描述，职业"读信人"并以此收取酬劳。

从阅读文本载体的角度来看，早期的莎草纸书写、编排的方式逐渐形塑了传统阅读的线性思维模式。公元前 7 世纪前后，虽然当时莎草纸作为书写材料依然价格不菲，但随着希腊地中海沿岸商业的蓬勃发展，书写记录的需求日益明显，社会需求的兴盛推动了莎草纸的大量使用，阅读与书写活动的日益兴盛。一张张书写后的莎草纸装订、连接起来，就是一部部书卷。阅读莎草纸书卷时读者需要小心翼翼、逐页打开。出版长篇著作在当时是件耗时、耗物的工作，并且基于莎草纸的单薄、易破碎，此种书籍在保存与运输时极为困难。在贮存莎草纸书卷的时候，需要把书卷放在单独的圆盒子里，每部书卷都插一个单独的标签，按照作者和相关主题分门别类按序排列的。基于这种书的形制，阅读时大多按照标签序号取出书卷，按书卷编排逐页展开。也是从此时起，阅读逐渐被读者认为是有内在次序的②，阅读就是要按照书卷目录的顺序、按照登记造册的分类依序线性进行。

从阅读行为的层面来看，早期的阅读并非以"阅""看"为主，而是以发声的、甚至是大声的"读"为主。公元前 5 世纪，在希腊逐渐兴盛起的公共阅读保持着口头文学和书面文学之间的密切联系，作者在家庭内、小团体内诵读自己的作品。听众大多对其"阅读"表演的作品也十分熟悉。此种"阅读"更多的是一种公众前的表演行为，阅读中的声音、语调、感情甚至肢体动作是阅读表演的主要展现环节，而阅读的文本内容退居其次。"以听为读"的方式促成了早期公共生活的兴起，阅读的形式大于内容本身，阅读的公共行为是为建立公众群体的关系提供条件。直至今日，在多数畅

---

① [新西兰]史蒂文·罗杰·费希尔. 阅读的历史 [M]. 北京：商务印书馆，2009：14.

② [新西兰]史蒂文·罗杰·费希尔. 阅读的历史 [M]. 北京：商务印书馆，2009：41.

销书销售的现场，仍有作者为拉近与读者的距离、促销书籍的售卖而开展读书会活动。这种读书会的形态就非常类似于早期的公众场合的阅读表演：作者被围坐于中心，将自己写作的内容大声朗读表演，而听众大多已熟悉、了解其内容，听读背后更多的是与作者亲密关系的建立，并不在于自身对文本的独到理解与阐释，甚至会一定程度上屈从于"阅读者"的影响而改变原先自身的解读。

从阅读的影响层面来看，早期的阅读带有"权威"色彩。首先，在表演式的阅读中，"每个人既是读者，又是背诵者，借助音调、结构、感情、手势等诸多方式给已有的某种解释留下一个权威的印记"①。而朗读仪式在公共生活中具有等级划分的权力，它剥夺了听众的阅读活动中的一些固有的自由，如，如何选择一种语调、强调一处重点或是回到某个段落。久而久之，这种行为使耳朵顺从于他人的声音，有利于建立起一种阶级制度，它将朗读者置于讲台上的特权位置，听众则在读者的掌控之中。② 其次，阅读与文字紧密结合，继而产生普通民众对文字符号的崇拜与权威感的形成。在早期犹太人文明中，书面文字成为犹太人身份认同的根本所在。"继信仰上帝之后，阅读和阐释神圣文本成为犹太人的另一个职责。唱赞美诗逐渐演变为一种完全基于书面文本的礼拜仪式。阅读神圣文本之中获得已是崇奉神明或者传达圣约的部分体现。"③再次，文本的解读意义被赋予权威性，通过书本文字中权威的树立，从而建立阅读等级。在传统书本阅读中，被钉死在纸质书本上的文字无声中赋予作者一种不由辩解的优势地位，同时，通过层层解读，在作者间、读者间的互动关系中形成了一种阅读等级制——"作者＞评论家＞主教＞教师＞学生"。读者被动地聆听自上而下的声音，不但内容是规定的，就连对内容的解释也必须与正统学说保持一致。从西方教堂中对圣经的朗读、讲到中国四书五经中的经注解说，无不应证了传统阅读中的等级制与不对等关系的存在。在中国，阅读的权威感和崇拜感与宗教并无直接联系，反而是与国家集体意志密切相关。国家资助普通民众到当地的学校接受教育、普及读写，对读写的内容文本进行严格限定，

① [新西兰]史蒂文·罗杰·费希尔. 阅读的历史 [M]. 北京：商务印书馆，2009：50.

② [加拿大]加阿尔·维托曼古埃尔. 阅读史 [M]. 北京：商务印书馆，2004：149.

③ [新西兰]史蒂文·罗杰·费希尔. 阅读的历史 [M]. 北京：商务印书馆，2009：58.

并将此种阅读作为国家官员选拔、考核的重要途径，把读写作为社会工具予以推广，从而巩固统治阶级的基础。

2. 印刷时代的阅读：扩增的读者与阅读的兴起

1450 年，约翰·古登堡（Johann Gutenberg）在德国研制出了铸字的"字模"以及一种能够黏附于金属活字的特殊油墨，并利用此项技术在合金活字印刷机上批量印刷纸张。他的初衷是通过创造性地扩大生产，实现销量最大化，从中获取利润。14 世纪由中国发明的造纸术在西欧得到普及应用，纸张终于全面取代了羊皮纸，并与铅字活字印刷相得益彰，共同促进了纸质书籍印刷生产数量，进而对当时的读者和阅读行为、阅读内容产生了深刻的影响。

从阅读主体的层面来看，印刷书籍的产生与普及，大大增加了阅读群体数量、扩宽了阅读主体的覆盖面。印刷技术的产生，大大减少了印刷书籍的劳动量，降低了书本的单位成本。书籍摆脱了繁复的装帧与精美的手工抄写，印刷油墨与纸张的粗糙并未阻挡其接近与阅读书籍承载的内容焦点。书籍从阳春白雪似只供具有一定经济实力的买家品位的珍藏，转变为寻常百姓家内的基本读物，阅读群体大大扩增，新一代读者兴起。因此，"文艺爱好者和鉴赏家，具有人文主义品味和稍有学识的有闲阶层，在大学里研修过希腊经典著作课程的校长、牧师、律师、医生，人人都希望拥有这样的书：散步或旅行时可以携带，壁炉前可以悠闲地翻阅，就连经济拮据的读者也能买来读一读"①。印刷书籍的读者群体大大增加。

从阅读行为的层面来看，印刷书籍的产生，使得书本成为个人之物，进行细读品味成为可能，也为个体独立阅读的行为产生奠定基础。区别于传统集体诵读式的朗读方式，个体默读逐渐产生。阅读变得缄默无声，无须倾听，读者直接领悟所读的概念，增加了思考在阅读中的分量。由于默读中不再需要出声，不再考虑与他人共享信息，读者能够与书本及文字建立一种私密的不受拘束的联系，能和作者之间建立起一种超越时空的、未有他人在场的沟通。阅读变得更加专注，更加注重个人信息的内化过程。与之相伴随的是阅读的环境也逐渐发生变化。个体阅读行为从公共场合中逐渐退出，进入到私人空间之中，如卧榻旁、图书馆，在私人空间内屏蔽

———————

① [新西兰] 史蒂文·罗杰·费希尔. 阅读的历史 [M]. 北京：商务印书馆，2009：195.

周遭的喧杂，读者更集中于阅读文本内容，更易对文本产生深刻的、独到的理解，阅读中的思考更加自由与深入。

从阅读行为的影响层面来看，"默读"式个体阅读的产生、印刷书本的个人拥有为民众将注意力由书本转移至文本内容提供了条件，个体的精神思想在阅读中得到解放，继而产生种种区别于传统、权威的，重视个人、个体的观念。在19世纪初"人文主义"使阅读成为个人行为，在默读声中，以往不敢想、不能想的念头在心中悄然萌发，并以不可抑制的态势使人们的社会心理也发生了某种深刻的变化，个体发展受到重视，并不断走向成熟。中世纪的被动听读正日渐消亡。默读中，读者成为真正的积极阅读的行为主体，摆脱了口述传统的束缚。这一点在对宗教、《圣经》的阅读影响极为突出，读者在获取个人的《圣经》读本后进行默读，不再需要教会参与、主导阅读过程，而是在独立的封闭空间内达成自我精神上的对话，肯定自我观点的同时，开始质疑传统权威解读。印刷文本的盛行，使得口语传统的特权从此迅速衰落，并最终一去不返。随着公众教育在较为富庶的地域普及，具有阅读能力的人越来越多。文字社会迫使文盲进行转变，能读、会写不再是特权或精英阶层的专属，随着其他队伍不断发展壮大，口语传统在书面文字面前进一步土崩瓦解。

3. 数字时代的阅读：最广泛的读者与个性化阅读

随着新新媒介技术的发展，阅读已从传统平面纸质阅读发展到电子阅读、网络阅读、手机阅读、社交型阅读等多种阅读方式。但无论是电子阅读、网络阅读还是社交型阅读，其阅读类型、内容倾向、互动功能虽各有侧重不同，归结于一起具有一个相交点，即其阅读媒介的本质变革。按照《现代汉语词典》的传统定义，"阅读"指"看（书报等）并领会其内容"[①]。而1999年出版的《中国读书大辞典》则作了重新界定，认为"阅读"是"人从符号中获得意义的一种社会实践活动"[②]。这一概念界定的微妙变化，已暗含了对"阅读"概念的修正：阅读不仅仅关乎于"看"这一行为动作，也不仅仅局限于信息来源的对象是纸质媒介，"阅读"被泛化为一切从视觉、

---

① 中国社会科学院语言研究所词典编辑室编. 现代汉语词典（第6版）[M]. 北京：商务印书馆，2000：372.

② 王余光，徐雁编. 中国读书大辞典 [M]. 南京：南京大学出版社，1999：350.

听觉、触觉等感官渠道中获取信息意义的过程。

在本书中，数字阅读成为新新媒介之下的新型阅读的泛称，即以数字媒介为阅读载体。数字阅读，即使用电脑、网络、手机、平板电脑、Pad、电子阅读器等进行阅读，阅读内容以文字为主，辅以图片、音视频和动画，等等。在此概念之下，特别强调此阅读并非泛化式的阅听，即阅读仍以文字符号为主的信息传播。此外，数字阅读的发展存在阶段性，成熟型的数字阅读信息组织方式应是标记语言：标记的丰富和联想性、内容和形式的分离、文档分析基础上的结构模式对数字出版的生产流程起了决定性的影响，使其具有强大的链接、搜索功能和个性化订制功能。对应此概念，早期 eBook1.0 时期的纯纸质文本的电子版只是一种简单的由纸质文本向电子文本的转化，不具备链接、检索与个性化订制功能，只能被看作数字阅读的未成熟阶段。

数字阅读发展至今已经历多个阶段、多种形式。这种阶段与形式并非是以新替旧的方式进行淘汰式发展，而是阶段与阶段、形式与形式的叠加。从整体上看来，早期的数字阅读以网络阅读为主（在此主要指大众阅读，而不谈及专业文献阅读），因此，数字阅读研究初期也多直接以网络阅读、电子阅读指代；其后随着智能手机的普及与移动互联网技术的结合，手机阅读成为数字阅读的重要形式，且业已超越书籍阅读、报纸、期刊阅读等传统纸质阅读方式，成为大众最主要的阅读载体。继苹果公司研发出 iPad 之后，三星、联想等电子产品公司相继推出平板电脑，将固定互联网电脑与移动互联网手机两者的优点相融合，甩掉电脑连接线、网络连接线的同时，通过屏幕扩大、功能增强，纯触摸屏的最简单操作完美体现了媒介的进一步进化与发展。与此同时，以亚马逊公司的 Kindle 电子阅读器为代表开辟了数字阅读另外一块号称以享受纯粹阅读为宗旨的新领域。除此之外，光盘阅读等其他阅读方式由于使用领域较狭窄、阅读群体较小众，在本书中暂且略过。

（1）网络在线阅读：网络新闻、网络文学社区

网络在线阅读与手机阅读、平板阅读、电子阅读器阅读等其他数字阅读子类相排列，并非表明网络在线阅读与其他阅读形式具有相同划分标准，或者更准确而言，仅仅以网络与阅读相结合并不是按照其承载文本的阅读

媒介、载体与手机、平板电脑、电子阅读器相等同。手机、平板电脑、电子阅读器等媒介的现今优势功能也是基于互联网技术本身，或者说网络技术是数字阅读的技术根基，其载体的分类呈现只是各种子领域的表层。因此，在此所指的网络在线阅读更偏向区别于移动互联网的互联网电脑阅读。

网络在线阅读可谓是数字阅读的初级阶段（在此暂且不提通过移动存储设备拷贝文本阅读），其阅读的主要内容为网络新闻。在互联网发展之初，网络带宽、速度有限的基础上，在还没实现视频、音频等流畅切换、播放之时，人们在网络中"邀游""冲浪"时做得最多的事情就是通过门户网站查看网络新闻。

网络在线阅读的另一突出特性显现在与网络社区相结合推动了网络文学阅读的兴起。以互联网技术为依托，用户一改以往孤立、原子式存在，转变成为点与点的网状联系，相互之间以相同的、相似的阅读内容、兴趣爱好为结点形成小群体式聚集。

除此之外，普通用户也将日常网络书写与阅读紧密结合，将自己生活中的点点滴滴、有感而发写入个人微博、博客中，或不发布仅供个人记录，或限定私密对象阅读，或提供给所有网络用户观看、发表评论，进行讨论。

（2）手机阅读：手机新闻客户端、手机电子书应用

随着移动互联网技术的迅速发展，人们的生活习惯与思维方式发生重大改变，手机已不仅仅是简单的无线通信工具，业已成为日常生活中不可缺少的一个重要组成。我们甚至可以说，手机已经在安排我们衣食住行的方方面面。

从新闻资讯获取的角度来看，手机的便捷性、随身携带方便，成为快速浏览新闻的首先媒介。从看电视到手机视频，从纸质书到电子书，从报纸订阅、PC门户网站新闻浏览到现在的手机新闻客户端，多重选择为网民提供无时不有、无处不在的信息大餐。其中，手机新闻客户端已成了网民获得新闻资讯的重要工具，其用户渗透率逐步提高，市场规模不断增大。目前，市场上主流产品都提供大量文字、图片和视频等资讯，并能将突发新闻快速推送到用户端。搜狐新闻、腾讯新闻、网易新闻和今日头条等手机新闻客户端的日均活跃用户数均超过1000万，主流新闻客户端产品在竞争新闻资讯市场的同时，也呈现明显的差异性，根据手机用户的个性化需

求提供订制式信息服务。

手机媒介除了运用快速阅读、浏览新闻信息外，也被大量年轻读者握于掌中阅读电子小说。手机电子小说是将网络中特别是年轻人喜好的内容转换成 UMD、WMLC、JAVA（包括 JAR、JAD）、TXT、BRM 等格式，以手机软件应用的方式储存于智能手机中。手机电子书应用在线下载后，用户可以获取丰富、全面的阅读资源。同时为了贴近读者阅读习惯，手机电子书应用不断模拟纸质书界面，增强视觉效果。

近年来，手机电子书应用还推出了传统纸质阅读所不具备的"听书"功能，更加凸显了数字阅读中听觉感官的开发。驾车时、地铁公交上、家务中，散步、旅行甚至工作，在不适合视觉阅读的情况下，换个方式来阅读，听书的方式让阅读解放了双眼，随时随地在有声的世界感受书本的美好。听书软件从 2012 年后迅速发展，成为手机电子书软件领域中一块不可忽视的新兴领域，诞生了如懒人听书、氧气听书、喜马拉雅听书等多个备受读者欢迎的听书应用软件。

（3）平板电脑阅读：增强型电子书

平板电脑是介于个人 PC 电脑与智能手机终端之间的移动数字媒介，它既囊括了个人电脑的处理性能强大、多媒介呈现、操作空间大、使用简单等优势，也承载了手机媒介的移动性、便捷性等特点，是数字阅读媒介中功能全面的移动数字阅读终端。而针对平板电脑终端的阅读特点，业界已开发出了增强型电子书，即 eBook 3.0 的应用程序，在苹果 App 平台与安卓软件平台中广泛推出。不同于 eBook 1.0 和 eBook 2.0，增强型电子书在文字基础上，将音频、视频、图片、漫画等多媒介元素与书的内容完美结合起来，或者说是增强型电子书是利用文字和多媒介元素共同创作的一种互动图书应用（App）程序。在平板电脑的媒介基础上，增强型电子书的优势得到全面凸显。不同于前两代电子书，后者只是在新载体上重现传统图书，而增强型电子书则被赋予了更多样的内容和更丰富的阅读体验，阅读这样的图书，有点像看电影、玩游戏：解放了手机方寸屏幕的视觉空间束缚，简单的手指触摸、点击式操作让阅读更加自由；联网的互动效果，让读者与作者、读者与读者之间实现即时交流讨论。除此之外，应用程序关注了电子书阅读中读者的交互性诉求，并将交互环节直接突出于阅读的整个过程之中。

利用增强型电子书的交互性，可以使读者在阅读图书时通过交互性链接理解图书整体内容，而不必担心阅读到后面章节时遗忘了前面的细节造成的对图书整体内容理解上的困惑。

（4）电子阅读器阅读："最纯粹"的电子阅读

在诸多数字阅读媒介中，电子阅读器被誉为是较小众、较单一的电子阅读工具，但也正因其无复杂操作功能、无多重媒介效果，专注阅读体验，也被冠以"最纯粹"的电子阅读。

平板电脑、手机阅读、网络阅读等数字阅读媒介在阅读中多被认为具有以下几点劣势：首先，电子屏幕的光源原理容易造成视觉疲劳，不适于读者长时间文字阅读；其次，电子屏幕的电池续航功能不足，常常使其沦为要时时尾随一个充电插头的"鸡肋"，数字阅读媒介的便携性、随身携带的优势大打折扣；再次，数字阅读资源的匮乏，缺少具有庞大内容资源的平台支撑。读者在获取阅读媒介后，还要在网络中大浪淘沙式搜索、查找，或是下载盗版图书，或是自制导入文档，数字阅读的前期准备耗时耗力。而这几点，电子阅读器在设计之初就已给予足够的重视并得到一定的解决。

首先，电子阅读器通常使用 E-ink 电子墨水——一种旨在模拟印刷纸的显示技术来显示数字化文本。E-ink 技术依赖于反射而不是发射的光线，借助于外在自然光线照射，这是其与平板电脑等其他屏幕阅读最大的不同之处。它与传统纸质书更相近，更贴近阅读环境的光线强度，确保屏幕上的文字在任何光照条件下看起来都很自然，提供了类似新闻纸的分辨率，消除了眩光和减少了视觉疲劳。其次，由于 E-ink 仅在文本变化时消耗电力，如翻页操作，因此一个满载的电池可以维持 7 至 10 天，续航能力强大。再次，在文本内容源方面，数字阅读最大的优势在于其海量的信息源下载。电子阅读器在强大的内容平台基础上，通过有线或无线连接的方式，从本地电脑或者在线商店或者发行商的网站下载文本。此外，网络的互联互通性也使电子阅读器的阅读在个体阅读与群体阅读之间随意切换：当读者想独自静静品味书本内容时，没有花哨的装饰，没有其他应用分散注意力，阅读可以如同在纸质书本上样供读者细细琢磨；当阅读中，读者的思想浪花被激起产生强烈共鸣，或是希望与其他读者讨论见解，加深阅读，或是希望把意见反馈给作者、编辑部门，电子阅读器的联网功能迅速切换至群体阅读之中，在网络技术的共享下，即使参与社群讨论，或是查看他人注释，文本的多义性与多层次解读被不断开发。

三、我国数字媒体产业发展历程

出版、发行、印刷是与国家建设事业、人民文化生活至关重要的政治工作，其科学分工奠定了现代出版业的行业格局基础。我国的数字出版产业伴随着技术进步经历了行业分工完善和细分的变迁过程，从我国出版业告别铅与火时代以来的光与电、0和1的发展轨迹来看，数字媒体产业发展历程大体可划分为五个阶段。

（一）第一阶段（1987—1993年）：印刷的数字技术应用阶段

我国数字媒体产业萌芽最早可追溯到印刷行业的数字化。1987年5月22日，《经济日报》的版面正式全部采用激光照排技术，世界上第一张用计算机屏幕组版、激光照排系统整版输出的中文日报诞生了。[1] 报纸的数字化是"748"工程的结晶，它淘汰了铅字印刷的复制生产，继《经济日报》后我国各级报社陆续普及激光照排技术，六七年间我国内地所有省级以上报纸的印刷全部进入了激光照排技术阶段。

激光照排技术不仅是印刷的革命，它实现了计算机处理汉字，联合输入、压缩编码技术推动了信息时代的载体转变，造就了便于信息检索的磁盘光盘技术和接替阅读文本的电子报纸形态。人们开始重视新技术在出版活动中的作用，激光照排技术所体现的数字化代表了现代出版的工程技术方向，这一点可以从该时期对电子出版的研究多来自印刷行业的学者成果看出。印刷技术一路向前，很快实现计算机直接制版技术（CTP，即 Computer to Plate），将所需印刷内容用数字技术和特定光源直接复制到印版以供印刷机使用。计算机直接制版技术比激光照排技术生产的胶片晒版工艺缩短了生产周期和成本，免胶片的工艺也减少了印刷复制环节的质量衰减。受无胶片工艺影响，印刷开始尝试无印版生产，步入数字印刷时代，即计算机直接印刷技术。它借助计算机网络传输与存储技术使用数字印刷机设备将

---

① 本刊编辑部. 1987年5月22日中文日报首现激光照排系统整版输出 [N]. 中国计算机报，2009-09-14.

计算机上需要印刷内容的数字文件直接打印生成印刷品，由于数字印刷机的技术特性可实现可变数据印刷，通常被称为闪印刷或按需印刷，用在出版图书方面满足个性印书和减少浪费实现零库存，就形成按需出版模式。按需出版是建立在数字印刷技术的基础上的。

（二）第二阶段（1994—2000 年）：游戏出版、网络期刊和互联网广告的发轫阶段

1994 年作为游戏出版、网络期刊和互联网广告发轫阶段的起始年，并不意味着印刷的数字技术应用阶段止步不前，相反，计算机直接制版技术、计算机直接印刷技术正是在此区间内成长起来并成熟发展至今，其依据是新的产业分支形式跃入人们的视野。

我国内地游戏出版业始于 1994 年，第一款原创国产游戏《神突击队》由金盘公司（1998 年退出游戏市场）发行，同年 5 月《电子游戏软件》正式创刊，成为内地第一本以电视游戏为主要内容的专业杂志，6 月另一本重要的游戏杂志《家用电脑与游戏机》正式创刊，定位于电视游戏与电脑游戏并重。"一款游戏，两份刊物"的标志性事件奠定了内地原创游戏产业化的基础，1994 年也被称为内地游戏产业元年。很快网内原创游戏迎来发展的第一个高峰期，涌现出一大批致力于原创单机游戏研发、发行的公司和团队，尽管相比后来的网络游戏，其作品质量和市场规模欠佳，却是游戏产业的先行者和开拓者。1995 年目标软件独立开发的《铁蹄惊雷》，1996 年金山软件公司西山居工作室开发的模拟经营类游戏《中关村启示录》，鹰翔软件作室开发的《生死之间》，1997 年西山居工作室制作的武侠类角色扮演游戏《剑侠情缘》，前导软件推出即时战略游戏《赤壁》，1998 年目标软件的《铁甲风暴》，西山居工作室的回合制战略游戏《抗日地雷战》，1999 年烽火工作室的策略游戏《烽火三国》，西山居工作室的《决战朝鲜》，新瑞狮多媒体的角色扮演游戏《敦煌之大漠传奇》，2000 年西山作室的《剑侠情缘2》，明日工作室的模拟经类游戏《虚拟人生》，等等，诸多单机精品游戏形成了角色扮演游戏（RPG，即 Role Play Game）、动作游戏（ACT，即 Action Game）、冒险游戏（AVG，即 Adventure Game）、第一人称视角射击游戏（FPS，即 First Personal Shooting Game）、格斗游戏

（FTG，即 Fighting Game）、体育类游戏（SPT，即 Sports Game）和益智类游戏（PZL，即 Puzzle Game）等二十余个类别。在产品线极大丰富的同时，国家也加强了行业管理，新闻出版总署作为电子和网络出版的国家行政主管部门，出台一系列政策法规，为游戏出版业提供了政策保障和发展方向。较有代表的是 1996 年 3 月颁布的《电子出版物管理规定》，该规定对加强子游戏出版物管理，规范经营和市场秩序，繁荣电子游戏出版物事业有着积极的促进作用。

网络期刊是纸质期刊的数字化和网络化产物。1995 年第一部全文网络电子期刊《神州学人》正式出版发行，它是教育部主管的面向留学人员的综合性刊物，创刊当年即和数种在北美电子网络流行的中文电子刊物一起被美图馆电脑网络正式编目，《中国学术期刊（光盘版）》正式立项并成立顾问委员会，次年 1 月国家新闻出版总署批准出版。1996 年国家科技部组织实施期刊集中上网，1998 年由中国科技信息研究所万方数据股份有限公司具体操作，形成万方数据数字化期刊群，收录国内多种核心期刊的全文内容，包括自然科学类期刊，也有人文社会科学类期刊。同时期重庆维普的《中文科技期刊数据库》、清华同方的《电子期刊光盘版》也纷纷数字化，形成整合知识信息且有较大影响力和规模的数据库，方便论文检索，也便于重复内容的甄别。2000 年重庆维普建立维普资讯网，《中文科技期刊数据库》入驻。2001 年我国近八成的科技期刊均可通过互联网全文检索，至2003 年开放存取出版模式的运行，网络期刊进入了另一个全新的发展环境。

互联网广告是利用网站的多媒体图文链接刊登或发布广告的形式。最早的互联网广告诞生于美国，1994 年 10 月美国著名的 WIred 杂志网络版主页刊登了 AT&T 等十余个客户的旗广告（Benner），该事件被看作是广告史上里程碑式的一个标志。[①] 我国第一个商业性的互联网广告当属 1997 年3 月在 Chinabyte.com 上刊登的全幅（Full Benner，468×60 像素）动画旗帜广告。随后诸多企业上网，在提供信息浏览服务的同时经营广告，互联网广告迅速形成规模并兴盛起来。1998 年我国互联网广告支出 0.3 亿元人民币，一路攀升至 1999 年的 0.9 亿元，2000 年的 3.5 亿元，增长幅度惊人。

① 李振国，纪淑平. 网络广告媒介的发展趋势及其创新 [J]. 商业研究，2006（21）：198.

（三）第三阶段（2001—2008 年）：网络游戏市场爆发阶段

2000 年以后是网络游戏的天下，背后却是单机游戏出版的没落，网络游戏以明晰的盈利模式创造的市场价值迅速跃至数字出版业务结构的前三甲。真正开启网络游戏时代的标志事件应该是 1999 年的第一款中文图形网络游戏《万王之王》。2001 年是网络游戏市场的重要节点，网络游戏凭借亿元的市场规模第一次超越单机游戏的近 2 亿元的市场。同年 7 月，盛大网络引进韩国网络游戏《传奇》，较短时间创造了同时在线人数突破十万人的效益规模，《金庸群侠传》《大话西游 online》等也受到游戏消费者的追捧，取得不错的销售业绩。业内人士一致认为，中国游戏出版市场爆发出重新全面启动的信号，宣告中国游戏出版产业进入网络游戏的全新时代。这一年颁布的《出版管理条例》规范了互联网游戏出版活动，明确指出互联网出版和电子出版物出版的管理办法由国务院出版行政部门另行制定。

2002 年网易推出《大话西游 online Ⅱ》和《精灵》，新浪乐谷代理《天堂》，2003 年搜狐进军《骑士 online》，三大门户网站进军网络游戏，形成较有影响的号召力，一些非游戏行业的上市公司、网络运营公司、电信等络绎不绝地参与到网络游戏代理运营中，网络游戏市场空前火爆。

市场繁荣的同时，新闻出版总署积极加强政策协调。2002 年 6 月《互联出版管理暂行规定》颁布，全国游戏出版物专家审读委员会的成立，从网络游戏的管理办法和监管机构设置层面给予坚实保障。2013 年 7 月游戏工作委员会经新闻出版总署批准，报民政部备案正式成立。2009 年 9 月《关于贯彻落实国务院〈"三定"规定〉和中央编办有关解释，进一步加强网络游戏前置审批和进口网络游戏审批管理的通知》发布，对新闻出版总署管理网络游戏和审批权进行解释和规范，负责动漫的出版环节管理，对游戏的网络发行前置审批。政策的及时出台对规范游戏出版物市场，维护游戏出版经营企业的合法权益，消除不利因素，起到了保驾护航的作用，也造就了盛极一时的网络游戏市场的传奇。

（四）第四阶段（2009—2015 年）：电子书与手机出版繁荣阶段

尽管电子书和电子书阅读器单在 20 世纪 90 年代已经出现，但真正让电子书阅读掀起波澜的是 2007 年 11 月亚马逊推出的电子书阅读器 Kindle。2009 年底，亚马逊公司宣布圣诞节 Kindle 电子书销量首次超越实体书，传统阅读方式迎来全新的变革期，也正是这个里程碑式的数据让业界将第二年称为电子书元年。

2009 年，我电子阅读器市场迅速发展，电信运营商、终端设备生产商、服务提供商等多股力量的汇入，直接丰富了电子阅读器的品牌阵营，"汉王""翰林""易博士"等品牌层出不穷，市场价位也随之持续降低，市场竞争的加剧让价格战成为抢占市场份额的首选。原来的礼品市场路线有逐步演化成大众市场的趋势，硬件的竞争优势不再，内容的竞争成为厂商的制胜武器。一些厂商试通过并购中小纸内容提供商或寻求与传统出版商合作的方式，以内嵌内容配合终端并驾齐驱。这种程度的内容竞争存在局限，用户对强制捆绑的内容兴趣不大，或是用户只能在终端指定的平台下载内容，完全形成封闭的终端模式，获取市场份额存在较大风险。于是，部分终端厂商开放终端模式，允许用户购买终端后可通过自由的方式获取内容资源，资源格式的种类也自由兼容，但另一方面却引发了内容盗版问题的争议。随着我国数字版权保护观念的加强，传统出版向数字化转型推进，用户为电子阅读内容付费的盈利模式终将形成。

与电子阅读器终端市场竞争激烈的外部阵营主力是智能手机终端，手机便携性和屏幕阅读效果的提升强烈冲击着电子阅读器市场。手机业务从早期的短信业务拓展到彩信、手机游戏、手机报、手机电视等。2009 年被称为"3G 元年"，手机出版被赋予新的发展机遇，大规模进入市场。2010 年手机出版收入为 349.8 亿元人民币（未包括动漫），超过网络游戏的 323.7 亿元和互联网广告的 321.2 亿元，更是以绝对优势压倒电子书的 24.8 亿元。[①] 与网络游戏、电子书等不同，手机出版是移动通信运营商主导的产业格局，产业链结构包括内容提供商、服务提供商和电信运营商，分别负责提供版权内容、平台对接与业务推广、渠道传输与费用扣除，由于电信

---

① 郝振省. 2011—2012 中国数字出版产业年度报告 [M]. 北京：中国书籍出版社，2012：10.

运营商的垄断地位造成收入分配不均衡，内容提供商处于弱势地位，无法获取与产业链相称的利润，直接影响其创造价值的积极性。

（五）第五阶段（2016 至今）：产业快速发展阶段

2016 年国家发布了《"十三五"战略性新兴产业发展规划》，提出要加快出版发行、影视制作、演艺娱乐等行业数字化进程，提高动漫游戏、数字音乐、网络文学、网络视频等文化产业品位和价值，首次从国家层面把数字内容产业纳入与新一代信息技术、生物、制造以及绿色低碳产业并列的五大支柱性战略性新兴产业之一；同年 12 月文化部发布了《关于数字文化产业创新发展的指导意见》，从政策上开始重点布局和引导动漫、游戏、网络文学、数字文化装备、数字艺术展示等数字内容产业，两份文件相继出台标志着中国数字内容产业进入了新时代。由此开始，中国数字内容产业开始进入快速发展阶段，这一阶段传统内容产业的边界被打破，"内容＋服务"乃至"内容＋服务＋硬件"等新型模式不断涌现，内容成为激活整个产业链的核心引擎，媒介融合甚至跨界融合的格局开始形成。

全球数字经济逐渐向体系重构、动力变革以及范式迁移的阶段迈步，中国的数字经济也已经处在由量变到质变的关键节点上，数字技术与文化创意产业的交相融合、共同发展，使得数字内容产业已经成为后金融危机时代推动中国经济结构转型发展的重要力量。随着中国逐渐进入数字经济时代，中国互联网产业在移动互联时代实现了弯道超车，得益于"免费基础服务＋收费增值服务"的本土商业模式以及人口红利，融合信息产业、一般文化产业以及文化创意产业为一体的中国数字内容产业已经开始在全球崛起，并实现了连续十几年的高速增长，如 2018 年中国数字内容产业产值规模为 68000 亿元，市场规模位居全球第三位。数字游戏、数字音乐以及电子竞技用户量、网络视频总时长等多项指标位居全球第一，数字娱乐以及媒体业市场规模位居全球第二。规模上的全面增长为数字内容产业发生质变提供了丰厚的土壤，尤其是新技术在数字内容产业上的不断应用，使得涌现出一批如直播、VR、AR 以及 AI 等新型商业模式，同时随着国内持续推进数字版权保护以及内容付费模式，中国形成了独具特色的"泛娱乐"化数字内容产业生态，并以此为基础促使整个文化产业焕发了新的生机和活力。

数字内容产业已经成为当前中国经济发展的新引擎。它与当前数字化世界经济发展趋势相适应、与国家当前经济发展战略相吻合，发展数字内容产业有助于拓展中国对外贸易的组织形态、有助于推动供给侧结构性改革的顺利实现、有助于提升中国贸易的全球辐射能力，对于形成新时代全面开放新格局具有重要意义。

第二章 数字媒体发展中的产品服务

如今，数字媒体在互联网行业蓬勃发展，在科技部 2018 年公布的新兴行业独角兽名单中，如优酷土豆网、快手直播、抖音直播、QQ 音娱集团（旗下产品 QQ 音频）、阿里云文娱集团（旗下产品虾米音频以及阿里影视集团公司）、网易云音频等，此类产品、公司均有所体现，显示了数字媒体资源在当今行业内的蓬勃发展。我国人口众多，拥有世界上最大的"互联网驻民"，对数字媒体的相关产品和服务都有着巨大的市场需求，该需求不仅仅促进互联网数字媒体行业的快速发展，对其产业链上下游企业也具有非常明显的带动效应。目前国内有大量年轻人从事优质数字媒体制造工作，通过互联网平台将作品分发、传播，从而获得巨大收益。

鉴于数字媒体经济的快速发展，数字媒体以及相关产业在全球各地基本上都得到了各个国家的重视，美国、日本、英国、法国、德国、俄罗斯等纷纷制定国家信息化战略，都颁布了相关的优惠政策去发展数字媒体。我国很早以前也开始尝试发展数字出版技术，并且得到了国家各部委的关注和支持。国家在东部沿海城市，比如上海、厦门等地，出台了对数字媒体产业具有良好带动作用的相关政策和指导性文件。但是，目前在我国，针对数字媒体的产品和服务与国外相比还相对落后。中国特色社会主义进入了新时代，数字媒体传播对象也由某一类精准传播发展到特定的一个人、一个家庭的"千人千面"大数据传播阶段，用户需求也由以往单一的信息需求逐渐演化为多样化、层次性的需求体系。面对用户的个性化需求，数字媒体需要不断深化"以用户为中心"的服务理念，从用户的角度出发设计产品，通过完善的客户服务和深入的客户分析，赋予用户更多的选择，改善数字媒体和用户之间的关系，提高用户的满意度，并构建结构完整、协调运行的数字媒体产业链，进而提高自身的竞争力。

本章以产品服务与产业链的概念界定为开端，详述数字媒体产业链的基本构造，分析数字媒体信息服务模式与服务质量，为构建基于产品服务与技术创新融合的数字媒体发展运行机制与实践路径奠定理论基础。

一、产品服务与产业链

（一）产品服务与服务产品

1.产品服务

产品服务是指以实物产品为基础的行业，为支持实物产品的销售而向消费者提供的附加服务。如果用产品整体概念来解释，产品服务就是指整体产品中的附加产品、延伸产品部分，也称产品支持服务。其目的是保证消费者所购产品效用的充分发挥。

随着科学技术的进步，产品技术越来越复杂，消费者对企业的依赖性越来越大。他们购买产品时，不仅购买产品本身，而且希望在购买产品后，得到可靠而周到的服务。企业的质量保证、服务承诺、服务态度和服务效率，已成为消费者判定产品质量、决定购买与否的一个重要条件。对于生产各种设备和耐用消费品的企业，做好产品服务工作显得尤为重要，可以提高企业的竞争能力，赢得重复购买的机会。

产品服务过程包括售前服务、售中服务和售后服务。

2.服务产品

服务产品（简称服务），是生产者通过由人力、物力和环境所组成的结构系统来销售和实际生产及交付的，能被消费者购买和实际接收及消费的功能和作用。

经济学中的服务通常有两种含义。其一，是指第三产业中的服务劳动，它与非物质生产劳动大致相同，但有交叉；其二，是指服务产品，即以非实物形态存在的劳动成果，主要包括第三产业部门中一切不表现为实物形态的劳动成果（由于经济过程的复杂性，第一二产业部门中也混杂着少量服务产品）。如果在劳动意义上使用服务概念，就称之为"服务劳动"，若在产品意义上使用它，就称为服务产品。

学者彭兰在对服务产品定义时指出："网络媒体的各类服务都是产

品。"① 根据彭兰的定义，同样地，数字媒体的各类服务也都可以称为服务产品。数字媒体服务产品按照服务对象分为三类：企业、个人和社会。其中为个人提供服务是现阶段媒体服务的重点。

在某种意义上，服务产品更容易成为入口，更容易吸引用户点击形成用户群。庞大的用户数据和用户规模积累可以为媒体创造无限的价值，对媒体产品而言，它为内容产品和关系产品精准定位，高度聚焦用户需求提供了数据参考。同时服务产品也可以通过技术衔接为内容平台、社交平台导入流量，打破电视、电商行业界限的跨领域传播，这是服务产品流量价值转换的很好表现。对企业用户而言，媒体用户数据积累有助于创新企业服务产品，甚至带动企业内部其他产品的开发，如企业电视招聘广告、企业活动宣传等；从商业角度来讲，数字媒体联系了企业与个人用户之间的关系充当了桥梁作用，为企业创造了价值，降低企业付出的时间和金钱成本；对媒体而言，无法从个人用户处获得直接收益，但是企业作为一个有能力的消费者，媒体以用户群作为与企业交易的商品从而获得利益，这是服务产品盈利的重要方面。

面向个人用户的服务对媒体而言至关重要。媒体的目标用户定位不再是类型化的用户，而是精准到每个人，服务产品的创新有利于个人用户市场的培养，也为品牌独立、产品策划提供方向。好的服务产品能培养忠诚用户，形成规模化的用户群，因此注重用户体验培养是服务产品创新的核心。

通过以上对产品服务与服务产品的概念界定，我们可以得出：数字媒体是通过服务产品向用户提供信息产品和服务，来吸引用户、留住用户、维系用户和聚集用户。简而言之，是通过服务产品对用户进行产品服务，通过不断提高服务质量来增加用户的黏性，使用户逐渐形成对数字媒体的持续使用，从而增加数字自身的竞争力，推进自身的可持续发展。

3. 信息服务

信息服务作为图书情报领域研究的重要内容，一直是专家、学者研究的焦点。关于信息服务的内涵，专家学者从多个角度进行了剖析。胡昌平将信息服务定义为从社会现实出发，以充分发挥信息的社会作用、沟通用

① 彭兰. 网络媒体产品的增值开发 [J]. 网络传播，2004（01）：64.

户的信息联系和有效组织用户信息活动为目标，以信息运动各环节为内容的一种社会服务[①]，认为信息服务更加凸显社会性，是以用户的信息需求为依据，以信息为内容，面向用户开展的一切服务性活动[②]。岳剑波认为信息服务的概念有广义和狭义之分：广义的信息服务泛指以产品和劳务形式向用户提供和传播信息的各种信息劳动，即信息服务产业范围内的所有活动；狭义的信息服务是指专职信息服务机构针对用户的信息需要，及时将开发加工好的信息产品以用户方便的形式准确传递给特定用户的活动。[③] 张燕飞和严红将信息服务概念归纳为：狭义的信息服务只是信息交流系统信息搜集、加工、整理、报道、服务、反馈中的一个环节，仅指接待用户并为其提供信息产品的工作；广义的信息服务涵盖了整个信息工作内容，包含信息的搜集、整理、存储、加工、传递和提供利用等，并认为信息活动过程是连续不间断的，信息服务渗透于信息活动的每一个部分中。[④] 孙瑞英等认为信息服务是以信息与用户的关系为前提进行的用户服务和用户信息活动，是促进与保障用户对信息的感知、吸收和利用的服务活动。[⑤] 虽然不同的学者对于信息服务的解释不尽一致，各有侧重，但对信息服务本质和服务过程的认识是相同的。在分析与归纳上述学者观点的基础上，笔者将信息服务的内涵定义为：以用户信息需求为依据，以信息为内容，通过对信息资源的搜集整理、加工分析，以不同的服务方式将服务内容提供给用户的服务性活动。

（二）产业链

1. 产业链的概念

在产业经济学中，产业一般指的是生产同类或密切替代产品或服务的多个企业的集合，同时也指代生产同类或密切替代产品或服务。早在1958年美国经济学家赫希曼（Albert Otto Hirschman）就从产业的前向和后向联系等两个不同角度出发，创新性地提出了产业链（industry chain）这一概念。

① 胡昌平. 信息服务管理 [M]. 北京：科学出版社，2003.
② 胡昌平. 信息服务与用户 [M]. 武汉：武汉大学出版社，2015.
③ 岳剑波. 信息管理基础 [M]. 北京：清华大学出版社，1999.
④ 张燕飞，严红. 信息产业概论 [M]. 武汉：武汉大学出版社，1998.
⑤ 孙瑞英. 信息服务与用户认知过程的关联与互动研究 [J]. 情报杂志，2014（04）：190-195.

我国学者在西方的产业链概念基础上，进行了延伸研究："产业链是对人工物赋予规模性、盈利性、结构性、转化性等，从而使人工物获得普遍性，最终形成制造物的过程。"① 通俗地说，一个产业链往往从制造物的开发设计出发，自上而下涉及原材料、零部件制造和整机制造，通过营销到达用户端。不同类型的产业链，其具体的链条驱动方式会有一定区别，但环节大同小异，即使是无实体的服务性产业，也可以抽象概括为上述步骤。结合以上的研究和分析，笔者认为产业链是用于描述某种具有供给与需求关系的企业群结构，其核心任务就是通过实现规模性、盈利性、结构性和转化性这四个目标，最终使人工物可以获得普遍性，从而形成制造物。产业链的主要载体是企业和产品，其核心是上下游企业形成配套闭环，其实质是企业间的供需关系。

2.产业链与生产链、价值链、供应链之间的辨析

（1）产业链与生产链

生产链（production chain），也称产品链，是迪肯（P.Dicken）于1986年提出的，是产品或服务生产过程中各种价值增值环节组成的功能链接②。生产链是产品或服务的生产企业及提供产品生产原材料的企业之间关联关系的一种体现，主要侧重表达生产过程的组织形式。而产业链则是产业内所有产业业务活动（包括生产活动）关联关系的表达。

（2）产业链与价值链

波特（Michael E.Porter）提出的价值链，是指相互关联的具有价值增值能力的企业经营活动构成的价值系统③。虽然波特也提及了价值链之间的纵向联系，并分析了产业范围的价值链，但是价值链主要是基于企业层面分析企业竞争优势的概念④。而产业链是产业分工及其纵向关系的表达，虽然也包含着价值转移及其创造活动，但是产业链是针对产业而言的。

① 郑文范，关宝瑞. 论产业链、创新链与资金链合理配置[J]. 山东科技大学学报（社会科学版），2018（02）：74.

② Peter Dicken. Global Shift:Reshaping the Global Economic Map in the 21st Century [M]. London:SAGE Publications Inc，2003：14.

③ Michael.E.Porter Competitive Advantage[M].New York:Free Press，1998:36-37.

④ [美]迈克尔·波特. 竞争优势[M]. 陈小悦译. 北京：华夏出版社，2004

（3）产业链与供应链

供应链（supply chain）是 20 世纪 80 年代后期出现的源于价值链的概念。供应链是联结供应商到消费者之间的价值增值活动的网链，包含了物流、信息流、资金流等价值活动。供应链管理的思想源于克拉吉克·皮特（Kraljic Peter）[①] 和夏皮罗·罗伊（Shapiro Roy）[②] 分别于 1983 年和 1984 年在《哈佛商业评论》上的两篇论文，强调对围绕物流、信息流、资金流等企业价值功能网络的管理。供应链属于管理学概念范畴，侧重于研究企业之间物流、信息流、资金流等业务活动的关系；而产业链则属于经济学概念，且立足于产业范围内研究包括物流、价值活动关系在内的关联企业之间的关系。供应链只是产业链的一种表现形式，产业链还有其他的多种表现形式，如生产链、技术链、价值链等[③]。

3. 数字媒体产业链的概念

作为出版产业链的延伸，数字出版产业链在其内涵上也理应是出版产业链内涵的延伸。出版产业链是指以出版价值链为基础的具有连续追加价值关系的出版关联企业组成的企业联盟，简而言之，即"出版产业链就是出版关联企业基于出版价值增值活动所组成的企业联盟"[④]。

基于这一认识，可以将数字媒体产业链定义为数字媒体关联企业基于数字媒体价值增值活动所组成的企业联盟。具体而言，数字媒体产业链是数字媒体产业纵向分工活动的表现形式，是数字媒体关联企业形成的一种产业空间组织形式，是由具有数字媒体价值增值关系的价值环节组成的功能网链，是产业关联关系的一种体现。

首先，数字媒体产业链是数字媒体产业纵向分工活动的一种表达。产业链是产业纵向分工的一种体现，从其纵向分工关系看，数字媒体产业链包括了内容的创作与生产、内容的数字化加工处理、数字媒体分销平台的搭建、内容的发布等活动，以及在此过程中涉及的支撑辅助活动，如金融

① Kraljic Peter. Purchasing must become supply magament [J] Harvard Business Review, 1983（05）:109–117.

② Shapiro Roy.Get Leverage from logistics[J]. Harvard Business Review, 1984（03）:119–127.

③ 刘贵富. 产业链与供应链、产业集群的区别与联系 [J]. 学术交流, 2010（12）：78.

④ 方卿，等. 出版产业链研究 [M]. 北京：高等教育出版社，2011：34.

结算服务、数字版权管理技术提供、网络运营服务提供、数字阅读平台研发生产资源提供等活动。概括来讲，以上分工活动可以归结为数字媒体产品与服务的生产与市场分销两项基本的活动分工，数字媒体产业链的分工主要就是围绕资源生产和市场分销展开的。

其次，数字媒体产业链是数字媒体关联企业基于一定的产业集聚区域内形成的战略联盟关系，是产业空间组织形式的一种表现。从其关联企业角度而言，数字媒体产业链是以数字媒体产品与服务提供商为源头、数字媒体技术开发商与平台提供商为支撑、数字媒体产品与服务分销商为渠道，通过终端阅读设备为用户服务所组成的企业联盟。数字媒体产业链的战略联盟关系在空间分布上并非分散的，表现出了一定的空间聚集性，即产业集群的特征。产业链只有在空间上产生关联甚至聚集，才能形成协作，并对产业链连续追加价值。一个无法形成协作的产业链，要实现其连续追加价值的价值链功能，无疑是空谈。从地理上看，产业链的空间分布总是落脚在一定地域，这可以是一个国家，比如我国的数字媒体产业链；也可以是一国的特定地区，突出表现为了产业基地或产业园区。我国着力建设数字媒体产业基地的目的，正是为了通过打造产业集聚园区，实现数字媒体关联企业在空间上的聚集，以加强产业链各环节间横纵向的相互融合与合作，形成协作，合力推动数字媒体产业链的协调运作。

另一方面，数字媒体产业链的战略联盟关系在组织形式上也并非松散的，存在"链主"。数字媒体关联企业是出于对产业链剩余利润的追逐与共享结成的企业联盟关系，这种组织形式虽然不具备企业组织严格的组织结构、层级关系和管理隶属关系，一旦关联企业之间的利益发生严重冲突，联盟存在与合作的基础也即遭受破坏，甚至不复存在。但是，并非说数字媒体产业链是一种松散无序的组织形式，其存在所谓的"链主"，占据产业链支配地位，并承担着企业联盟事实上的管理者与协调者的角色。从当前的发展情况来看，主导数字媒体产业链发展的链主主要是技术开发商和平台提供商，而他们之中，到底由谁主导数字媒体产业链，则主要取决于其掌握和应用数字技术的能力。

再次，数字媒体产业链是由具有数字媒体价值增值关系的价值环节组成的功能网链。产业链，是具有连续追加价值关系的活动依附于一定的产业环节所构成的价值链关系。不同的产业环节，也即不同的价值活动环节，按照其资源禀赋条件及在产业链中的地位共同为产业链的价值增值贡献力量，并由此构成了一个基于价值链关系的功能网链。在这些产业环节中，有的价值活动属于核心环节，对产业链的价值创造活动贡献最大，就成了上述所说的产业链的"链主"。在传统媒体产业链"编、印、发"三位一体的产业环节中，这三大环节的价值丰度曲线与施振荣先生提出的"微笑曲线"相似：上游的策划、出版环节以及下游的发行环节属于媒体产业链的高端，附加价值较之产业链中游的印刷环节更高。然而，在数字媒体产业链中，由于印刷环节的退出，产业链的基本价值活动由资源生产与市场分销两个核心环节取而代之，其价值丰度也随之发生改变，而不再适用"微笑曲线"。

此外，数字媒体产业链是数字出版关联企业关联关系的一种体现，并突出表现在了其技术关联上。纵观媒体业历史每一次革命性的变革，从简策帛书到纸张，从雕版印刷到活字印刷再到当前的数字化按需印刷，无不是技术推动的结果。技术的作用在数字媒体产业中表现得尤为明显。由于数字技术的作用，印刷环节的退出，导致了传统媒体业务流程的改变，随着技术商和平台商强力介入资源生产与市场分销环节，不仅重新定义了传统媒体出版商和发行商的地位作用，也改变了关联企业的角色地位，由此导致其关联关系的改变，并形成了一个全新的数字媒体产业链。可见，本身作为媒体业与IT业结合产物的数字媒体产业，技术联系既是实现媒体业与IT业联系的纽带，也是数字媒体产业链关联关系的主要方面。正是由于技术联系在数字媒体产业链关联关系中占有突出地位，谷歌、微软、苹果公司等全球知名技术商纷纷摩拳擦掌，谋划数字媒体发展战略。比如，谷歌上线的谷歌电子书店，苹果公司推出的iPad更是瞄准了数字阅读市场的发展潜力。

二、数字媒体产业链的基本构造

数字媒体产业链是数字媒体关联企业基于价值增值活动所构成的战略联盟关系网络，是媒体产业链在数字出版环境下的发展和延伸。笔者从主体构成、价值环节、资源等三个方面，理顺数字出媒体产业链主体间的关系，明确数字媒体产业链的价值活动与价值创造环节。

（一）数字媒体产业链的主体构成

从目前数字媒体产业链主体构成的实际情况看，基于其在数字媒体产业链中承担的业务活动及角色定位不同，数字媒体产业链的主体大致可划分为数字媒体产品与服务提供商、数字媒体技术开发商与平台提供商、数字媒体产品与服务分销商等三大类，其中各自又包含几类具体的主体要素。

1. 数字媒体产品与服务提供商

数字媒体产品与服务提供商是进行数字媒体产品或服务的开发、生产及提供的产业链主体。数字媒体产品与服务，既包括内容产品——这是数字出版的核心和基础，也包括有形产品，比如电子书阅读器、点读笔等电子产品，还包括无形的数字媒体服务，比如数字教育出版领域的教学服务以及数字学术出版领域的学术服务等。数字媒体产品与服务提供商，即具体从事上述产品或服务的开发、生产与提供业务活动的企业。其身份、地位相当于传统媒体中的出版商，是数字媒体产业链的源头，是数字媒体产品与服务市场分销等其他业务活动开展的前提，肩负着为数字媒体市场提供产品及服务的重任。

从当前数字媒体产品与服务提供商的来源及其业务发展方式来看，其具体又可分为混合型数字媒体出版商、集成型数字媒体出版商和纯数字媒体出版商三类。

（1）混合型数字媒体出版商

混合型数字媒体字出版商，是指同时从事传统媒体出版和数字媒体出版业务的数字媒体产品与服务提供商。这类数字媒体出版商主要由传统媒体出版商转型而来，随着出版数字化程度的加深，数字化转型是传统媒体出版商在数字媒体时代的必然选择。也正是因为此，可以说，目前绝大部分传统的图书、期刊、报纸、音像与电子出版单位，在坚持原有的传统出版业务的同时，也相继开展数字出版业务活动。从当前的情况看，我国绝大多数出版社、期刊社、报社及其所属集团均已开展数字出版业务，其主要是通过传统媒体内容的数字化涉足数字媒体产业链的。

（2）集成型数字媒体出版商

集成型数字出版商，是从事纸版出版物的数字转化加工与数字出版产品或服务的集成发布业务的产品与服务提供商。[①]数字媒体产业较之传统媒体产业，其产业集中度更高，企业集成的内容资源越多，越能对内容进行深度挖掘与整合，形成规模效应，成就"赢者通吃"。这也造就了集成型的数字媒体业务发展方式，集成型数字媒体出版商应运而生。集成型数字媒体出版商通常以获取纸版出版物的网络出版与传播权，进行数字化转化加工并集成提供给用户为其业务开展的主要方式。依靠其规模优势，集成型数字媒体出版商往往占据着数字媒体产业链的主导地位，如斯普林格、爱思唯尔、中国知网、龙源期刊、超星（读秀）等典型的集成数字媒体出版商，无不把持着各自领域的数字出版市场。

（3）纯数字媒体出版商

纯数字出版商，是立足于某一数字出版领域、直接从事原生数字出版业务的产品与服务提供商。[②]纯数字媒体出版商从一开始从事数字出版，就主要聚焦于某一数字出版领域，并以其经营理念、技术优势等决胜数字媒体出版市场。其聚焦的市场定位发展方式、独特的经营理念，往往更能使其在所涉及的数字媒体出版领域取得更突出的市场地位。纯数字媒体出版商通常不涉及传统出版，而是以完全数字化的方式开展数字媒体出版业务，既没有经过传统媒体出版环节，也不参与传统媒体出版内容的数字化加工。然而，也有像盛大文学在数字媒体出版市场站稳脚跟后，开始将其触角延伸至传统媒体出版。近年来，盛大文学坚持力推全版权运营模式，依靠其原创内容资源进行多媒介的深层次开发，积极向传统媒体出版、影视剧等领域拓展，使版权价值最大化，实现了自身利润及作者分成的双赢。

---

① 曾元祥，余世英，方卿. 论数字出版产业链主体及其功能定位 [J]. 出版科学，2013（03）：85.

② 曾元祥，余世英，方卿. 论数字出版产业链主体及其功能定位 [J]. 出版科学，2013（03）：86.

开放存取领域的 BMC、PMC、PLOS、中国科技论文在线、奇迹文库等，网络出版领域的盛大文学，手机出版领域的数码超智、银河传媒、字节跳动等都是较有代表性的纯数字出版商。

2. 数字媒体技术开发与平台技术提供商

数字媒体技术开发商与平台提供商，是为数字媒体业务活动提供技术与平台支撑的产业链主体。如果说内容是数字媒体产业发展的基础，那么数字媒体技术则是其推动力。作为技术驱动型产业，数字媒体产业因技术而生，数字媒体技术开发商从最开始就扮演着数字媒体产业推动者与产业链组建者的角色。数字媒体产业的发展及其产业链的构建高度依赖技术商和平台商的有力支撑，技术商与平台商参与构建数字媒体产业链，不仅极大地推动了传统媒体出版商的数字化进程，也促进了数字媒体产品的分销。如，在我国，有超过90%的出版社和报业集团采用方正自主开发的数字出版技术解决方案，开展其数字出版业务活动，方正集团为我国传统媒体出版商的数字化转型提供了必要的技术支撑。又如，中国知网、维普、万方、龙源四大数字期刊出版平台，承担了我国绝大部分期刊的数字化加工与市场分销重任。再如，中国移动和内容提供商共建的手机阅读平台，则撑起了我国手机阅读的一片天地。由此可见，数字媒体技术开发商与平台提供商在数字出版产业链中的地位。现实情况也确实如此，技术商与平台商主导了数字媒体产业链的发展与利益分配。

数字媒体涉及的关键技术主要有三类：一是作为数字内容阅读载体的终端设备的研发技术，二是肩负数字媒体产品与服务发布、分销的数字媒体平台技术，三是服务于数字媒体业务活动开展的应用技术。由此，数字媒体技术开发商与平台提供商大致可分为终端设备技术商、数字媒体平台技术商和数字媒体应用系统开发商等三种类型。

3. 数字媒体产品与服务分销商

数字媒体产品与服务分销商，是利用数字媒体投送平台或电子商务平台，从事数字媒体产品与服务分销业务，连接内容与服务提供商和消费者的数字媒体市场主体。其对应于传统媒体产业中的发行商，是产业链中直面消费者的重要环节，在数字媒体产业链中占有不可替代的地位。首先，这是专业分工及协作的体现，有利于提高产业链的运作效益。其次，是扩大数字出版产品分销的需要，依靠分销商的参与，能够扩大数字媒体产品及服务信息的传播范围，尽可能接触到更多的读者和消费者。最后，分销商由于控制着分销渠道，往往也主导着产品定价权与收益分成权，进而由此形成了对数字媒体产业链的支配权，比如中国移动、亚马逊等正是如此。

基于分销方式或途径的不同，数字媒体产品与服务分销商又可以分为数字出版物批发商、数字出版单位自营分销商、电子书店、电信服务商等四大类型。

（二）数字媒体产业链的价值环节

产业链的价值环节，即产业链的分工环节、生产环节。产业链最终产品或服务的产出，需要经由多个迂回生产环节，连续向产业链的最终产品或服务投入资源、追加价值，这些能够为产业链最终产品或服务实现价值增值的迂回生产环节，就是产业链的价值环节。一条产业链中，从原材料的生产供应到最终产品的生产、流通、销售，存在着多个价值创造与转移的环节，其中，不同的环节基于其资源禀赋条件、所处的产业链地位、对最终产品的价值贡献等不同，存在着价值增值与产业链最终收益的不同，这也即方卿教授所提出的"产业链价值的差异性"[①]。因而，这也决定了在产业链众多的迂回生产环节中，有的环节属于产业链的基本环节，对产业链价值增值的实现起着核心作用，其价值产出与收益水平处于产业链的高端；有的环节地位、作用则相对弱化，是产业链的辅助环节，如传统媒体产业链中的纸张、油墨等材料的供应环节。本书所探讨的产业链价值环节，主要是指产业链的核心环节。

产业链的价值环节是产业链分工关系的体现，对产业链价值环节的划分就代表了产业链的纵向分工的安排与确定。厘清产业链的价值环节，有利于把握不同环节企业的价值创造活动及其价值增值贡献情况，明确产业链附加价值高的环节，并以此主导产业的发展。正如郎咸平所指出的，只有分清产业链的哪些环节附加价值更高，并由其去主导产业链的整合对产业的发展才更有利[②]。在由数字媒体产品与服务提供商、技术商与平台商、

---

①　方卿，等. 出版产业链研究 [M]. 北京：高等教育出版社，2011：34.

②　郎咸平. 产业链阴谋 I ——一场没有硝烟的战争 [M]. 北京：东方出版社，2008：2.

分销商构成的数字媒体产业链中，在当前数字媒体产业链分工仍有待明确的现实背景下，探讨并分清其产业链的价值环节，有助于我们明确产业链的分工，理顺产业链的纵向关系，剖析数字媒体产业链不同环节的价值增值状况以及其中附加价值更高的环节，从而能够使得产业链主体数字媒体业务的开展有的放矢，获得更高的产业链价值回报。

1.数字媒体产业链价值环节的划分

产业链传统的价值环节，也即其分工安排的划分，是产业链分工结构的体现。传统观点主要是按产业链的纵向价值环节分为产业链的上游、中游、下游，以制造业为例，其核心价值环节分别为上游的原材料供应（或研发设计）、中游的制造生产、下游的市场分销。应该说，这种较为粗犷的产业链价值环节划分方式，有利于理顺产业链的纵向分工关系，进而实施产业链的纵向控制与管理；有助于明确各环节在产业链中的地位，从而实现分工协作。其具有相当的普适性，因而，大多数产业链的分工划分及其研究均采用的这一方式，尤其突出表现在制造业领域。传统媒体产业链的研究也主要依据上述方式，将产业链的结构分为了"编辑出版、复制印刷、发行"上、中、下游三大基本环节。这种三位一体的价值环节划分思路也影响到了对数字媒体产业链价值环节的划分及确定，当前对数字媒体产业链的研究，绝大部分仍按照上、中、下游的三元分工视角，对数字媒体产业链的分工与价值环节进行分析。

然而，数字媒体产业链价值环节的划分是否适用这一分工方式，值得商榷。而对数字媒体产业链价值环节的划分及确定，关系产业分工的安排，关系对产业链价值创造过程的把握，是构建完整的数字媒体产业链需要解决的重要问题。数字媒体产业链相较于传统媒体产业链，其最大的变化就在于产业分工的不同。笔者认为，传统媒体产业链上、中、下游的分工方式，已难以适应数字媒体产业链。数字媒体产业链的价值环节该如何划分与确定，这就需要对数字技术对传统媒体产业链价值环节的重构进行分析。数字技术对传统媒体产业链价值环节的重构过程，也是数字媒体产业链价值环节的确立过程。

首先，传统媒体业产业链的三大核心价值环节——编辑出版、印刷复制、发行的纵向序列，由于数字技术的作用被打破。数字技术对出版业的影响，首先表现在了产品形态上，传统出版物的实体形态，变为了数字化的虚拟形态，这就意味着产业链最终产品基本上不再需要有形载体生产环节，印刷环节基本退出了产业链，传统媒体产业链中的印刷环节很难再对产业链的价值增值产生原有的贡献，产业链原有的三位一体的价值创造环节也随之消解。由此，也导致了产业链的业务流程与业务环节的改变。

其次，由于技术开发商与内容提供商的强力介入，不仅改变了产业链的价值创造过程，也重新定义了传统媒体出版商与发行商的角色地位。一方面，技术商与平台商的介入，虽然导致了印刷环节的退出，但是却新增了内容的数字化加工、平台搭建与内容发布等业务环节，产业链的价值创造活动与流程产生了重大变化。另一方面，技术商与平台商作为产业链的最初组建者与推动者，凭借着其技术与平台优势，主导了产业链的发展，由此也导致产业链原有的编辑出版和发行核心环节相对弱化并发生演化，而由技术商与开发商参与的内容数字化加工与内容发布环节的地位却得到提升。

最后，在数字媒体出版业务流程中，从其本质上看，内容的编辑出版与数字化加工可以统归为资源生产，平台的搭建及内容的发布均是为了产品的市场分销。而数字媒体产业链的最终产品主要是内容产品，围绕着内容的生产销售的迂回生产环节，不仅对内容的价值增值贡献更大，其附加价值也更高。由此，笔者认为，数字媒体产业链的核心价值环节主要可以划分为"资源生产"和"市场分销"两大环节。技术商与平台商开展数字媒体出版业务，也主要是介入、承担原本由传统媒体企业主导的内容生产与内容分销环节。

由此，在数字技术对传统媒体产业链的重构作用下，数字媒体产业链的核心价值环节主要划分为"资源生产"与"市场分销"两大基本环节，其对数字媒体产品与服务的价值增值追加的价值更多，产生的附加价值也更大。正如方卿等人指出的，数字出版产业链基于技术驱动形成了"资源生产"和"市场分销"两个核心环节构成的二元分工结构，数字出版产业链的价值增值活动主要围绕"资源生产"和"市场分销"这两大核心环节展开，在此分工结构下，以技术优势见长的技术开发商与平台提供商往往以内容提供商的身份提供内容资源或以分销商的身份从事数字出版产品分销。① 当前，控制着分销渠道的平台商极力向产业链上游的内容出版环节延伸，与之相反，传统媒体出版商则积极自建分销平台向产业链下游的分销环节延伸，正体现了这两大环节的价值增值能力。

2.数字出版产业链的主要价值环节

在数字技术的作用下，传统媒体产业链的三大核心价值环节——编辑出版、复制印刷、发行分销被重构，传统出版产业链三位一体的分工结构被打破，形成了全新的"资源生产+市场分销"的数字出版产业链二元分工结构，"资源生产"和"市场分销"是数字媒体产业链的两大价值环节。数字媒体产业链的价值增值活动主要围绕这两大价值创造活动展开，产业链主体竞争的焦点也主要集中在对内容资源的垄断或对分销渠道的控制上。在这一分工结构下，技术商与平台商，或以内容提供商的身份开展资源生产的业务，或以分销商的角色从事分销平台的构建及内容的分销业务。

（1）资源生产

数字媒体产业链的资源生产价值环节，即从事数字媒体产品的生产及服务提供的产业链业务环节。从狭义上讲，资源生产主要指的是内容资源的生产，包括内容的出版（传统出版）及内容的数字化加工。从广义上讲，资源的生产，除了内容资源生产外，还包括数字媒体产业链最终产品或服务的产出所必需的资源的生产活动，如数字内容加工技术及加工平台的研发、生产，学术服务、教育服务等数字出版服务的提供业务以及电子出版产品的研发生产等。

资源生产价值环节主要通过服务于内容资源的生产、生成，向数字媒体产业链追加价值。内容作为产业链的基础资源及数字出版市场需求的核心，围绕着内容的生产、提供，围绕着内容资源价值增值实现的业务活动，本身就更容易产出更多的附加价值。数字内容提供商与数字出版分销商之间通过事先确定的收益分配方案，共同分享产业链产出的价值。而内容提供商控制、拥有的内容资源量越多，基于其内容资源集成量所具备的规模优势，其议价能力也会越强，能够获取的价值收益也就越高。

---

① 方卿，曾元祥，余世英. 数字出版产业链的二元结构分析 [J]. 出版科学，2013（03）：80-81.

（2）市场分销

数字媒体产业链的市场分销价值环节，即开展数字媒体产品与服务的分销业务及其相关配套业务活动的产业链业务环节。从事市场分销的产业链主体对应于传统媒体中的发行商。无论是传统媒体，抑或是数字媒体，市场分销环节均都具有举足轻重的地位，是连结资源生产与市场消费环节的纽带，关系着产业链价值增值的实现。数字媒体产品与服务只有经由分销商发布至消费者手中，其价值才能得到体现，产业链剩余利润才得以产出，产业链价值再创造活动才能得以继续。

市场分销作为数字媒体产业链核心价值环节，主要体现在市场分销主体对产品与服务价格的决定权上。分销商不同的定价策略，在产业链利益分配确定的情况下，就决定了上游的资源生产环节能够获得的收益；同时，不同的定价策略，也会影响产品的销售及收入，这在一定程度上也决定了产业链的价值产出。传统出版业中，出版物都是明码标价的，而数字出版物却不是如此，原则上其定价是由分销商决定的，从市场的角度产品价格通常也是由分销商确定的。一些具有较强市场势力的分销商，通过对分销渠道的控制，也主导着定价权。

市场分销环节通过数字出版分销平台的构建和数字内容的发布业务来完成价值创造活动。数字媒体分销平台的构建主要分为网络平台的构建和专用阅读终端设备的生产等两类。数字内容的发布活动由内容的上传、推送、电子商务等具体活动构成。数字内容发布环节所能够产生的价值收益，则主要取决于两方面因素。一方面是与内容生产环节（内容提供商）确定的利益分配比例，而这又取决于双方的议价能力，或是市场势力，双方企业谁的市场势力更强，其议价能力也就更强，相应地将会获得更大的利益分配比例。另一方面则是内容的价格，在利益分配比例确定的情况下，价格水平会对销量产生影响，合理的价格水平的会促进销量的增加。而基于数字出版产业固定成本高、边际成本低的特性，这就意味着，销量越高，其规模报酬递增效应越明显，收益越高。亚马逊坚持电子书的低定价策略，很重要一方面正是基于低定价带来的销量以及最终收益的增加考量的。

在由资源生产与市场分销两大核心价值环节构成的数字媒体产业链中，从事资源生产的产业链主体，既包括内容提供商，也包括技术商与平台商；

从事市场分销的产业链主体同样如此。到底由哪一个环节的产业链主体主导数字媒体产业链，则主要取决于其掌握和应用数字技术的能力，无论是内容提供商还是分销商，事实上都是凭借技术支撑才得以确立其在数字媒体产业链中的主导地位。

（三）数字媒体产业链的资源

产业链的本质是产业链主体关联关系的体现，产业链关联企业之间，基于一定的技术经济联系，才形成了链条式的关联形态。^①产业链的这种关联性，从资源依赖理论视角看，任何一个企业组织生产活动的资源都不是自给自足的，都有获取外部资源的需求，由此产生了对外在单位的依赖性。企业组织之间基于资源的依赖性产生的联系与相互合作，就一同构成了产业链的组织形式。产业链最终产品的产出过程与价值增值的实现过程，就是产业链主体之间连续向产业链投入人力、物力、财力、技术等资源的过程。把握产业链主体的价值创造活动，有必要深入分析产业链的资源。

产业链的资源，即产业链的价值创造过程所使用的相互关联的、能够产生价值增值的生产要素，从产业链最终产品的产出看，需要多种生产要素的投入。数字媒体产业相较于传统媒体产业，很重要的一点改变就是重新定义了内容、渠道、技术等资源在产业发展中的作用机制。因此，探讨内容、渠道、技术等资源在数字媒体产业链中的作用机制问题显然更具有现实意义，更有助于媒体企业对内容、渠道、技术等资源在传统媒体产业链与数字媒体产业链中的区别有清晰的认知与把握。

1. 内容资源

传媒业属于内容产业的范畴，内容资源是其核心资源。无论是传统媒体还是数字媒体，"内容为王"始终是其产业发展的不二法则。数字媒体用户的本质需求仍然是对内容的需求，因而，对内容资源的争夺与控制也成为数字媒体版产业链主体竞争的主要焦点，由此可见，内容资源对于数字媒体产业链的重要性。一方面，对内容资源的控制是数字媒体产业链资源争夺战的"主战场"，无论是内容提供商还是分销商，无不在想方设法占据更多的内容资源；另一方面，对内容资源的创造、使用等活动，纸质

---

① 龚勤林. 论产业链构建与城乡统筹发展 [J]. 经济学家，2004（03）：121.

内容资源的数字化转换仅是完成了第一步，只完成数字化转换的内容资源并不具备价值增值能力。

2. 渠道资源

渠道资源，主要是分销渠道。无论是传统媒体产业还是数字媒体产业，分销渠道的作用都不言而言，因而，无论是在传统出版还是在数字出版，都有关于"渠道为王"的观点和争论。在传统媒体产业链中，处于上游的出版环节和处于下游的发行环节，其价值丰度都较高，都属于产业链价值的高端。在传统媒体产业链中，有时发行环节走向了产业链的高端，比如大众出版领域的巴诺书店等大型连锁书店，其产生的附加价值更高。这一特点在数字媒体产业链中表现得更为明显。控制着市场渠道资源的产业链主体，往往也控制了产业链的主导权。比如中国移动，基于其所覆盖的超过9亿户的手机用户数量，牢牢把控着手机移动阅读的发布渠道，也由此在手机移动阅读市场"独占鳌头"。

3. 技术资源

技术因素，无论是对传统出版还是数字出版，都起着十分突出的作用。就传统出版而言，从竹简到纸张，从雕版印刷术、活字印刷术到金属印刷术再到现代印刷工艺，出版业的每一次巨大进步与变革，都离不开技术的推动。

虽然技术资源作为所有产业发展中十分重要的资源要素，但是在传统媒体产业链与数字媒体产业链中的作用机制、产生的附加价值却有所不同。在传统媒体产业链中，技术力量主要体现在印刷工艺与载体形式方面。广义来看，桌面排版技术、发行信息系统等也属于数字出版范畴。因而，传统媒体产业链中的技术资源主要运用于印刷环节，而印刷环节在整个"编、印、发"三位一体的产业链环节中，属于产业链的低端，分享的利润价值最低。然而，在数字媒体产业链中情况却不一样，技术因素的影响力体现在了产业链的方方面面，网络、信息等技术不仅重塑了产业业务流程及出版商等产业主体在产业中的角色，也改变了产业链的利益分配格局。作为产业链的最初创建者与推动者，数字媒体技术商（广义上包括了平台提供商）控制了数字媒体产业链的主导权，分享了丰厚的产业链剩余利润。

传统媒体一直有着"内容为王"与"渠道为王"的争论，而数字媒体中，基于数字技术的作用，又增加了"技术为王"的观点，形成了"内容主导VS 渠道主导 VS 技术主导"的"三国争霸"局面。无论谁是主导者，这其实都反映了内容、渠道、技术资源的重要性。对于内容、渠道、技术而言，无论最终由谁主导产业链，只有实现资源之间的相互关联、资源互补与优化配置，才能够为产业链的价值增值贡献力量，并实现自身的价值。因而，对于数字媒体产业链而言，重要的不是争论内容、渠道、技术谁是主导性资源，而应该思考如何实现三者的协调整合与优化配置，实现产业链价值的形成。

三、数字媒体信息服务模式与服务质量

（一）数字媒体信息服务模式

1.数字媒体信息服务模式的内涵

模式是某种事物的标准样式和解决某一类问题的方法论，一般以文字、图形或符号等形式组合，采用类比和模拟的方法，对复杂的事物结构或复杂过程进行高度概括和简化描述，是人们可以直接参照的标准样式。模式看似简洁，但蕴含丰富的内涵，是将方法抽象概括至一定的理论高度，能够用简洁直观的方式解释复杂的事物、现象或过程，同时能够揭示事物之间的次序或系统内部要素及其相互关系，形成一个整体框架。

数字媒体信息服务模式的本质是服务主体在利用数字媒体平台开展信息服务过程中，为满足信息用户的需求，调整服务系统各要素之间的关系，逐渐形成的信息服务方法框架。数字媒体信息服务模式是对数字媒体信息服务工作或运作方式的高度概括和简化描述，是数字媒体信息服务主体可以直接参照的标准样式。由于模式兼具指导思想、执行步骤、运作过程、管理方式以及服务特点等方面的内容，因此，数字媒体信息服务模式既可以体现数字媒体信息服务活动要素间的关系及作用，也能够反映信息服务活动的方式手段和技术特征。

2.数字媒体信息服务的一般模式

当前的数字媒体信息服务主要是以数字媒体用户需求为导向，依托信息技术为用户提供信息资源的过程，其中信息资源、用户需求和信息技术

作为数字媒体信息服务的三大关键要素，因主导地位和作用方式的不同所呈现的服务方式和服务手段也有所区别。由此，本书提出了以关键要素为核心的数字媒体信息服务的一般模式，分别为资源共享型、需求牵引型和技术支撑型等三种类型，体现了以信息资源、用户需求和信息技术为着眼点的服务方法和框架。

（1）资源共享型信息服务模式

资源共享型信息服务模式是以信息资源的生成发布、及时传递和促进共享为服务重心，通过一定的信息采集方法和加工处理方法形成"信息产品"，利用数字媒体平台呈现给用户的基本模式。用户通过平台获取资源，并加以吸收和利用，通过二次传递，实现信息资源更广范围的传播。数字媒体信息服务主体以采集海量资源、追踪信息和精选最具价值的信息为主要任务。以学术数字媒体信息为例，由于当前信息源种类繁多，信息"颗粒"呈微小化趋势，除了传统的信息获取渠道外，专家学者的个人信息空间也是服务主体关注的对象，其具有的学术价值和产生的学术影响力不容忽视。服务主体通过多种渠道采集学术信息，获取丰富的学术信息资源，以其服务目的和服务特色为基准，根据服务主体自身的学术判断能力对采集的信息进行筛选，过滤垃圾信息、虚假信息和低质信息，对精选的信息内容进行整理加工，生成优质的学术信息资源，将其按照一定的次序和频率发布至学术新媒体平台。发布的学术信息资源主要包含最新的学术前沿资讯、学术会议讲座、科研数据资料和科研互助心得等类型。用户通过关注学术数字媒体平台，例如关注服务主体的学术微博或学术微信公众账号，或安装学术虚拟社区 App 等方式，接收服务主体发布与推送的学术信息。用户根据自己的需求从平台中选取感兴趣的学术信息内容进行浏览，经过信息加工对信息资源选择性地吸收与利用，并且可以将有价值的信息内容进行转发或分享，通过已有的关系网络完成信息的二次传播及多级传播，最终实现数字媒体信息资源共享。

资源共享型信息服务模式的特点表现为信息采集的全面广泛、信息资源的高度集成、优质资源的及时发布以及用户的吸收利用和共享传递。在此模式中，服务主体的作用较为突出，在信息采集和推送方面占据主动作用；服务对象被动接受信息，对平台共享的信息进行选择性地吸收利用与传递活动。服务主体发布的信息资源种类、质量和价值是资源共享的关键，该服务模式的最大价值是向用户及时传递领域内最新信息及发展趋势，促进资源的共享。

（2）需求牵引型信息服务模式

需求牵引型信息服务模式，是以信息用户的需求为导向，为用户提供精准、个性化的服务内容为主要服务目的的基本模式。服务主体以满足用户需求、提供个性化信息服务为重心，通过分析用户的需求和行为特性，利用数字媒体平台向用户推送订制的服务内容。在该模式中，资源与需求的匹配程度以及用户的满意程度是服务的结果，同时也是下一次服务的起点。

用户需求是牵引数字媒体信息服务的动力，信息用户的需求与行为习惯是确定用户类型、特性以及构建用户模型的基本依据。服务主体不仅分析用户的信息需求，还关注用户的其他类型需求，例如感官需求、交互需求、情感需求、社会需求等；除了满足用户表达的显性需求之外，服务主体还不断挖掘用户的潜在需求，实时关注需求的动态变化。通过用户的搜寻行为、浏览行为或分享、关注的内容主题等进一步了解用户的偏好和行为规律。用户建模主要包含模型的构建、更新与表示，是面向算法、具有特定数据结构的形式化的用户描述，一般以显性和隐性两种方式采集用户信息、建立信息库、显性方式是通过问卷调查、用户访谈或用户主动填写的基本信息或反馈意见等，隐性方式通过对用户的浏览记录、推荐或评论等数据进行抓取和分析。[①] 由于用户的需求在动态变化，因此用户模型也要随需求变化而更新。服务主体在用户模型的指导下，从用户的需求、偏好出发，为不同的用户订制相应的信息资源和服务内容，利用数字媒体平台向用户提供个性化服务，例如提供个性化检索工具、个性化导航体系、个性化咨询方式、个性化资源订制和个性化推送形式等。信息用户在接受服务主体推送的信息过程中不断进行资源与需求的匹配和对比分析，将需求的满足程度、信息服务的质量、与期望之间的差距等信息通过平台反馈给服务主体，服务主体以此为依据进一步改进其服务工作。

需求牵引型信息服务模式的特点表现为用户的主导性、资源的精准性

---

① 夏立新，翟姗姗，李冠楠. 面向用户需求的个性化政务信息服务模式 [J]. 图书情报工作，2010（08）：9，21-24.

和服务的个性化。该模式强调信息用户的主导地位，是面向用户的信息服务模式，用户需求在整个服务过程中的作用尤为突出，既是服务的出发点、服务的依据，也是服务的归宿，是衡量服务效果和改进服务质量的标准。该服务模式旨在满足用户日益增长和动态变化的需求，为其提供个性化服务。

　　3. 技术支撑型信息服务模式

　　技术支撑型信息服务模式是在信息技术的推动下，为用户提供学术信息资源和服务功能的基本模式。服务主体利用现代技术手段和方式进行信息的采集、生成和处理，通过数字媒体平台，实现与用户的实时交互。信息技术的创新与发展和服务主体的引入及应用保障了信息服务各个环节的顺利实施。

　　数字媒体信息服务主体实时感知外界环境的变化，适时调整服务方式和服务策略，其中技术体系作为信息服务中的重要部分，当已有的技术无法满足用户日益增长的需求，或相较于其他服务方竞争优势不明显时，服务主体就需引入新的信息技术手段以适应新形势下的要求，通过引进新技术增加新的服务功能，提高服务的效率和效果。数字媒体平台主要涉及系统平台的开发、信息资源的供给和服务功能的设计等三个方面，在多种信息技术的支撑下，才能实现服务活动的顺利开展。整个信息服务的流程包含信息的采集、整理加工、分析处理和发布传递等环节，每个环节都在信息技术的支撑下进行。信息采集作为信息服务流程的第一环节，全面广泛、准确高效的采集技术是提高信息服务效率的前提，面对海量的信息，服务主体除了利用传统的文献检索、社会调查方法外，还涉及搜索引擎技术、自动化采集技术等多种复杂技术手段；由于采集的信息资源质量参差不齐，服务主体需通过信息过滤技术对采集的信息资源进行筛选，将重复的、与服务主题无关的内容剔除；服务主体利用数据挖掘技术以关键词、主题或领域等作为标准，对信息资源进行整合、分类和排序；在信息推送方面，用户越来越追求实用及时的信息，服务主体通过开发或引入信息技术，提高自身的个性化服务水平，例如利用情境感知技术根据用户的情境信息及时推送用户想要的信息。此外，服务主体需掌握数据库管理技术，实现服务平台中碎片化信息资源的有效存储，例如采用云存储技术实现对海量信息甚至异构型数据的动态存储、数据备份和存取迁移。

技术支撑型信息服务模式表现为对多元信息技术的开发、引入与创新，该模式重点突出信息技术的重要地位，是信息技术推动下形成的服务模式，无论系统平台的开发、服务功能的设计还是信息资源的供给都离不开信息技术的支撑。

数字媒体信息服务的一般模式分别以信息资源、用户需求、信息技术等三个服务要素为中心，形成了资源共享型、需求牵引型和技术支撑型的服务模式，为数字媒体信息服务实践提供了参考依据。

（二）数字媒体信息服务质量及影响因素

1. 数字媒体信息服务质量

服务质量最初是在企业营销领域提出，尚未形成统一的定义。芬兰学者格鲁诺斯（E.Gronroos）于 1984 年提出"用户感知服务质量"这一概念，认为不同于有型的产品质量，服务质量只能由用户来判断，而不能由服务提供者和设计者评价。它由用户通过对比自己期望和实际服务水平而形成，不同的用户对于同样的服务质量可能拥有不同的评价，同时将服务质量分为技术质量和服务过程质量，认为服务过程质量同等重要。技术质量是用户实际得到的东西，可以量化和获取的，比较容易进行测量；过程质量是指用户与服务提供者交流活动的过程，主要是指服务态度、服务行为和服务效率等。当前对于服务质量的认识主要是通过以下两种途径：一种是主观路径，主要是基于用户的体验和感知来定义并测度服务质量，即通过其外围指标和替代指标来间接定义和测度服务质量，例如通过用户满意度指标、用户主观打分；另一种是客观路径，主要是通过分析服务质量构成要素和实际成果来理解服务质量，也就是通过分析服务质量取得的成果和效果来直接定义和量度，例如完成的工作数量、服务用户数量、取得的绩效等。

就数字媒体信息服务而言，它属于社会化信息服务，提供的信息服务具有无形、异质、易逝、生产与消费同步等特性，数字媒体信息服务质量的内涵较为复杂。数字媒体信息服务秉承"以用户为中心"的服务理念，从用户需求出发开展服务。笔者认同从用户感知的角度定义数字媒体信息服务质量。数字媒体信息服务质量是指数字媒体信息服务过程及最终提供的信息服务产品的优劣程度，具体表现在信息服务使得提供者和用户取得的效益大小、共同达到的目的程度、实际问题解决的情况最终反映在数字媒体用户和数字媒体信息服务提供者双方的满足和满意程度上。数字媒体信息服务质量不仅仅取决于数字媒体信息服务能力和水平，还取决于用户期望、接受信息服务过程和后期的感知和评价。本书基于用户角度，从用户满意度、用户获取收益、感知有用性、目的满足程度等主观路径来测量数字媒体信息服务质量。用户满意度、感知服务有用性、获得的收益和目的满足程度越高，表明信息服务质量越高。

2.数字媒体服务质量影响因素

由于数字媒体信息服务是以用户为中心，服务的质量因人而异，不同的用户对于信息服务质量有不同的认识和评价，因此，笔者认为用户方面的因素也会影响数字媒体信息服务质量，所以将影响数字媒体信息服务质量的因素分为数字媒体系统、信息、服务主体及过程、信息用户等四个维度，数字媒体信息服务质量通过用户满意度和用户持续使用数字媒体意愿来测量。数字媒体信息服务质量影响用户和学数字媒体的净收益，同时，净收益也反向影响数字媒体信息服务质量。

（1）数字媒体系统平台维度

数字媒体系统平台是数字媒体信息服务的基础和保障，为数字媒体信息服务提供了良好的平台和技术环境。众多的研究发现信息系统质量对信息服务质量具有重要影响，如吕怀伟研究发现系统平台质量对电子政务系统用户满意度具有显著促进作用[①]，武海东发现系统品质对数字资源统一检索系统服务质量具有重要影响。[②]信息系统方面的影响因素包括系统界面有形性、系统技术保障性、系统导航清晰性、系统功能整合和完整性等。数字媒体系统平台界面有形性是指数字媒体界面设计的美观性和布局合理性。数字媒体的界面设计美观和布局合理性影响用户使用数字媒体的视觉体验，优质的界面能够增加用户使用数字媒体的愉悦性和满意度，合理的布局能够提高系统的易用性和便捷性，从而影响数字媒体信息服务质量。用户在使用数字媒体时提供的个人基本信息、使用过程中的用户浏览记录和个人

① 吕怀伟. 基于 D&M 模型的电子政务成功研究 [D]. 石家庄：河北工业大学，2015.

② 武海东. 基于信息系统成功模型的数字资源统一检索系统评价 [J]. 情报杂志，2013（04）：177–182.

习惯偏好都属于用户隐私，用户期待系统具有较好的安全性和可靠性，具有技术保障性的数字媒体平台容易受到用户的信任和选择。数字媒体的导航栏目设计会影响系统的易用性和用户搜寻信息的成本，清晰的系统导航有助于数字媒体更好地开展信息服务。数字媒体平台集成各种信息服务内容和功能，整合和提供的信息服务内容越多，功能越齐全，越能够增加用户的使用意愿和满意程度，从而影响用户对数字媒体信息服务质量的感知评价。

（2）信息维度

数字媒体信息服务主要向用户推送信息，信息资源是数字媒体信息服务的核心竞争力。信息方面的影响因素是指数字媒体信息服务过程中提供信息质量方面的影响因素。信息质量对数字媒体信息服务质量、用户满意度和用户持续使用意愿都产生显著影响。亚历山大·巴洛格（A.B.Balog）将信息质量定义为四个维度：相关性、完整性、及时性和准确性。[1]孙绍伟等研究发现信息质量对图书馆微信公众号持续使用意愿具有重要影响。[2]数字媒体通过多种渠道采集与整理信息资源发布至数字媒体平台，供用户获取与吸收。用户希望从数字媒体获取专业权威、实用有价值的信息和服务。数字媒体提供的信息越专业、越权威，用户认为信息服务的质量越好。同样，数字媒体提供的信息资源与学术或专业的相关性越强，用户认为信息服务质量越好。信息的结构化程度也影响信息服务质量，用户希望数字媒体不仅提供信息检索和查找功能，而且希望学术新媒体能够对信息进行加工，形成结构化和系统完整的信息。结构化和系统完整的信息更有助于吸收利用，对用户更有价值，也更能体现数字媒体信息服务质量。信息具有一定的时效性和准确性，过时的信息可能会失去信息价值和意义，垃圾和冗余的信息会增加用户信息搜寻成本，降低用户满意度，有效和及时的学术信息能够提高信息服务质量和水平，满足用户即时性的信息需求。

---

① Alexandru B.Balog.Testing a multidiensional and hierarchical quality assessment model for digital libraries[J]. Studies in Informatics & Control，2011（03）：233–246.

② 孙绍伟，甘春梅，宋常林. 基于 D&M 的图书馆微信公众号持续使用意愿研究 [J]. 图书馆论坛，2017（01）：101–108.

（3）数字媒体信息服务主体及过程维度

信息系统成功模型认为服务质量是影响信息系统成功的关键因素。孙良文认为电子政务服务质量对用户满意度具有重要影响。[①]孙绍伟等认为图书馆微信公众号的服务质量正向影响用户满意度。[②]数字媒体信息服务过程中信息服务人员的素质和能力、服务态度、服务效率以及服务费用都影响信息服务质量。数字媒体信息服务人员的信息采集、整理加工和发布传递等水平反映其具有的素质和能力，信息服务人员的素质和能力越高，提供的信息服务质量就越高。同样，信息服务人员在服务过程中呈现的态度和效率都会影响用户对信息服务的感知，数字媒体信息服务过程中若服务主体能够及时响应用户的问题，耐心仔细地解答用户的疑问，采用多种服务方式满足用户信息需求，将有助于提高用户使用数字媒体信息服务的满意度。此外，数字媒体信息服务内容涉及免费提供和付费获取两种类型，其中付费服务费用的高低和合理性可能会影响数字媒体信息服务质量。

（4）数字媒体信息服务用户维度

在文献查阅过程中发现，许多学者[③]对用户期望与用户感知服务质量之间的关系进行了研究，证明了用户自身方面的因素会对服务质量产生影响。由于不同的用户拥有不同的用户期望、认知水平、信息素养、偏好习惯和知识背景，所以对于信息服务质量可能拥有不同的感知和评价。用户期望是指用户体验信息服务前产生的对于产品或服务满足其需要或帮助解决问题能力大小的期待和心理预期，它是用户满意度模型中的重要组成部分。用户在使用过程中或使用后会与原有的期望进行比较，若感知的服务质量高于期望，用户会感到满意，若感知的质量低于用户期望，用户满意度会降低，所以，用户对数字媒体信息服务的期望对于用户感知信息服务质量产生重要影响。用户拥有不同的认知水平和信息素养，看待问题和处理问

① 孙良文. 基于信息系统成功模型的电子政务服务质量研究 [J]. 中国管理信息化，2011（02）：60-62.

② 孙绍伟，甘春梅，宋常林. 基于 D&M 的图书馆微信公众号持续使用意愿研究 [J]. 图书馆论坛，2017（01）：1-8.

③ 参见邓君，张巨峰，孟欣欣，等. 基于用户感知的公共档案馆服务质量影响因素研究 [J]. 图书情报工作，2016（16）：26-38；王晶晶. 基于 CSI 的高校移动数字图书馆服务质量评价研究 [J]. 现代情报，2016（08）：32-36.

题的能力不同，对于事物的评价也不同，用户的认知水平、信息素养和能力会对数字媒体信息服务质量产生影响。每个用户拥有自己的习惯和偏好，如果数字媒体提供的系统设计、功能开发以及信息资源符合用户的偏好和习惯，有助于提高用户使用数字媒体的意愿。以学术数字媒体为例，学术数字媒体信息服务对象大多是高校研究生、教师和科研人员，他们的学历水平和知识背景影响他们对于事物的判断，如果提供的信息和服务符合自身的专业知识需求，会增加用户满意度和兴趣，由此认为用户知识背景也会影响学术新媒体信息服务质量。

（5）净收益维度

净收益是指数字媒体信息服务对用户和数字媒体产生的影响，主要是指带来的各类收益，包括经济收益、社会地位、工作能力和社会交往等方面。数字媒体信息服务质量越高，给用户和数字媒体带来的净收益就会越大，反之，数字媒体和用户的净收益越大，也会推动数字媒体信息服务质量不断提高。所以，数字媒体信息服务质量与净收益之间是相互影响、相互作用的关系。

第三章 数字媒体发展中的技术创新

作为人类漫长的发展史中重要的标示依据，技术的发展一直是个有价值的重大话题。研究认为，技术的发展体现为一种不断生长着的有结构的系统的演进过程，称之为技术演进[1]，并使得产业技术的体系、结构发生根本性变化，将其定义为业态创新[2]。有关"创新"理论的论述，最早始于约瑟夫·熊彼特（Joseph Alois Schumpeter）的著作《经济发展理论》（1912），他用"创新理论"来阐释资本主义经济的发展。熊彼特认为："一切皆是创新，创新的本质是建立一种新的生产函数，即实现生产要素和生产条件的一种新组合"[3]。这种新组合包含五种情况：（1）引进一种新的产品；（2）采用一种新的生产方法；（3）打开一个新的市场；（4）征服或者控制原材料或半制成品的某些新的供给来源；（5）形成新的产业组织。

技术创新对产业结构变化具有重大影响，这一点也充分表现在中国出版产业的发展中。自20世纪90年代以来，在信息技术全球化浪潮推动下，中国数字化信息技术产业成为经济发展中最为耀眼的增长点，信息产业从传统产业的基础设施领域脱颖而出，进入一个有线通信和无线通信、传统电信和计算机网络、电信产业和新闻媒体以及金融服务的大规模"产业弥合"时期。以信息产业为主体的产业结构提升，一方面为大批与出版产业相关的新兴产业提供了技术基础，推动它们逐渐向负载高密度文化内容且需求强劲的高新技术产业聚集，直接导致了出版产业群的急剧扩展；另一方面对传统出版产业领域产生了延伸影响和关联效应。

① Thomas S.Kuhn:The Structure of Scientific Revolution[M]，The University of Chicago Press，1962:11.

② W.Bijker.The Social Construction of Technological System:New Direction in the sociology and history of Technology[M]，MIT Press，1987:125.

③ [美]约瑟夫·熊彼特. 经济发展理论 [M]. 南昌：江西教育出版社，2014：108.

在这种背景下，只有以最先进的技术手段武装起来的传媒才能在激烈的竞争中取胜。进入 21 世纪以来，新闻出版、广播电影电视等传统大众传媒借助于数字化传媒技术和网络平台，实现了传媒产业的"大汇流"。从单一载体传播到互联网时代的多媒体融合，使性质各不相同的信息纳入同一平台，包括文字图表、照片、声音、动画、影像、数据等，同时也使传统出版和影视业获取了参与新一轮市场竞争的技术支撑。出版技术的每次创新，都增加了出版媒介对受众的影响力，都给人类的政治、经济、文化和社会生活带来了巨大影响，推动着人类文明不断向更高层次迈进。因此，可以说，技术创新是数字媒体发展的重中之重。

本章以技术创新为切入点，阐述创新链与产业链融合的机制与过程，探讨出版业创新链与产业链融合的实现，总结出版技术创新的重大意义；详细论述数字媒体技术创新的内、外部影响因素，探究数字媒体技术创新的模式，对数字媒体技术创新的趋势进行深入剖析，为数字媒体产业链与创新链的有机融合，进而为数字媒体的可持续发展提供理论支撑。

一、技术创新与创新链

（一）相关概念界定与辨析

1. 创新

创新是指以现有的思维模式提出有别于常规或常人思路的见解为导向，利用现有的知识和物质，在特定的环境中，本着理想化需要或为满足社会需求，而改进或创造新的事物，包括但不限于各种产品、方法、元素、路径、环境，并能获得一定有益效果的行为。简而言之，创新就是以现有的知识和物质，在特定的环境中，改进或创造新的事物，并能获得一定有益效果的行为。

"创新"一词运用广泛，包括产品创新、科技创新、技术创新、制度创新、文化创新等。"创新"（innovation）区别于"创造"（creation）和"发明"（invention），这种区别主要表现在"创新"必须创造出新的价值，必然对发展产生影响。熊彼特认为："先有'创造'后有'创新'，'创造'

是新方或新工具的出现，'创新'则是新工具、新方法、新产品等的运用。"①
关于"创新"的定义比较权威的是2000年联合国"智囊团"经济合作与发展组织（OECD）发布的《在学习型经济中的城市与区域发展》报告中提出的：创新的含义相比"发明""创造"更加深刻，创新必须引用到经济领域，并能产生潜在的经济价值，才能成为创新。该定义强调了创新的实现过程。世界上公认的"创新"鼻祖为美国哈佛大学经济学教授约瑟夫·熊彼特，他在1912年出版的《经济发展理论》一书中率先提出了"创新理论"，从经济学角度以企业作为研究对象，对"创新"进行了定义：一切皆是创新，创新就是引起新的组合，建立新的生产函数，其中技术创新尤为重要。熊彼特的"创新理论"是国际学术界普遍认可并广泛引用的。

2. 技术创新

技术创新指生产技术的创新，包括开发新技术，或者将已有的技术进行应用创新。科学是技术之源，技术是产业之源，技术创新建立在科学道理的发现基础之上，而产业创新主要建立在技术创新基础之上。技术创新是以创造新技术为目的的创新或以科学技术知识及其创造的资源为基础的创新。

3. 产品创新

产品创新（Product Innovation）是指创造某种新产品或对某一新或老产品的功能进行创新。新的媒体产业环境的变化，导致了媒体产品竞争的市场化，媒体产品创新应以高度聚焦用户需求为核心，以创造低成本，高附加值产品为目的，满足不断变化的用户需求。

4. 技术创新与产品创新的关系

技术创新和产品创新有密切关系，又有所区别。技术的创新可能带来、但未必带来产品的创新，产品的创新可能需要、但未必需要技术的创新。一般来说，运用同样的技术可以生产不同的产品，生产同样的产品可以采用不同的技术。产品创新侧重于商业和设计行为，具有成果的特征，因而具有更外在的表现；技术创新具有过程的特征，往往表现得更加内在。产品创新可能包含技术创新的成分，还可能包含商业创新和设计创新的成分。

---

① ［美］约瑟夫·熊彼特. 经济发展理论 [M]. 南昌：江西教育出版社，2014：135.

技术创新可能并不带来产品的改变，而仅仅带来成本的降低、效率的提高，例如改善生产工艺、优化作业过程从而减少资源消费、能源消耗、人工耗费或者提高作业速度。而新技术的诞生，往往可以带来全新的产品，技术研发往往对应于产品或者着眼于产品创新；新的产品构想，往往需要新的技术才能实现。

5.出版业技术创新

出版业技术创新与技术创新在概念上并无本质不同，但是，出版是物质生产和精神生产的统一体，出版业技术创新与纯粹物质生产的创新又有所不同：第一，出版的最终产品是精神产品，因此，出版技术创新并不是一个直接将技术变为商品的过程，它作用于出版流程而间接提高最终产品的市场竞争力。第二，出版业技术创新的发展方向是出版的数字化和信息化。出版企业具备竞争力的关键在于它把信息、信息技术与专业知识结合为一体的创新能力。

（二）创新链与产业链融合的机制与过程

1.创新链

创新链往往是以一个创新核心为基础，以市场的需求为基本导向，然后利用科技研发等手段同创新主体产生关联，最后将科技转换为生产力，实现经济化的过程。目前，创新链主要分为4个部分，分别是要素整合、研发创造、商品化、社会效用化。其中要素整合环节是指培养、调动以及整合人员、资金、设备、信息和知识储备等各创新要素，形成成套的科研力量乃至体系。研发创造环节在要素整合环节基础上，通过科研力量自发地研究或者承接科研项目，发现新知识，形成新技术或行业创新链。商品化环节是指将上一个环节的科研成果进一步与人员、资金、设备、信息、工艺、管理等要素结合，经过创意过程打造成具有价值的商品在市场上营销推广，并形成新兴产业或者应用于生产过程之中，从而产生经济效益的环节。社会效用化环节是指将科研成果或形成的商品应用于社会生活等领域的环节。社会效用化环节通常在商品化环节之后，但也有部分科研成果可以不通过商业化环节而直接应用于社会生活各领域，并产生相应的社会效应。

2.创新链与产业链融合的机制

首先，动力机制由三方面组成：企业、市场和政府。作为企业主体，当自身的技术和资金实力积累到一定程度后，就会衍生创新冲动。这种冲动促使着企业着手相关技术的研发，以期形成领先于同类企业的高技术，或者具有突破性的新技术，从而对参与创新活动的各类主体及资源的配置提出新的要求。而市场经济体制中的供求机制和竞争机制则通过打破各主体之间供求或竞争的平衡，形成一种外部的推动力，刺激各主体合理运用其所拥有的资源，展开创新活动的相互合作。政府力量主要是通过制度的激励、科研项目的主持、产业政策的调整等方式，为创新链和产业链的融合提供动力。

其次，约束机制主要由市场约束和政府约束共同构成。一方面，在市场约束中，主要通过内部的价格机制进而影响产品及资源的供求关系来共同实现的。价格机制分别作用于创新活动的两端——投入和产出。资源的投入主要包括人才、技术、资金、信息以及政策，其价格的变动将影响各大主体对于资源的供求，从而影响创新活动的投入；产品的产出主要包括中间或终端产品，其价格的变动则通过影响产品市场的供求，从而影响主体产出的预期收益。只有当资源的投入恰好满足创新活动的需求时，创新活动才达到均衡，供给不足则造成制约，而过剩则易造成创新过滥；而在产出方面，只有当预期的收益可以补偿资源投入的成本，并且获取利润的前提下，创新活动才能有效地进行。正是通过价格和供求的影响，使得创新行为表现为扩张或者收缩，保证创新活动在有限资源的约束范围内进行，并且以获取收益为目标，从而避免创新活动的重复及低效益，形成良性的循环机制。另一方面，关于政府约束，由于在市场经济的环境中，偶尔出现市场配置的无效性，需要政府力量的调控，以约束和引导市场活动朝着正确的方向发展，避免造成较大的波动和损失，在这个过程中，政府的约束方式主要表现为引导的主动性、法律及制度制定的条文约束以及政策制定的作用范围及力度。

再次，融合的传导机制分为纵向和水平两种。在产业链中，各个生产环节的技术水平原本是相互契合的，如同齿轮一样紧紧咬合，使得上游环节和下游环节之间的供求关系恰好平衡。然而随着某一生产环节的企业在创新活动中实现了自身技术实力的提高或突破，提升了生产能力，必然就会对上下游环节以及水平环节企业的生产能力和效率提出全新的要求。一方面，笔者把这种基于供求关系的，由于产业链的某一环节的技术变动，从而形成对上游或下游的创新压力叫做技术势差，这种势差通过产业链的纵向的链式结构可以进行传导，从而使得这种创新的动力可以层层传递下去，这就形成了纵向的传导机制。在这种机制的运行下，通过主干产业链将该动力传递到每一个产业环节。另一方面，在产业链的水平环节上，如果其中某一企业自发式地或者因纵向供求的影响，率先实现了创新，必然对其他企业形成压力，促使其加快创新步伐，这样就使得某一点的动力萌发，通过水平的竞争机制在该环节扩散开来，形成产业链中某一生产环节的创新动力，并且该动力还可以通过产业链的纵向传导机制继续传导下去。

最后，融合的协同机制通过对上述动力、约束和传导机制的整合和引导，并且将相关信息及时地反馈给各机制主体，使得各项机制能够按部就班地发挥作用，从而形成整合的整体协同效应，并且最终实现整合过程中主体、活动和资源三方的协同。

3. 创新链与产业链融合的过程

首先，在创新链与产业链融合过程中，在约束机制的约束前提下，动力机制产生出最初的动力，该动力在供求机制的运行下，通过纵向产业链将该动力传递到某一产业环节，而此时竞争机制将该动力在该水平环节扩散开来，由此往复循环，形成了不同类型的企业实际的创新动力和创新需求。

其次，当该创新动力和需求变为创新理念，经过分析预测、创新构思、基础研究、应用研究、技术开发、中试、商品化、产业化等众多环节，就形成了一条产业创新链。在这条产业链内有多个主体，它们同时扮演着多种角色，共同参与创新活动。其中企业因为性质的不同，承担着研发、设计和生产的职责，高校和科研院所主要参与基础和应用研究环节，并且提供整个创新过程所需的人才和技术的资源输送；政府机构并不实际参与创新研发，但是提供了众多的政策资源，扮演了科研项目的组织者及资源和活动的整合者的角色；金融机构在创新活动中以不同形式提供大量的资金，并且能及时衡量和反馈某个环节所存在的风险。

最后，当创新需求通过创新链，形成最终的技术成果，并且进入生产环节，形成产品，就必须通过市场供求机制再次进入产业链的上下游价值交换中，以中间产品的形式环环相扣，最终形成市场所需的产品形式。在整个过程中，只要各项机制能够完好地发挥应有的机能，那么最终的双链整合必能形成一种平衡的态势，协同主体、资源和活动，使得创新通道畅通无阻。

4. 创新链与产业链融合的实现形式

创新链与产业链融合的实现形式最终可以表现为：主体的融合、资源的融合和活动的融合。其中参与的主体有企业、政府、高校和科研院所、金融机构等，资源有信息、人力、技术、资金和政策等，而创新活动根据功能和产业链所处环节的不同，大致可以分为新产品开发、中间技术研发和销售及服务创新，这些创新活动穿插在整个产业链的每一个环节中，其中研发活动的内部及研发活动之间都需要进行相应的整合，能形成技术成果之间的环环相扣。

（1）主体的融合。在整个创新活动中，企业、高校和科研院所都是参与技术和知识创新过程的，属于技术创新或知识创新的主体；而政府从广义上来看，它提供了创新活动所必需的政策和制度的支持，可以将其看成是制度或体制创新的主体，而金融机构则是提供了整个创新活动中必要的资金来源，其他社会组织则提供必要的信息和辅助支撑。由此，在整个创新链与产业链融合的过程中，以企业为中心，政府、高校和科研院所、金融机构及其他组织共同构成了有机的创新通道，能够有效促进创新链与产业链融合的进度和程度。

由于创新与市场机制联系比较紧密，有效的创新理念的产生必然是来自市场的需求，否则的话，不被市场所接受的科研产品没有销路，也就不能起到提升企业生产技术水平的目的。企业作为产业链的构成节点，也是最接近市场的创新主体，也对市场变化最敏感，往往从市场的需求而衍生出产品的创新冲动，因此在众多的国际型企业中，企业拥有自己的研发中心的不在少数。

高校和科研院所目前作为主要从事基础和应用研究的创新主体，对市场的了解还远远不如企业，对创新成果实用性的关注也不是那么密切，它们被自身的职称评定制度所约束，主要放在如何提高科研成果的数量和学术论文水平上，往往容易闭门造车。

政府作为市场机制外的宏观调控者、政策制定者和制度变革者，往往扮演了支撑、导向和整合的作用。在整个双链的整合过程中，它往往为其他创新主体提供优惠的政策和便利的条件，使得在市场机制下更好地实现产业链内的创新行为。

金融机构与其他的社会组织为双链整合的各个环节提供必要的资金、信息、市场营销等支持，可以将它们视为是创新链与产业链整合过程中的"润滑剂"。

（2）资源的融合。在创新链和产业链的整合过程中，人力资源、资金资源、技术资源、政策资源和信息资源，都是在整个创新活动中必不可少的创新资源。其中，人力资源主要指的是在科技研发活动中的科研人员，也包括企业极具战略性眼光的管理人才，由于这类资源是创新资源中最具有创造性和能动性的，所以在整个整合过程中必然处在中心的地位。

对于资金资源而言，在整个创新活动中为企业等创新主体提供了财力的支持，并且就科技成果转化阶段，是整个创新过程中最需要资金的阶段，不论规模上还是阶段针对性上，都有一定的要求。而其来源，主要可以分为政府资金、企业自有资金和社会资金，其中政府资金主要通过放大效应起到引导的作用，企业在创新过程中除内生资金外，其余的资金主要来自金融机构，包括传统式投资和风险投资。

技术资源不仅包括创新活动中所需的硬件设施，比如科研仪器、实验室和研究基地等，还包括现有的技术平台，比如软件系统、技术数据库、文件或图纸等，只有兼具了以上两种技术资源，才能更好地、有效率地从事创新活动。而最后的政策资源，正是来自政府或科技园区对于创新活动的鼓励和支持，比如说各种创新计划、税收优惠政策、人才激励机制等，是创新链与产业链融合过程中的重要支持。

信息资源作为现代社会市场竞争极其重要的因素，在创新链与产业链整合中起到连接市场需求和具体研发的桥梁作用，同时及时的市场信息反馈也有利于技术研发活动符合市场要求的变动，同时其他资源的供求变动信息在此过程中也显得极为重要。

正是对于以上多种创新资源的融合，使得各资源各司其职，围绕企业这个创新和生产中心充分发挥其优势作用，才能实现创新成果和产业的结合，从而创造出更多的价值，这是创新链与产业链融合机制中极为重要的一环。

（3）活动的融合。创新链和产业链的结合并不是简单的链式结构，在这个结构里的每一个环节上，都可以衍生出创新链来，多个微型创新链和产业链的各个环节紧密地结合在一起，就形成了网络状的结构。然而在产业链中，要实现创新，并不是依靠单个或几个核心企业的力量就可以达到的，而是需要整个生产链条上的诸多环节——配合，因此上下游企业之间的结合必须要保持流畅，一项新技术或新产品才能被成功地推向市场。任何一个环节出现技术上的不协同，整个产业链的生产效率都会受到影响。

在这种组织结构中，不同生产环节的创新链之间也需要构建起一条通道，使得各个创新链上的技术创新活动可以同上下游环节创新链的技术变革相适应，落后了或超前了都是一种低效率的表现，会浪费大量的创新资源。因此，上下游企业之间的创新活动必须进行协同融合，融合过程包括对产业链各个环节的生产能力和技术水平的信息收集和整理，合理分配创新资源，优先攻克重难技术关，围绕产业核心和关键技术进行其余环节的技术创新等，使得各个环节的产业技术能够互相契合，才能够发挥有限创新资源的最大功用。

（三）出版业创新链与产业链的有机融合

1.主体的融合：技术创新必须有政府的引导和支持

当企业从外部获取创新资源时，尤其是对以高新技术为基础的出版产业投资、技术研究与开发，其投资规模和所承担的风险往往需要得到政府部门的支持与帮助。以国家为主体对科学技术发展实施自觉的社会调节具有其他调节手段无可比拟的重要影响：一是政府作为重要的市场主体，对具有"公共产品"性质的科技研发具有巨大的需求；二是国家拥有绝对的权威和能力组织实施事关社会发展的大型技术项目；三是自觉的调节使得科学技术能够有目的、有重点、协调地发展，有助于营造科技发展良好的社会环境。

在出版技术创新领域，许多牵扯众多学科的技术研发，靠一个企业很难完成，必须像"工程"一样，在政府的支持和中介组织的协调下才能实现突破。以印刷机械自动化为例，涉及的独立驱动技术、光电检测技术、远程控制技术、自动清洗技术、墨色遥控技术、自动翻转技术等，有些技术企业可以自己解决，有些则必须和其他企业或高校和科研院所联合解决，如独立驱动技术需要和数控驱动系统、数字控制系统、电机制造企业联合才能解决。所以，建立以企业为主体，以高校和科研机构为依托，以市场中介组织为媒介，以政府为支持的四位一体的技术创新体系，有效推进创新链与产业链的融合，十分必要。

回顾历史，中国在发展出版技术方面的产业政策存在许多误区，值得深刻反思。如对高新出版技术的大量重复引进和"以市场换技术"政策忽视对引进技术的消化吸收以及自主创新能力的培养，最终形成了产业整体技术创新水平的"积贫积弱"；由于知识产权制度执行不力，存在着不少仿造抄袭行为，以致出现"劣币驱逐良币"的现象。

2.资源的融合：必须改进出版技术引进方式

世界近代史表明，后起的国家赶上或超过先进的国家，无一不是通过引进先进技术从而获得较快发展的。大量实证研究表明，技术落后国家在追赶发达国家的过程中，吸收外部先进技术，先模仿进而创新，是落后国家在发展过程中必须经历的一个阶段。进入21世纪，中国的科技水平迅速提升，但依然面临着发达国家科技强势的压力，提升国家竞争力任重而道远。因此，学习发达国家的先进科学技术，依然是当今不可忽视的选择，必须将其作为对外开放的重要内容，长期坚持不动摇。要发挥比较优势和"后发效应"，在更大范围、更广领域、更高层次、更深程度上参与国际经济技术合作与竞争，以开放促发展。充分利用和整合国内外各种科技资源，把引进先进技术、消化吸收再创新，作为促进出版产业结构优化升级、实现跨越式发展的重要途径之一。

但是，引进本身不是目的，引进是为了超越式发展。在技术引进过程中，引进技术的选择、消化吸收、扩散和创新等环节各有其不同的功能。技术引进是自主研发的基础和补充，自主研发是技术引进的升华和飞跃，只有尽快消化吸收引进技术并使之转化为自有知识产权，依靠技术创新，形成核心技术，才能提升中国企业在市场竞争中的能力。否则，技术引进的总体效益就不高，与先进国家之间的技术差距可能永远无法弥补，甚至可能会陷入引进与落后的恶性循环之中。所以，联合国工业发展组织编写的《发展中国家技术引进指南》中明确指出，引进技术的国家必须在尽可能短的时间内，有效地吸收技术，并使之适用于本地条件。

在竞争日趋激烈的国际环境里，要避免受制于技术贸易壁垒，就一定要拥有自主知识产权，要掌握核心技术。如果没有自主创新，特别是没有原初创新，中国产业发展将难以突破发达国家及跨国公司的技术垄断。我们不能完全依赖技术引进和模仿跟进，要有选择地在一些战略领域实现突破。当前，少数人盲从全球化，质疑自主科技创新，宣扬依靠科技引进来提升中国科技创新能力，理论上是荒谬的，实践中是有害的。在今后的出版技术引进中，必须坚持"洋为中用"和"一学、二用、三改、四创"的原则，将学习借鉴和发展创新相结合，将引进先进技术与提高国内科研、设计、制造能力相结合，在加强出版技术创新体系与自主创新能力建设的基础上，重点做好技术引进的消化吸收、二次开发与自主创新工作。

3.活动的融合：技术进步必须以市场为导向

创新是一个经济学范畴而非单纯的技术范畴，从这个判断出发，技术创新并非独立的技术行动，没有什么比市场机制更能激励技术进步。对企业来说，市场需求无疑是其生产经营活动的指挥棒，细分市场是每个企业必须做好的环节，也是企业技术创新的参照物。我们不难将企业的经营活动过程概括为一个循环：市场需求（消费者需要）—技术创新—市场检验（消费者认可）—新的市场需求。因此，在企业的战略决策中有必要着重强调以市场需求为导向的技术创新。

技术优势不等于产业优势，这是一个显而易见的道理。新技术的生命周期，是通过一系列相关的基础创新及其生产性运用，实现R&D到GDP的转化，从而形成一种新的技术经济模式。从全球所有重大科技成果来看，技术突破都孕育了一个新的技术体系、一个新的规模化产业部门，这是一个基本规律。照此规律，如果我们反复强调单纯的科技创新而不从产业化的角度思考问题，就不会产生预想的科技效率。如果将整个出版产业比喻成一根链条的话，技术创新或技术优势只是启动并保持正常运行的第一个链节，如果没有其他链节的协动，第一个链节的动能也是有限的。微软、英特尔、索尼这些企业的成功，并不仅仅是某项技术的突破，而是技术突破后形成的市场规模，也是创新链与产业链有机融合的结果。目前，中国的出版技术创新大部分都集中在高校和科研院所，无法形成规模产业。因此，我们有理由强调，技术与市场彼此割裂是造成中国出版技术创新效益差的主要原因之一。

与以往不同，当前的出版技术创新是在市场经济条件下进行的，市场经济既是出版技术创新的出发点，又是出版技术创新的归宿。中国出版技术创新必须要摒弃过去"为科研而科研"的观念，一切创新行为都应致力于提高与市场的吻合度。它包含三层意思：一是技术创新要以市场为导向；二是技术创新要把握市场规律，做到与市场的变化同步；三是通过技术创新去开拓市场、创造需求。

总之，出版技术创新要以市场为导向，对产业链上的上下游企业之间的创新活动进行协同融合，让产业链上的各个环节的产业技术互相契合，发挥有限的创新资源的最大功用。

（四）出版技术创新的重大意义

1. 出版技术数字化

进入 21 世纪，信息技术几乎渗透到了一切技术领域，并以信息技术为核心衍生出许多新的技术。对出版业而言，信息技术已成为一种无所不在变革因素，催生了新媒体，改造了旧媒体，改变了出版物的生态版图，影响着出版业的未来。

数字化是指信息领域的数字技术向人类生活各个领域全面推进的过程，包括通信领域、大众传播领域内的传播技术手段以数字制式全面替代传统模拟制式的转变过程。它有三个全新的特点：一是数字化，图像、声音、数据都可以通过"0"和"1"或者"2"或者"3"两个数字信号的不同组合来表达。信息第一次不仅在内容上而且在形式上获得了同一性，它的革命意义不仅是便于复制和传送，更重要的是实现了多形式信息间的相互转换。二是全息化，信息实现文字、图片、声音、图像、视频、动漫的有机结合，多媒体、全方位、立体化的内容传输，融合了传统传媒与内容的所有特长。三是交互性，信息的传播者和受众之间实现双向互动交流，呈现出人性化、个性化、互动性征。

同样，出版技术发展不可避免地经历了数字化的洗礼，正在向数字信息库出版技术方向发展。在数字信息库出版技术中，文字、图片、动画、声音、影像等各种信息均以数字化的形式存在于信息库中，它们可以组合成各种不同的出版物，为出版业增值提供了广阔的空间。在数字时代，传媒最本质的变化就是数字化。也就是说，数字技术成为当代各类传媒的核心技术和普遍技术。数字化技术同时又是一种不同于口头和书面语言的新型技术语言，它正迅速地改变着媒介。罗杰·菲德勒（Roger Fidler）谈到语言在媒介演进中的角色时指出："现在，一种新的并且相当不同的语言种类——数字语言——正作为另一种变革的催化剂出现了。"①从内容、生产模式和运作流程的数字化到传播载体、阅读消费、学习形态的数字化，在任何时间和任意地点，数字化技术所能够提供的可靠的传播、丰富的视觉和个性化的内容使出版业一下子鲜活起来。"数字化"意义上的出版，从观念意识到编辑工作流程，到发行和信息反馈，与"铅与火"印刷时代的出版不能同日而语。

自20世纪50年代电子分色机实现图像信息处理的电子化后，数字化进程便已不可逆转。人们在两个方向上不断努力：一是试图为印刷版的内容找一个电子出口，以充分利用电子媒介低成本、高速度的优点；二是充分利用电脑技术使编辑和印刷活动数字化，在削减出版成本的同时提高工作效率。

20世纪70年代，出现基于计算机的文字输入排版系统，实现了文字信息处理的电子化和数字化；胶印机自动控墨系统几乎同时出现，实现了胶印的电子化和数字化；随后出现了基于计算机图形工作站的电子整页拼版系统，实现了数字化图文合一的信息处理。

20世纪80年代初，印后加工机械逐步实现了数字控制化；80年代中期出现彩色桌面出版印前处理系统，通过PC机实现了计算机图文信息合一处理。

20世纪90年代初，出现采编系统，通过计算机网络统一实现了信息

---

① [美]罗杰·菲德勒. 媒介形态变化：认识新媒介 [M]. 北京：华夏出版社，2000：45.

的采集、编排、发送，一直到最后的输出；1995 年，CIP3 组织成立并推出 CIP3 PPF 第 1 版，把印前、印刷与印后环节更紧密地联系起来。

2000 年 7 月，CIP3 改名为 CIP4，CIP4 JDF 制定了标准，简化了系统之间信息交换的工业标准，推动了生产流程的一体化和信息传播的数字化。

进入 21 世纪，出版技术革新又跃上了一个新台阶，桌面出版系统（DTP，即 Desk Top Publishing）的出现不仅大大降低了原来照排系统的设备费用，而且其组版软件通常是所见即所得，能交换包括组版信息在内的各项文件。

20 世纪末兴起的数字出版浪潮，对传统出版业乃至整个内容产业产生了巨大的冲击和深刻的影响。基于数字技术的新传媒及新技术手段层出不穷，印刷业已变成一个在很大程度上由数字技术驱动的行业，未来的印刷业必将是完全的数字化服务业：出版的载体从纸张、磁带扩展到光盘、计算机、手机、互联网和电子纸出版的形式；从图书、电子出版到网络、手机和跨媒体出版；出版管理方式更具有弹性和柔性，扁平的网络化结构将取代金字塔式的科层化结构，自我管理成为未来管理的主要形式；内容的表现形式、传播方式和阅读方式也发生了深刻的变化；同时，各类传统大众传媒的数字化步伐日益加快，如印刷媒介，尽管最后的形态还是以纸介质呈现在受众面前，但制作全过程已经数字化。

数字技术和以前所有媒体技术之间的另一个差别还在于，网络的交互性把延续了几千年的单向传播变为双向传播，实现了传播者与接受者之间的互动，把传播者和接受者的地位相对化，使得大众传播理论不得不重新建构。正因为如此，它改变了"出版"的概念，使得原来意义上的出版变得狭隘和过时。现代的出版业作为信息内容提供者，已经成为信息产业的重要组成部分，成为社会信息系统的一个关键环节。

可以预见，随着宽带技术畅流化、互联网普及化以及电子出版、网络出版和数字出版等数字化技术的日益完善，它们之间的界限将日益模糊，逐步融合衍生为一种"组合式"的数字化出版技术。

2. 出版技术创新的重大意义

（1）出版技术进步不断增强人类获取信息的能力

第一，出版技术创新不断提高信息传播的速度。

从印刷传播媒介到数字出版媒介，传播技术进步不断提高人类获取信息的能力，不断扩展人类的知识视野。造纸术和印刷术的出现催生了人类社会的第一种大众传播媒介——印刷媒介，将人类加快传播速度、扩大传播范围的尝试提到一个新的高度，以至传播学者威尔伯·施拉姆（W.Schramm）认定：人类传播史应从中国的毕昇发明活字版胶泥印刷术开始。[①] 但是，就满足受众对信息的快速需求而言，大众传播时代的印刷媒介尚有不尽如人意之处：人们可能因为居住闭塞买不到一份当天的报纸，也可能因为文化的障碍读不懂报纸上的文字，更可能因为迟到的信息延误了瞬息万变的商机。而集电子媒介和多媒体之长的数字出版技术的兴起，将信息传播速度提高到了前所未有的程度。无论何时何地，人们都能从互联网上查询、发布和接收信息，互联网使所有的数据、文本、声音和图像在瞬间无差别地转换成数字形式随心所欲地储存。我们几乎能立刻知道世界上各个角落所发生的重要事件，能够与专家学者或评论家们沟通意见……这正是大众传播迅速发展的结果。

第二，出版技术进步降低了受众获取信息的技术门槛。

进入 20 世纪以后，一方面，实现机械化、电气化以后的出版技术创造了真正的、容易为广大受众获得的大众传播媒介，如报纸、杂志、书籍等，大大扩大了信息传播的范围和影响；另一方面，当传播技术发展到电子技术时代时，受众只要有听和看的能力，就可以方便地使用媒介工具，技术门槛的降低极大地增加了使用媒介工具的受众数量。

第三，出版技术进步降低了受众获取信息的经济门槛。

传播技术的发展也降低了使用媒介的成本，从而降低了受众使用媒介工具的经济门槛。进入电子传播时代，受众一次性经济投入，即可拥有 CD 机、电脑、手机、iPad 等媒介工具，不需要每次都为信息的传递介质付出成本。作为一种新媒介的电脑，其自身的价格也随着技术的改进而迅速下降。所以，从传播技术的纵向变迁看，在传播技术的发展不断降低媒介工具使用成本的同时，任何单个媒介也因为技术的不断提高而不断降低它的使用成本。

（2）出版技术进步改变人类文化交流方式

第一，出版技术影响人类文化环境变迁。

---

① 转引自陈燕. 超越时空：媒介科技史论 [M]. 石家庄：河北大学出版社，2002：20.

出版技术影响人类文化环境变迁。媒介生态学的根本关注点就是技术，尤其是媒介技术发展对人类文化的影响和塑造，并由此阐发媒介环境如何改变了人类的思维方式和社会生活方式。今天，出版媒介技术的发展的确改变了一切，包括人类的文化环境。"高度发达的科学技术不仅操纵和控制了社会物质生产的一切过程，而且加强了对人的心理、意识的灌输和操纵。"[①] 在 20 世纪 80 年代的中国，我们还将文化理解成读经典小说、欣赏诗词歌赋、听高雅音乐、观书法摄影、看戏剧曲艺，文化是人们获得审美愉悦的一种精神生活方式。而在 20 世纪末，文化与商品的界限逐渐消失，一切都和商品化、大众消费联系在一起。随着文化艺术的产业化，电影、电视、网络都大量地进入人们的日常生活，成为最普通的日常消费品。

第二，出版技术改变文化运行时空。

人类文明产生初期，各个文化圈是相互独立的，他们有自己的语言文字、生活方式和风俗习惯。孤立的时空文化，在自我封闭运行中传承，文化只是由中心向边缘自然扩散。伴随着出版技术的演进，文化运行模式发生了改变。当纸张和印刷走入人类生活时，媒介变得轻巧而便于运输，开始适合知识在空间的横向传播。而数字出版技术的突飞猛进，一个大众传播时代的到来，更进一步打破了空间界限，让更多的人有机会接触到外部世界，文化的交流更接近于一种直接经验。报纸的时效性，以及网络出版的扩散性，让不在同一空间的地球各个角落的人们，实现了时间上的同步和空间的统一，时间和空间界限因此被消弭，文化时空被跨越性建构和整合。

于是，在出版技术变迁的影响下，文化运行模式发生了显著变化。首先，最初的跨文化传播，要以较长的时间为代价，来实现空间的一致。随着技术发展，又逐渐演化为在不同的空间，追求时间的同一到了网络时代，人们被集结在一个虚拟空间，实现了时空的统一。其次，跨文化传播之初，文化由中心向边缘扩散；在此基础上，增添了中心与中心的交流与对抗；到了网络时代，文化流动呈现出多向性，某种意义上模糊了所谓的中心与边缘。最后，跨文化传播主要以人际传播的方式来进行；随着技术发展，大众传播成为主要方式，人际传播与大众传播共分天下，而且两者的界限

---

① 许正林. 欧洲传播思想史 [J]. 上海：上海三联书店，2005：294.

开始模糊，人际传播大众化，大众传播人际化。

第三，出版技术变迁构造新的文化交流模式。

人类历史上的文化交流主要有三种模式：一是融合，二是冲突，三是渗透。融合与冲突都是在文化中双向进行的，而渗透是单向的。在相当长的历史时期，融合与冲突共同构筑着跨文化传播格局，但是近代以来，随着出版技术的变迁，文化渗透逐步走上历史舞台，在跨文化传播中发挥着"消融"和"重构"的双重作用。

"文化全球化"源于"经济全球化"。如果以经济基础与上层建筑的决定与被决定的关系看问题，"文化全球化"是"经济全球化"的必然结果。出版技术无法在跨文化传播的过程中单独发挥作用，但却借助于资本的势力，把全球日益连接成一个整体。在全球化运动中，各民族的精神产品成了人类共同的财产，保持民族文化的独立性愈发艰难。不幸的是，发达国家和不发达国家的传播技术和传播能力存在着巨大差距，造成国家间信息文化传播事实上的不平等，这是出版技术和历史发展的必然规律和趋势。现代技术如此发达而无孔不入，政治的抵制能力终究有限，不同文化间相互渗透的蝴蝶效应自然不可避免。一般说来，在西方资本主义国家，媒介被当作其文化的核心。而一个媒介帝国的强大，必然会促成其文化的广泛传播。以美国为首的西方发达国家在信息出版和传播领域占据着强势地位，他们凭借强大的技术和资本实力，控制和垄断着当今世界的信息生产和传播，甚至对不发达国家进行文化侵略。

（3）网络出版技术改变人类信息传播格局

互联网的出现是人类传播发展史上一个新的里程碑，成为当今信息社会最繁忙、最富有挑战性、最具活力的系统。网络出版技术的出现，如数字报纸、个性化信息订制、博客等，极大地改变了信息传播的方式，影响着人类知识的组织、传递和获取，对传统出版模式带来深刻的影响。

第一，网络出版对传统出版形式与理念的颠覆。

狭义的"网络出版"是指具有合法出版资格的出版机构，以互联网为载体和流通渠道，出版并销售数字出版物的行为。这个概念肯定了网络出版是传统出版手段在电子与网络时代的新形式。主体的合法性、作品的数字化、流通的网络化和交易的电子化构成了网络出版的基本要素。广义的"网络出版"是指利用互联网创建、管理和传递访问数字内容，并为组织或个人创造价值的过程。[①]这就使出版的外延大大拓宽，在出版形式和出版理念两方面颠覆了传统出版。首先，广义的网络出版不仅体现了网络出版商与消费者（读者）之间的互动性，还强调了双方的选择性。一方面，消费者（读者）可以有针对性地选择自己所需要的网络出版内容；另一方面，网络出版商还可以根据不同读者的需要和习惯，向读者提供文本信息、音频信息或视频信息，实现个性化服务。其次，网络出版颠覆了传统出版的商业理念。由于大众参与度高，传播迅速、范围广，成本低廉且很少受其他外部条件的制约，网络出版使人人成为出版者的可能变成了现实，正如时下流行的自媒体一样，每一个人都可以实现网络出版活动，将自己的活动、思想、情感、观念、价值等发布出来与他人交流，并寻找自己需要的反馈。这种非商业目的的出版活动使出版的理念发生了很大的变革，出版不再是以出版商为主体的纯商业活动。

第二，网络技术改变信息传播的方式。

网络出版是应用计算机网络进行信息的采集、加工、存储、发布、阅读的信息传播方式，网络和用户终端是其基本的工具，信息商品的生产消费可以完全在虚拟世界中进行，出版活动回归了信息采编加工的信息传播本质，不必再借助于传统物流的生产方式，信息产品与服务的运行模式在典型的知识产业——网络出版中得到有效运用。网络出版业的发展改变了传统出版信息传播的模式。

传统出版物信息传播模式是著者—出版者—发行机构—图书馆或书店—用户（读者）。在这种信息流通模式中，信息基本上是单向、一维地流动的，著者、出版者、用户间的关系是难以建立的，信息的流动速度慢，反馈时间长，创造活动常有很大的盲目性。另外，出版物成品只能作为一个整体来发行，如果读者只对出版物成品中的一部分感兴趣，则无法取舍，增加了用户获取信息的冗余量和成本。在数字出版时代，计算机技术和现代通信手段大大丰富了信息的流通渠道，著者、出版者、图书馆、用户之间的关系变成网状，它们之间的联系不再是一维的，出版者、著者、用户

① 周荣庭. 网络出版 [M]. 北京：科学出版社，2004：6-7.

之间的界限日益模糊，在许多方面，他们的行为互相重叠。信息流动在这里是灵活的、双向的，信息的流动速率和利用率提高了，信息价值也得以充分发挥。①

网络出版打破了传统出版单位的分工和布局，从根本上改变了出版机构和部门的中介地位。显然，在这样的模式下，作为一种职业的传统出版业面临着新的挑战。一些新的传播渠道和中介机构由此应运而生，电子图书馆和电子书店将替代传统的图书馆与书店，网络中的电子邮件、电子公告栏、微信公众号、短视频等充当起数字出版物的传播中介。

第三，网络出版对社会舆论控制力的影响。

传统出版模式以出版社为中心，把关人在传受关系中居于主导地位，负责对信息的筛选和过滤，引导社会舆论，设置社会议程。传统的传播机制体现了一种典型的沙漏模式。信息从四面八方汇聚过来，成线状通过漏口，然后传播给受众，政府部门、记者、编辑无疑是信息的把关人。把关人地位的获得与确立，与传统的传播机制是相适应，其根源是传统媒介对信息的垄断与控制。在这种形式下，受众则处于相当被动的地位，最多只会通过影响出版物的销售率，进而影响其经济利益的间接方式对传播者产生作用。

而在网络时代，个人化的点播式服务代替了大众传播的批量生产，把关人角色的传统内涵即信息的选择特权被削弱，网络以其无障碍式的交流宣告了后把关人时代的来临。借用罗杰·菲德勒的三个标准——内容的流动与控制、呈现与格式、接收与限制②来衡量，可以看到网络传播技术迥然不同的风貌和特质。①内容的流动与控制。网络出版技术使传播内容的控制权由生产者向接受对象转移，一旦内容的流动与控制主权由专业的媒介组织转向了分散的个人、团体，混乱与离散也将不可避免。②呈现与格式。网络出版技术试图重建一种人性化的表达方式，它的异步传输与交互式沟通使得个人能够更从容地选择和吸收信息，信息发布不再受制于版面、播出时间限制。③接受与限制。网络出版技术的革命性意义突出体现在它恢

① 陈燕. 超越时空：媒介科技史论 [M]. 石家庄：河北大学出版社，2002：152.
② [美] 罗杰·菲德勒. 媒介形态变化：认识新媒介 [M]. 明安香译. 北京：华夏出版社，2000：39.

复了受众的传播主导权，信息点播、内容订制成为现实。信息接收终端朝向多媒体、可移动、便携方向发展，不同的媒介样式不再以邻为壑，而是可以兼容互通。

网络出版方式融合了大众传播单向和人际传播双向的信息传播特征，在总体上形成一种发散型网状传播结构，由于受众享有极大的选择权和主动权，使社会控制趋向弱化。然而，自由总是与一定的秩序相对应，如果没有秩序，自由就会演化成一种疯狂。权威的失落从来就不是一个人自由的福音，互联网上"无政府在线"无法造就一种新的文明，相反，有可能使文明在高歌猛进的表象下惊人地退化。因此，要维护新闻传播的公信力，把关人角色非但不能缺失，反而要不断加强，要对新闻传播和受众高度负责，以符合信息社会要求的新的准则和价值观为依据，充分履行职能。

二、数字媒体技术创新的影响因素

创造力是附着于传媒产品身上的潜在价值，是传媒业的核心竞争力。传统媒体到数字媒体的创新升级是媒体成长进步的标志，也是传统媒体为适应不断变化的媒体产业环境必须经历的变革。正是由于这种内外因素的推动作用，传统媒体才能借助创新的力量发展壮大，避免在激烈的市场竞争中被淘汰。

（一）数字媒体技术创新的内部影响因素

媒体与创新之间是影响与被影响的关系，具体表现在以下两个方面：一是创新是媒体成长的助推器；二是媒体产品自身价值内涵决定了创新的必要性。

1. 创新是媒体成长的推动力

传媒产品是全部传媒创新的结果，传媒产品创新是传媒成长的核心因素，在整个媒体创新系统中占据重要地位。数字传媒产品的成长是数字媒体发展环境均衡被破坏、又恢复均衡的过程，笔者认为数字媒体产品的制约因素具普遍性，创新策略具有独特性。创新的过程正如熊彼特的"创新"思想，就是破坏旧组合，不断突破制约因素的束缚，使媒体在逐渐恢复均衡中不断成长的过程。[①] 因此，媒体人创新能力的培养，创新知识的学习，创新策略的制定，不仅是媒体创新能力也是媒体理性创新的重要反映，有助于提高媒体创新效率甚至成长效率。此外，媒体创新文化的建构、创新氛围的营造是媒体不断突破自身能力局限和外部环境因素制约的重要砝码，尤其对正处于媒介融合背景下的数字媒体而言，更是其获得持续成长的指路标。

2. 媒体产品自身价值内涵决定创新的必要性

媒体产品自身价值内涵即媒体产品的价值特征，产品以满足消费者某种需求为目的，主要通过媒体产品的使用价值表现出来。[②] 创造力是传媒业的核心资源，创新性是媒体产品的使用价值，创新能有效构筑媒体竞争优势推动媒体成长。产品价值离不开产品使用价值，媒体产品创新对产品价值的塑造有着重要的作用，媒体产品的使用价值是媒体产品创新的基本价值方向。所谓传媒的创新活动，是通过对媒体集团内部的价值进行重组或扩张，为目标用户提供满足其需要的使用价值，从而实现产品本身的价值。在经济学领域有关产品价值的论述：用户购买产品的主要目的是以最少的费用换取所需要的产品功能，产品的功能与获得该功能所花费的价值之比，称为价值。同理，媒体产品价值越高才能越吸引更多用户的注意。可见，吸引用户购买产品的最有效手段是创新。

（二）数字媒体技术创新的外部影响因素

新媒体时代，整个媒体的产业环境发生根本变化，传统媒体的强势地位受到了前所未有的挑战，为了应对媒体产业环境变化带来的机遇和挑战，传统媒体必须改革创新以适应变化。笔者运用 PEST 分析方法，从政策环境、经济环境、社会环境、技术环境等四个方面详细阐述数字媒体创新升级的必要性。

1. 政策环境

我国数字出版从 20 世纪 90 年代产生雏形开始，到现在经历了近 30 年

---

① [美]约瑟夫·熊彼特. 经济发展理论 [M]. 南昌：江西教育出版社，2014：135.

② 朱春阳. 成就卓越：传媒产品创新研究——一种行为与能力的分析范式 [D]. 上海：复旦大学，2004：48.

的发展，近些年，出现了迅猛发展的态势，已经远远超过其他媒体的发展速度。由于政策的大力支持，国内数字出版在短时期之内得到了良好的发展。与此同时，我国政府对数字出版单位的准入资格实施了一系列的政策措施，提高了加入数字出版的门槛，建立起了行业保护壁垒。《国务院关于非公有资本进入文化产业的若干决定》《外商投资产业指导目录》等，对外资的投资范围做了特别的规定，限制外商投资国内的音像制品和电子出版物的出版、制作和进口业务，限制外商从事信息网络传播视听节目业务。[①]

针对目前国内数字出版产业中存在的问题，为了引导国内数字出版产业的快速与健康发展，新闻出版总署、教育部、文化部等多部门出台了众多政策，用以推进传统出版业的创新转型升级。主要管理规定包括《互联网出版管理暂行规定》《互联网著作权行政管理办法》《信息网络传播权保护条例》《网络出版管理规定》等。

《互联网出版管理暂行规定》对从事互联网出版业务的单位和个人所需具备的条件进行了明确的规定，还明确了互联网出版机构的权利和义务；指出单位或个人从事互联网出版活动，必须经过批准，未经批准，任何单位或个人不得开展互联网出版活动；同时互联网出版机构依法从事互联网出版活动，任何组织和个人不得干扰、阻止和破坏。

2. 经济环境：数字媒体竞争激烈

根据马斯洛的需求层次理论，在满足了初级的生理、安全等需求之后，人们会追求更高层次的需求。因而伴随着人民可支配收入的升高，现阶段衣食住行等基本需求已经不是限制我国居民消费的主要因素，人们必定会追求更高层次的精神文化需求。数字出版产业是文化产业链中重要一环，是政策导向下的新兴发展产业，切合居民对数字出版产品的需求增长趋势，从行业发展的一般规律来看，数字出版将成为绝大部分文化产业类企业的重点盈利方向。数字出版将传统的平媒出版依托信息技术、通信技术等进行全媒体立体化的信息升级，必然具有广阔的市场。

以电视媒体的创新升级为例，电视媒体市场竞争激烈，面临旧有竞争势力和新势力介入竞争双重压力，其中新势力指以乐视、腾讯、爱奇艺为

---

① 黄先蓉，赵礼寿，刘玲武. 数字技术环境下的出版产业政策调整——基于2000年—2010年数字出版的政策分析[J]. 编辑之友，2011（07）：15-18.

代表的大型商业视频竞争企业和视频行业之外的其他竞争势力，它们推出的强势替代性产品和同质性产品带给电视媒体产品市场巨大冲击，如大量视频网站及其自制网络节目的兴起在一定程度上分流了传统电视观众，某些热播的自制网络节目在网络的点击率和话题度居高不下，越来越多的电视观众演变为新媒体的受众。针对上述同质化竞争的现象，从市场角度而言，这是传媒在某一个阶段必然要经过的环节，随着传媒业的发展壮大，媒体数量的增加，同质性产品的数量也将越来越多，这种发展趋势最直接的影响是作为个体的媒体的利润被逐渐分割殆尽，这就要求媒体采取积极的产品策略，如行之有效的产品创新策略，通过生产出区别于竞争对手的具有市场竞争力的差异化产品，从而获得市场竞争优势。

3. 社会环境：媒体和受众关系的变化

媒体和受众关系的变化主要表现为受众地位和需求的提升。新媒体的兴起引起了整个社会生活模式和价值观点的巨大转型，作为社会主体的人的各方面需求和习惯也在不断变化，其中媒体信息传播对象的受众，它的媒体接触习惯和媒体需求的变化主要表现为信息消费终端的转移和信息需求的提升。阅读报纸、杂质的读者选择信息更全的网络渠道，收看电视节目的受众分流到自主性更强的网络。受众媒体选择渠道的增多，使媒体市场逐渐演变为受众主导下的买方市场，受众对传统媒体不再仰视（例如，电视），尤其是年轻一代的受众群，这类群体自我意识强烈、判断力增强，思维方式呈现明显的网络化特征，他们对传统媒体的需求不高。

这种变化使数字媒体出版者产生了严重的危机意识，他们意识到其自信的传播渠道受众与目标受众之间出现了明显的不对等，创新与改革成为必然。于是报纸、杂志实现了数字化，电视走向了"智能化""高清化""分众化"。数字媒体试图通过转型升级来满足不断变化的受众需求，最终达到增加用户黏度、吸引目标受众注意的目的。

4. 技术环境：技术提升用户媒体需求

传统媒体时代受众选择局限抑制其需求，但在数字媒体环境下，多屏幕"繁荣"不仅为数字媒体产品创新提供了更多发挥空间，成为其创新的重要力量，同时也导致用户需求提升——他们对媒体产品提出更多要求，这就是技术的相对主义。在互联网环境下，数字媒体技术发展催生出更多的媒体产品样式、媒体传播渠道。由互联网衍生出智能手机、iPad 以及 iwatch 等。互联网技术的发展推进了数字媒体产品发展，如果仍然拘泥于传统媒体产品生产，而非彻底转变为互联网视角去创造全新的互联网时代数字媒体产品，会错过充分利用新技术的时机使其落后于竞争对手，如果整个行业如此，社会将丧失对其产品的信心，从而转向其他的替代性产品，对数字媒体行业而言无疑是灾难性打击，因此，数字媒体必须走创新发展道路。

（三）以互联网电视为例的技术创新的实现条件分析

实现传统电视媒体到互联网电视媒体的创新升级，需要具备以下两个条件：一是电视媒体仍有创新升级的可行空间。这是电视媒体实现可持续发展的充分必要条件。二是技术条件。技术支持是电视媒体创新升级的助推器，新技术在电视媒体产品的开发中发挥着重要的作用。

1.电视媒体创新升级的广阔空间

市场成熟程度是传媒创新的主要影响因素。电视媒体的发展尚且处于初级阶段，在内容产品的建设上创造性内容稀缺，在创新上，大家的起步一致，发展一致，谁优先发展，具备专业的操作性水准，就能抢占先机促使自身利益最大化。创新空间大还表现在互联网电视媒体产品融合了传统电视与新媒体特点，既可以充分利用传统电视的功能和平台，又可以开发新媒体业务，结合二者优势，这为产品创新提供了更多选择资源，如互联网电视所开发的电子商务功能，线上线下一体化。此外，电视媒体也可以成为购物、充话费、水电费的平台。互联网电视媒体产品创新在未来有无限可能。

我们必须意识到，互联网电视媒体仍以电视作为主要经营业务，电视作为面向大众传播信息的载体，虽然受到了新媒体冲击，但是仍然具有优势，互联网电视的生产者是推动电视的创新升级。首先，电视机作为与人们生活息息相关的家电，在家庭生活中发挥重要作用，是最适宜家庭娱乐消遣的工具。据调查显示，我国电视的收视人群以老年人为主，他们每天花费在电视上的时间超过 6 个小时。其次，电视在内容建设上具有权威性、公信力、专业性，相比于网络"去权威性"的多元化传播，电视内容信息来源更可靠，审核更加严格，内容倾向于思辨性的理性分析。最后，电视并不是故步自封，在互联网影响下，电视创新升级，功能更优化。近些年，除了传统的电视生产商 TCL、长虹转型升级外，互联网企业也相继进入电视行业，促进了电视创新升级，满足了用户更高层次的电视需求，形成了以家庭为中心的全方位多样化体验。乐视一直致力于探索互联网电视的商业模式，它所创建的乐视模式，以内容吸引注意力，整合线上线下渠道，提供多样化的增值服务，强化便利化体验。此外，互联网电视开启电视优众时代，为用户量身订制节目内容，满足用户个性化的信息需求，也使越来越多追求高品质电视节目的年轻用户逐渐把目光从移动端、PC 端转向客厅。

2.技术助力电视媒体的迭代创新

媒体产品在消费中具有非物质性，过程性和不可分离性等重大特征，数字技术使媒体产品特征得到充分发挥，从传统"看电视"转变为"用电视"，如电视媒体产品互动环节的设计，通过数字技术使大量数据和多层次内容汇集到一种产品中，即制作多媒体产品，使产品具备高互动性的特征，用户可以任意点播、直播、回看自己喜好的电视节目，通过电视媒体平台与其他用户互动交流节目信息。此外，互联网电视媒体借助数字技术开发和创新增值服务产品，使用户足不出户就可以处理各种生活事务和工作业务，包括在线支付，电子商务，健康医疗，文化教育等。数字技术的发展打破电视媒体的界限，颠覆了传统的媒体生态模式，也改变了用户的媒体使用习惯，用户对于媒体的接触时间和接触方式有更多的自主选择权，且技术的大数据系统助力互联网电视媒体产品生产，对媒体产品生产决策、运营维护提供数据支持。

所谓大数据，是指把人们生活中的点点滴滴用数据的形式记录下来，进行分析和处理。如今大数据被广泛地运用到军事、商业和社会服务等各个领域。大数据作用于商业盈利，主要对顾客行为进行跟踪分析，2013 年，阿里巴巴设立了专门的首席数据官进行数据统计分析。大数据对电视媒体产品创新升级的作用主要表现在对媒体用户大数据价值进行深度挖掘和应用，如当下最新的大数据分析技术——DSP（用户信息定位）技术，主要用于分析用户媒体消费习惯、搜索习惯以及浏览习惯，为未来探索电视产品与个人用户的一对一、一对多精准化营销奠定基础。在 OTT TV（Over The Top TV，即基于开放互联网的视频服务）领域，拥有牌照的央视、湖南台、广东台、SMG 等均在探索用户大数据的价值溢出，力推电视媒体在互联网时代的成功转型。受移动互联网的冲击，电视媒体借助大数据对用户流量行为分析，分析用户流量使用情况，深度挖掘用户潜在的流量需求，从而探究用户媒体行为的规律和特征，为用户提供个性化和针对性的产品创新设计提供参考依据。

三、数字媒体技术创新模式与趋势

（一）数字媒体技术创新模式

目前，国内的数字出版产业发展处于成长阶段，与国际数字出版产业的整体水平存在较大的差距，其中技术水平方面的差距尤为突出。而数字出版技术水平的高低决定了中国数字出版产业未来发展的高度与深度，所以在技术学习和技术创新能力方面的提升是中国数字出版产业良好发展的迫切需求。采用合理的技术创新方式，能够为产业中企业技术能力的提升缩短大量的时间，快速追赶欧美数字出版技术先进水平。笔者认为目前国内数字出版产业技术创新范式可以采取以下三种类型。

1.发挥市场选择职能，协同分工

目前，我们数字出版领域在技术创新方面具有优势的是技术提供商，而数字出版的主体出版单位在技术整理水平和创新能力上处于较为落后的水平。这一现象与国外数字出版发展局势有较大的差别，同时国内出版企业的经济实力与国外大型出版集团的雄厚经济实力也有着很大的区别，能够采用并购手段获得技术并进行自主创新的出版企业在国内寥寥可数。因此根据中国数字出版企业目前采用的数字出版流程模式，从产业发展和企业发展双层角度出发，根据市场需求，技术提供商与出版企业分工合作，出版企业专注于数字内容生产过程的技术创新，技术提供商专注于平台技术、新媒体技术等专业技术创新，两者合作，协作创新是国内出版企业技术创新的重要方式之一。

2."官产学研"合作，加强共性技术预研，创建产业技术合作创新系统爱思唯尔等大型出版集团在数字出版领域已经有了二十多年的探索，结合其原本在全球发展过程中的优势，可以以自身为主导，联合全球各地的研究机构共同进行技术创新。[①] 而在国内数字出版目前发展初期，考虑到以后的长远发展，国内数字出版产业整体的技术创新水平需要有较大幅度的提升，因此对于共性技术的研究需求较大。而共性技术的预研需要大量的经费投入，并且很多先于市场的需求，需要政府部门从宏观调控角度出发，结合产业中各方面的力量共同投入，并且建立产业技术创新系统，通过有效的流程设计和管理控制，为产业内大多数企业未来技术的发展提供良好的技术学习和提取的平台。

3. 结合自身优势，专注细分市场，寻求专有技术领域的技术领先

国内出版企业中，从事某一专业内容出版的出版单位有 100 多家，每家在其专业领域内都有绝对的权威性。利用其专有领域内的优势，在专业搜索工具开发、专业分析工具开发等角度进行技术持续创新，经过一段时间的技术积累，利用其专业优势的不可替代性，定然能在专业领域内占有技术领先地位。

（二）数字媒体技术创新趋势

随着国际数字出版产业的快速发展以及国内政府层面的快速推动，已经有较多出版企业意识到数字出版不仅仅是对纸本图书的再加工，而是一种可以作为一种全新的出版模式存在。山东出版集团、凤凰出版集团等大型出版集团已经开始尝试全面数字出版模式，也就是国外大多数企业采用的第二种流程模式，从数字产品的选题、规划开始完全从数字出版的角度出发，此后再根据市场的需求决定是否进行纸本印刷。基于这种流程模式的根本转变，未来出版企业的技术创新可以从以下几个角度进行探索。

1. 新媒体背景下的全媒体在线编辑出版技术

随着计算机、手机、手持终端等智能终端的出现，出版物有了新载体，这些智能终端使读者阅读的内容、媒介和习惯呈现多元化、数字化、个性化特点，随着出版物受众获取信息方式的巨大改变。数字化的杂志、报纸、

---

① 仲伟俊，梅姝娥，谢园园. 产学研合作技术创新模式分析 [J]. 中国软科学，2009（08）：174–181.

广播、移动智能终端、网络、数字电影等新媒体的出现，使得现代出版业态发生了革命性的变化。

传统纸质出版逐步在新媒体的背景下开发适应于不同介质和媒体传播的文化产品，建立多媒体、全媒体的出版格局，发展出纸质出版之外的数字出版业务，并不断进行经营模式的转变，从而实现全媒体出版。从《手机》这部小说开始，中国出版业宣告进入全媒体出版时代，全媒体出版的模式考虑到了数字出版的整个产业链，改变原来较为单一的出版物形态和流通渠道，向多媒体、多渠道、多产品形态的方向发展，通过为不同终端用户提供适配其使用终端的数字产品，实现全媒体信息服务覆盖。

然而现在的这种全媒体出版模式仍然存在很多问题，更多的是以信息传递服务为主，黏合读者更多地依赖资源内容的数量和契合度，服务模式难以回收读者作为知识创造者产生的知识成果，难以形成动态系统的数字资源建设模式。在互联网信息服务时代，出版物的受众不仅仅是信息服务的接受者，更是知识的创造者，受众对于知识的二次编辑和发布是知识创造的新途径，因此全媒体在线编辑技术的出现将是读者需求驱动的必然结果。

全媒体在线编辑出版技术是结合传统出版企业已经出版的存量资源，以及网络条件下在出版流程的深度应用需求背景下产生的。因此，其用户对象包括出版企业编辑用户及个体作者用户两个层面；操作对象是指网络模式下的各种资源形态；功能层面包括在线阅读、离线阅读、多样智能终端阅读、知识切片化标引、素材剪辑、全媒体自适应排版、发布加密、压缩传输等一系列功能组合。基于上述需求设计，现有的编辑技术更多着眼在单机版的应用范畴，需要进行较大的调整和规划。

对于传统出版企业而言，必须时刻关注此项技术的发展态势，并在适当的时机，将该技术应用于整体数字出版的实践流程，对于继续巩固传统出版企业的资源优势意义深远。

2.移动终端智能化背景下 App 技术

随着移动智能化终端的快速发展和普及，移动互联网时代已经到来。在如今的高科技时代，智能终端的快速以及大量的普及推动了移动互联网和移动应用的快速增长。目前以 Iphone 和 Android 为代表的智能手机终端凭借着高清、触碰、良好体验的优势获得了大量用户的青睐，正以风云之势改变着现代企业的运营模式，而数字出版领域也在逐步向这一方向探索。面对快速发展的移动智能终端所带来的巨大移动数字阅读市场，自2012开始，陆续有出版社发布自己的阅读类App，"中信尚书房""磨铁书栈"等成为出版社向App阅读领域迈出的重要一步。但是目前数字出版领域App技术的开发仍然存在较多的问题：其一，国内出版社众多，资源整合困难，由于移动智能终端的存储空间有限，读者不可能下载几百个出版社的App；其二，受苹果、安卓等系统的限制太多，必须符合苹果、安卓的规则；其三，移动终端和PC等信息的快速传递和交互使用仍然存在一定的障碍。

基于数字出版App发展中的以上问题，奥博科贝团队研发了Web App，由移动App到Web App的跨越，不仅大大拓展了出版者对其作品的营销渠道和方式，也使得其作品能够送达到更广泛的人群。而用户则能够在不同场景下使用不同的设备阅读：在办公室用PC，在路上用手机，在家里用平板电脑……

App在不同种类的互联互通是目前的移动终端智能化背景下的发展趋势，国内出版企业在App应用终端的开发上可以将重点向这个方向转移。这种转移应着眼几个基本要点：（1）不一定每家出版企业都要做自己的App，可以采取和成熟的技术企业合作的基本思路；（2）加强除阅读以外的应用模块开发，增强与用户除内容以外的黏性，这样才能真正实现App的价值。（3）不论是合作还是自己经营App，都要在前期设计上强化用户数据的统计分析功能，为后续的数据分析做好基础和铺垫。（4）在数字产品的技术格式储备上，做好中间格式的准备，针对不同的智能终端，实现自动的自适应格式转换能力，可以极大地降低数据制作的成本。总之，若真正做好数字出版创新，移动终端的需求变化是不可回避和不可忽视的，传统出版企业必须时刻关注相关领域，甚至是移动终端硬件的技术变化和发展趋势，才能时刻把握住创新的核心技术"脉搏"，游刃有余地在竞争中施展身手。

3.语义分析背景下知识关联技术

在信息爆炸的时代，知识的获取已经无法与搜索引擎脱离联系，数字出版作为知识的源头，如何让知识的获取更为便捷，如何以领域知识的关联性为支撑，从语义角度上对信息资源进行分析和整合，在搜索引擎的帮助下为用户提供全面准确的信息服务是未来数字出版技术探索的重要方向。

建立符合逻辑的知识关联体系是"知识地图"理论的重要内容之一，是实现语义分析计算的基础，可以改善搜索引擎获取信息的效率。"概念知识树"是中国科学院研究团队提出的，该模型对人工智能领域的知识表达提出了人类知识获取思维活动中的心理模型假说，已经在语义信息技术处理为核心技术的多个领域取得了较好的应用。如果该技术应用于数字出版领域，通过单向知识关联和双向知识关联建立某一学科研究领域内的"知识地图"，运用"知识地图"的理念对数字产品进行关键词标引，建立单关键词集合、全关键词集合和不定关键词结合，则有可能通过语义分析技术以关键词集合为迭代单元构建关联网络和针对单个知识点构建关联网络的算法实现知识的快速检索，并为用户提供整体知识解决方案。

数字出版更多地体现知识服务的特征。人类积淀的几千年成果，浩如烟海，但其间存在着显性和隐性的必然联系。这种联系一方面通过在内容制作初期可形成规范的标引属性，另一方面源于用户使用过程中的积极贡献。因此，信息技术领域的语义分析技术，可以通过某种具体的转换，形成知识服务过程中的知识关联，便于实现对用户更好的体验和关联。这是数字出版现在和未来都要重点关注的技术趋势之一。

此项技术不仅涉及一个出版企业已出版内容的关联，更关系到整体数字出版产业知识内容深度聚合和挖掘，是产业共性的技术要求。换一种说法，某一个出版企业若想获得更大的市场机会，解决自身获取用户有限性的问题，就必须关注知识关联技术的整体进展，才能形成强强联合的最大化服务价值。

4. 云计算背景下大数据分析技术

随着信息技术的发展，云计算技术的逐步成熟，大数据分析技术应运而生。数字出版产业虽然目前规模较小但是经过十多年的积累，在近几年呈现飞速发展趋势，数字产品在生产到使用的传播过程中所产生的行为数据分析对于数字出版产业的发展具有重要的指导意义，尤其是对需求市场的行为数据分析，对于目前国内大多数仍处于转型期、缺乏数字出版市场认知的出版企业来说至关重要。

目前国际上最具影响力的大数据企业——IBM、Intel、Oracle、HP、

Teradata、SAP、Amazon 等纷纷推出了 Hadoop、Storm、Spark、HPCC、SAS、R、Mathout 等大数据分析工具，国内如百度、腾讯、阿里等互联网巨头以及华为、浪潮、中兴等国内信息技术领军企业也纷纷加入大数据服务的行列。目前大数据分析主要应用于医疗、交通、金融、零售等行业，专门服务于数字出版产业的大数据分析工具尚未出现，因此这正是数字出版技术商目前技术创新的一个重要方向。

通过与政府、大学、科研院所以及国内知名的大数据分析企业共同合作，研究设计数字出版大数据分析方案，开发属于数字出版行业的大数据分析利器，实现精准策划与精准营销、将简单的数据阅读升级为提供教育、知识服务解决方案、实现"细颗粒"的个性化服务，创造大数据背景下新的数字出版的商业新格局。

大数据时代，数字出版业务流程将需要重新设计，"用户需求导向"将会成为其核心思想。新的数字出版业务流程将在大数据分析技术的运用下与读者更贴近，更准备了解读者的需求并快速响应。数字出版业务过程中的决策依据将很大程度上依靠大数据分析的结果。数字出版企业可以更容易地实现数字内容产品的个性化订制。

大数据对于数据收集的广度、深度以及透明度都有很好的控制，可以为出版选题、决策的验证提供更强的事实数据。出版流程各方面的执行要求面向读者的需求进行策略调整，实现精准化、精细化的服务。数字出版领域的大数据分析技术的研发和应用是出版企业产业地位的提升和商业模式转型的重要保证。

第四章　国内外数字媒体发展

概况及经验借鉴

技术推动传媒变革，人类传播历史上每一次媒介变革背后都有技术的力量。数字媒体一方面为传统媒体带来了日益增大的生存压力，转型发展举步维艰。另一方面，伴随着互联网终端技术、网络传输技术的广泛商业化应用，网络信息传播模式不断变革，传统媒体也不断升级。传统媒体转型既是技术影响下媒介环境变化的产物，也是媒体自身面对新产业环境所做出的主体反应。本章在国内数字媒体发展的经验借鉴方面，主要选择传统媒体转型融合成功的三个案例，即以先进技术支撑平台建设，连接用户的《钱江晚报》；以优质内容生产为本位的《成都商报》和以综合化的媒体创新服务的安徽生活网。它们分别代表了都市报希冀通过技术、产品、服务等三个维度对都市报的特质、属性形成延伸，给用户提供优质的使用体验，增加用户的满意度感知，进而增强用户的持续使用意向，增强黏性。在国外数字媒体发展经验借鉴上，本章对主要发达国家数字媒体产业发展概况及成功发展模式进行分析，重点探索和总结美国、英国、日本、韩国等的发展经验，这些国家目前是全球数字出版产业的"领航者"，均形成了独具特色的数字出版产业发展模式。通过经验总结为发展中国数字媒体产业、提高其国际竞争力提供模式借鉴。

一、全球数字媒体产业发展现状

目前，虽然自国际金融危机爆发以后，经济全球化进入了低速发展阶段，甚至在某些国家和区域出现了"逆全球化"的现象，但是经济全球化是时代发展的大潮，深入发展的趋势不可逆转，再加上云计算、大数据、移动互联网、人工智能以及区块链等高端数字技术的出现，国际数字媒体产业竞争格局日趋激烈，数字媒体产业结构也发生显著的变化。总体来看，主要呈现以下几个显著特点。

（一）发达国家仍主导数字媒体产业格局，但发展中国家成全球增长点

从全球数字媒体产业竞争格局来看，发达国家凭借其在数字技术以及创意内容方面所具备的领先优势，依然引领着全球数字内容产业的发展。美国依然全面领跑，数字媒体产业占 GDP 的比重达到 11% 左右，占据全球影视票房的 1/3；北欧则在数字技术发达程度以及内容创新方面遥遥领先，IMD2018 年发布的全球数字竞争力排名中，瑞典、丹麦分居全球第三和第四，在创新能力方面瑞典、芬兰、丹麦分局全球第三、第七以及第八；英国则在创意产业方面具备领先全球的发展优势，创意产业产值 2017 年超过 1300 亿英镑，占 GDP 的比重达到 7.3%；日本得益于经济产业省的政策支持，数字媒体产业特色突出，动漫制作主导全球市场格局。

从发展趋势上分析来看，发达国家的数字媒体市场越来越呈现饱和的态势，而发展中国家将成为全球数字内容市场的增长点。一方面，数字媒体市场开始由西方发达国家（北美、西欧）向东方新兴市场（中欧、东欧、亚太区）国家转移。据普华永道《2016—2020 全球媒体及娱乐行业展望》数据统计显示，2015—2020 年全球媒体娱乐行业市场平均年复合增长率为 4.4%，而东方新兴市场国家年复增长率达到 8%，西方国家年复合增长率仅为 2.5%。随着发达国家数字媒体市场逐渐饱和，再加上市场增长率不断趋缓，全球数字媒体市场正逐渐由发达国家向新兴市场国家转移。另一方面，南半球不发达国家数字媒体产业收入增长率较高。据普华永道统计数据显示，2015—2020 年南半球国家（拉丁美洲、非洲及中东）营收增长率平均为 10%，而北半球国家（北美、欧洲）仅为 4.5%，北半球国家在这种趋势下正谋求通过南北合作进入不发达国家市场，而不发达国家和地区也正通过南南合作的方式，以期在未来数字媒体产业竞争格局中占据更加主动的地位。

（二）数字媒体移动化趋势明显，全球产业格局发生重要改变

根据思科 Mobile Visual Networking Index（VNI）报告显示，移动数据流量占 IP 总流量的比重由 2016 年的 8% 增加到 2021 年的 20%；人均拥有的移动设备由 2016 年的 1.1 台增加到 2021 年的 1.5 台，移动联网设备总量由 2016 年的 80 亿台增加到 2021 年的 120 亿台；移动网络联结速度将由 2016 年的 6.8Mbps 增加到 2021 年的 20.4Mbps；机器对机器（M2M）联结占移动联结总量的比重由 2016 年 5%（7.8 亿）增加到 2021 年的 29%（33 亿）；4G 支持移动联结总量的比重由 2016 年的 26% 增加到 2021 年的 58%，4G 占移动总量的 79%；智能手机（平板手机）总数量占全球设备和联结总量的比重达到 50% 以上，总量由 2016 年的 36 亿增加到 2021 年的 62 亿。[①]

伴随着移动技术的快速发展，移动互联网正在重塑消费者行为，并逐渐改变全球数字媒体产业格局。据 App Annie 发布的《2020 年移动市场报告》显示，2019 年，用户平均每天在移动设备上花费 3 小时 40 分钟时间，相比 2017 年增加 35%，全球年度 App 下载量达到 2040 亿次；订阅收入在用户支出中的占比高达 95%；高达 75% 的热门非游戏 App 是通过订阅实现变现的；应用商店支出的增长主要得益于在线视频和约会交友类应用的突出表现，其中增长最为显著的是 Tinder、腾讯视频、爱奇艺和 YouTube；2019 年是移动广告的丰收之年，移动应用因其无与伦比的可访问性和覆盖范围受到广告主青睐，其中 Snap、Facebook、Google、Twitter 和 TikTok 成为最大的赢家，2020 年全球移动广告支出达 2400 亿美元，比 2019 年增加 26%；2019 年全球游戏市场中，移动游戏的市场份额达到 56%，2020 年全球移动游戏用户支出突破 1000 亿美元，腾讯的《王者荣耀》、索尼的《Fate/Grand Order》和动视暴雪的《糖果传奇》等游戏在移动平台占据主导地位；在线视频竞争持续升温，2019 年第 4 季度，接近 25% 的 Netflix iPhone 用户同时也在使用 Disney+ 观看视频，这种现象的出现并非偶然，美国市场热门在线视频应用的用户重叠度最高，表明消费者愿意为多种服务付费。此外，95 后用户也日益成为各企业的战略布局核心。作为移动原生代，该

---

① 全球移动数据流量在 2016 年至 2021 年间增长 7 倍 _ 企业信息 _ 自动化新闻网 [EB/OL]. http://news.ca168.com/201702/68755.html.

用户群体的 App 参与度非常高，热门 App 的人均打开次数比年长群体高出 60%。[①] 由此可见，移动技术已经成为推动数字内容产业发展的主要动力，逐渐渗入数字媒体产业各领域。

（三）数字媒体产业呈现本土化发展趋势，市场竞争趋势加剧

随着全球各国逐渐认识到数字媒体产业的发展潜力，均纷纷加大对数字媒体产业的扶持力度，导致数字媒体市场竞争趋势日趋加剧。各国为提升本国数字媒体产业国际竞争力，纷纷把本国以及东道国特色元素融入数字媒体产业之中，本土化入侵以及民族化反入侵战略成为数字媒体产业市场竞争的两大主题。

一方面，发达国家纷纷利用本土化战略抢占全球数字媒体产业市场。以美国为代表的发达国家是数字媒体产业的领导者，它们在本国市场逐渐成熟饱和以后，开始逐渐进军国际市场。美国等发达国家为抢占国际市场，纷纷通过本土化战略对数字媒体产业进行改造，在数字内容产品的创作、传播过程中，将目光瞄准全球市场，对当地语言、风俗习惯、宗教信仰等进行分析，通过对世界优秀文化的兼收并蓄，实现数字技术与当地优秀文化的跨界融合，创造迎合当地消费者心理的数字媒体产品，进而占据国际市场、获取丰厚利润。

另一方面，发展中国家利用本土化优势抵御发达国家的数字媒体产业入侵。在以美国为主导的西方国家利用本土化战略抢占国际市场的同时，发展中国家为规避在数字技术和发展模式上的劣势，也在利用本土化以及民族化优势抵御西方国家的数字媒体产业入侵。随着数字媒体产业国际竞争格局的加剧，发展中国家逐渐认识到本土化及民族化对形成本国特色数字媒体产业的重要性，开始逐渐通过挖掘本国特色来保持国际国内竞争力。如中国以内容创意为基础，以数字技术为手段，对中华传统优秀文化资源进行转化开发，形成一批独具特色的、中国特有的数字媒体产品，最具代表性的是中国立足于传统文化所形成的以玄幻、仙侠、科幻为类型的网络原创文学已经成为数字出版行业的重要领域，且输出到日、韩等东南亚国家，

---

① 　App Annie：2020 年移动市场报告 _ 中文互联网数据研究资讯中心 –199IT [EB/OL]. http://www.199it.com/archives/998993.html.

向全球展现了中国数字媒体产品的独特魅力；以宝莱坞为代表的印度影视产业，重视发展弘扬本国民族正气的影片以及高雅艺术片，并在其中大量融入印度特色的歌舞文化，进而在全球数字内容市场中占有一席之地。

二、中国数字媒体产业发展现状

（一）数字化转型日益多元化，数字媒体平台涌现

首先，我们看一下电子图书的情况。我国电子图书收入规模由 2011 年的 16.5 亿元增长到 2021 年的 74 亿元。除了电子书之外，传统出版产品的数字化转型还有多种模式，如有声书、视频书、改编成网络游戏等。有声书的发展。近年来，有声书成为数字出版领域的又一个新星。据统计，2015 年全球有声书产值达 28 亿美元；2016 年我国有声书市场产值达到 29.1 亿元，同比增长 48%。《第十八次全国国民阅读调查报告》显示，2020 年我国成年国民图书阅读率为 59.5%，较 2019 年的 59.3% 增长了 0.2 个百分点；报纸阅读率为 25.5%，较 2019 年的 27.6% 下降了 2.1 个百分点；期刊阅读率为 18.7%，较 2019 年的 19.3% 下降了 0.6 个百分点；数字化阅读方式（网络在线阅读、手机阅读、电子阅读器阅读、Pad 阅读等）的接触率为 79.4%，较 2019 年的 79.3% 增长了 0.1 个百分点。[1] 可见，数字化阅读持续增长，并占据近 80% 的绝对优势。对成年国民读书习惯的考察发现，2020 年，我国有三成以上（31.6%）的成年国民有听书习惯，较 2019 年的平均水平（30.3%）提高了 1.3 个百分点。听书介质日趋多元化，包括有声阅读器或语音读书机、广播、智能音箱、微信公众号或小程序、移动有声 App 平台，而移动有声 App 平台占比最高，达到 17.5%。[2] 全国带有听书功能的平台超过 200 个，涌现了酷听听书、喜马拉雅 FM、懒人听书等一批优秀的听书平台。有声书阅读相较其他阅读方式有三大优势：一是方便的使用方式，让听众的双手得到解脱。二是以听书的方式帮助读者阅读，既丰富了阅读的表现形式，又契合了信息时代碎片化阅读的需求。三是精准的配音服务，最大程度地激发读者的阅读兴趣。

① 2020 全国国民阅读调查报告权威发布 [EB/OL]. https://baijiahao.baidu.com/s?id=1697902011993153385

② 2020 全国国民阅读调查报告权威发布 [EB/OL]. https://baijiahao.baidu.com/s?id=1697902011993153385

此外，微信、微博等新兴社交媒体的出现，改变了人与人之间交流互动的方式，同时也对数字媒体产业的发展产生了很大影响。截至2019年第一季度，腾讯财报显示，微信及We Chat的合并月活跃账户数达11.12亿，同比增长6.9%，而2018年第一季度，微信及WeChat合并的用户10.4亿，2017年底微信公众号已经超过1000万个，其中活跃账号350万个。截至2018年底，每天平均有超7.5亿微信用户阅读朋友圈的发帖。这些公众号大号、微博名人等新兴媒体，其粉丝往往数以千万计，他们的任何一点动静都可能引发很多人关注，也可以引发热门话题，而这恰好就是读者需求的所在之处，它们对于媒体选题的选择非常有意义和价值。拥有超百万粉丝的微博微信公众号旗下拥有众多作家，编辑内容多样、符合目标读者需求，其文章转发量评论数众多，给结集出版打下了良好基础。

（二）数字媒体产业总体规模不断壮大

中国数字媒体产业虽然相较于欧美等发达国家起步较晚，但是发展迅速并已初具一定规模，大致形成了数字动漫、网络游戏、数字音乐、网络视频、内容软件、移动内容以及数字出版等市场并行快速发展的产业格局。2019年8月3日举办的"数字文化产业迈入新时代——数字文化课题成果发布会"上，国务院发展研究中心·东方文化与城市发展研究所所长杨晓东发布了我国首份数字文化产业报告《中国数字文化产业发展趋势研究报告》，并向与会者介绍了我国数字文化产业发展现状。"2017年，我国数字文化产业增加值约为1.3万亿到1.19万亿，总产值为2.85万亿到3.26万亿。预计到2020年，产值规模将达到8万亿。"[1]杨晓东说，目前，我国数字文化产业正处于新一轮爆发性增长的前夜，呈现三大特点：一是处于由新技术而产生的新一轮爆发性增长的前夜。以5G为基础，人工智能、大数据、云计算以及区块链技术都可能影响数字文化产业发展；二是消费互联网向产业互联网转进。随着产业互联网和消费互联网的融通，文化产业尤其是数字文化产业作为生产性服务业的带动能力作用将得到充分发挥；三是从

---

[1] 报告：预计2020年我国数字文化产业产值将达8万亿_中国经济网_国家经济门户 [EB/OL]. http://www.ce.cn/culture/gd/201908/05/t20190805_32808319.shtml.

国内市场竞争迈向全球市场竞争。①

在产业结构中，数字内容软件虽然仍然占据主导地位，但是增速却呈现下滑态势；数字影视、数字动漫、数字出版占比在快速增加，同时电竞、直播、VR 等行业迎来快速发展。数字媒体已经成为中国社会经济发展中的重要组成部分，并与其他相关领域形成密切联系的产业链。

（三）数字媒体产业整体发展基础日趋雄厚

中国数字媒体产业整体发展条件日趋雄厚，在政治、经济、技术、用户规模等发展条件方面都取得了较大的进步，有力地推动了数字媒体产业的发展。

在政治方面，数字媒体产业作为刚刚发育起来的新兴产业，政府积极采取一系列宏观政策，引导和扶持数字媒体产业健康发展，将其提升到国家战略性新兴产业的高度。2006 年出台的《国民经济和社会发展的第十一个五年规划》、2009 年出台的《关于印发文化产业振兴规划的通知》、2010 年出台的《关于加快培育个五年规划》以及 2012—2020 年国务院、文化部、工信部以及新闻出版总署连续出台的相关政策，都明确提出要扶持数字内容产业发展，为产业发展奠定了良好的外部宏观政治环境。

在经济方面，中国整体经济环境保持稳步增长的态势，2020 年 GDP 达到 1015986 亿元，比上年增长 2.3%②，为数字媒体产业的发展奠定了坚实的基础。持续增长的整体经济发展趋势，推动了数字媒体产业不断发展，尤其是移动媒体和互联网媒体经过十年左右的探索，已经形成较为成熟、具备中国特色的发展模式，为其他领域的数字媒体产业发展提供了可复制、可推广的成功经验。

在技术方面，中国随着数字化进程的持续推进，已经成为全球数字技术领域的领头羊，3G、4G、IPTV 以及 VOIP 等基本实现了广泛使用，虚拟现实、大数据、人工智能、3D 打印、云计算、区块链、5G 等领域也发展迅速，蓬勃发展的数字技术正与传统行业加速融合，促进了数字媒体产业的快速

---

① 报告：预计 2020 年我国数字文化产业产值将达 8 万亿 _ 中国经济网 _ 国家经济门户 [EB/OL]. http://www.ce.cn/culture/gd/201908/05/t20190805_32808319.shtml.

② 中华人民共和国 2020 年国民经济和社会发展统计公报 [EB/OL]. http://www.stats.gov.cn/tjsj/zxfb/202102/t20210227_1814154.html.

发展，并在不断改写中国现有产业格局，重构行业价值链。

在用户规模方面，随着互联网基础设施的不断完善以及数字化战略的深入实施，中国互联网普及率在快速增加，截至 2020 年 6 月，我国网民规模达 9.40 亿，较 2020 年 3 月增长 3625 万，互联网普及率达 67.0%，较 2020 年 3 月提升 2.5 个百分点；我国手机网民规模达 9.32 亿，较 2020 年 3 月增长 3546 万，网民使用手机上网的比例达 99.2%，较 2020 年 3 月基本持平；截至 2020 年 6 月，我国 IPv6 地址数量为 50903 块 /32。[①] 网民规模及手机网民规模的快速增加，为数字影音、网络游戏、网络文学以及移动内容等产业的发展创造了良好的条件。

（四）数字媒体产业初步形成东、中、西三部齐放的产业集群发展格局

从当前数字媒体产业发展状况来看，产业集群效应已经初步显现。2005 年国家为促进数字媒体产业发展，批准北京、上海、成都以及长沙四个地方组建"国家数字媒体产业化基地"，在此基础上，经过 15 年的发展历程，中国已初步形成了东、中、西三部齐放的数字媒体产业集群发展格局。东部地区由于经济发达、资金充足，同时拥有数量众多的高校及科研院所，具备充足的数字技术人才，内容产业集群最为明显，形成了以北京为核心的环渤海数字内容产业集群、以上海为核心的长三角数字内容产业集群以及以广州和深圳为核心的珠三角产业集群；中部地区和西部地区数字媒体产业基地主要集中在经济较为发达的地级以上城市，中部地区形成了以武汉、长沙为核心的数字媒体产业基地，西部地区形成了以重庆、成都、西安为核心的数字媒体产业集群；同时东南沿海地区也形成了以福州、厦门为核心的数字媒体产业基地，东北地区形成了以长春、大连和沈阳为核心的数字媒体产业基地。

---

① 第 46 次《中国互联网络发展状况统计报告》（全文）_ 中共中央网络安全和信息化委员会办公室 [EB/OL]. http://www.cac.gov.cn/2020-09/29/c_1602939918747816.htm.

三、经验借鉴与分析

（一）国内传统媒体融合发展成功案例

1. 技术驱动型：《钱江晚报》

《钱江晚报》连续多年入选"中国 500 最具价值品牌""亚洲品牌 500 强""世界媒体 500 强"。集团自主研发的"媒立方"获得中国新闻科技奖最高奖——王选奖特等奖，支撑融媒体中心建设的"天目云"技术平台得到广泛运用。浙报传媒控股集团有限公司 2017 年至 2019 年连续三年入选"全国文化企业 30 强"，集团总资产、总营收、总盈利能力在国内同行中遥遥领先。浙报集团的融合发展做到了技术驱动下的用户导向这个转型主线，其实践的"新闻＋服务"模式对于增强用户黏性具有突出的效果，取得的成就和转型探索在业界是比较成功的代表，具有示范意义。

（1）基于大数据的智能传播和服务平台

浙报集团首先打造了"媒立方"，运用云计算、大数据等最新技术进行统一采集、多种生成、多元分发，构建新型采编发网络，其全媒体内容管理系统和传播效果监测反馈系统可以针对性地调整传播内容、传播策略，为舆论引导提供有力支持。"媒立方平台"分成三个子系统：内容数据仓库及其应用系统、用户数据仓库及其应用系统和新媒体云服务平台。浙报集团"媒立方"的三个平台，它们分别对应解决内容、用户和连接方面的问题，形成对浙报集团建设现代传播能力的强有力的技术支撑体系。依托云平台集大数据、人工智能与云计算于一体的强大技术支持，"浙江新闻"移动客户端实现了浙江省 11 座城市"新闻＋服务"功能的全覆盖，媒立方平台的建设充分采纳和运用了用户分析和行为挖掘、机器学习、音频视频算法、语音交互等多种媒介新技术，将多端内容生产系统融合为"一体化"的平台。

（2）垂直化、精准化的产品和服务，优质资源整合

在产业倒逼和技术变革的背景下，《钱江晚报》开始进行架构变革，每一个部门都主动从资源积累和互联网时代的市场逻辑中寻找机会。原有的各个部门充分挖掘自己的资源，以行业、相关领域做划分，结合用户的多元化需求，找准用户"痛点"，成立了地产全媒体中心、汽车全媒体中心、

旅游全媒体中心、金融全媒体中心、教育全媒体中心、健康全媒体中心、浙商全媒体中心、体育全媒体中心、文娱全媒体中心、视觉全媒体中心。以微信矩阵实现综合服务，完成整体营销——这是《钱江晚报》转型时提升品牌、谋求发展的一个创新策略。2013 年底，《钱江晚报》将各部门的微信公众号集中，与官方微信号组成"微信矩阵"，且《钱江晚报》在报纸上用一个整版将 26 个微信公众号的 logo 集体亮相，在浙江移动互联网界引起轰动效应。微信公众号内容全方位覆盖，涉及文艺、育、体育、看病、买房、吃喝玩乐，覆盖生活的方方面面。"升学宝""浙江名医馆""杭州吃货"等微信公号极具特色，粉丝数暴涨，用户黏性较强。"178 理财客户端"也是一个服务平台，通过联合银行、保险、私募等专业机构，推出多元化"金融＋"服务，目前拥有 20 万以上实名用户，并成功实现用户变现，通过对会员进行分层，向数据要效益，如今发展成为城市生活服务商。

（3）个性化推荐、智能化互动，增强用户活跃度

浙报集团通过整合、挖掘多终端、多平台用户数据，对 6.6 亿用户行为进行精准分析，形成用户数据库、创新用户管理，为集团采编业务、运营与经营部门提供数据服务。新闻资讯产业所依托的"三圈环流"（核心圈、紧密圈、协同圈）新媒体矩阵以及智慧服务产业养老、医疗等数据库建设，大大扩充了其用户数据，打造了用户集聚平台，也为新业态拓展积蓄了势能。

《钱江晚报》在大数据、人工智能技术方面的应用为用户带来个性化、订制化、精准化的信息。《钱江晚报》将其微博、微信等平台的用户逐渐聚合在"浙江 24 小时"App 平台中来，实现用户的迁移和汇聚。2017 年 8 月，《钱江晚报》App"浙江 24 小时"全新升级，除了保持独创的"一体两面"特色外，新增了个性化推荐以及人机对话的全新功能。在"媒立方"的数据技术和微软提供的人工智能算法推荐技术的支持下，"浙江 24 小时"能够依照用户喜好，推荐适合用户口味的新闻、资讯以及生活方式等。"浙江 24 小时"增设了"本地热点"板块实现无缝隙连接本地新闻和城市生活资讯，用户可以通过选择"本地"，只看自己所在城市的信息，达到快速、全面、实用的要求。将搜索引擎和推荐引擎相结合，实现精准分发也是其优势。目前，"浙江 24 小时"使用多种智能分发方式，更精准地呈现用户，匹配其兴趣、偏好。此外，"浙江 24 小时"中的机器人小冰可以为用户写

诗、智能问答、测颜值等，实现与用户的智能、多维互动，并且有效提升了用户的活跃度。

2. 创新优质融媒产品型：成都商报

《成都商报》创始于 1994 年，曾是西部地区唯一进入全国报业广告收入前十强的报纸。媒体融合进程中，《成都商报》将成功经验向《每日经济新闻》、成都电视台第二频道、成都全搜索网站及《明日·快 1 周》移植，借力纸媒、超越纸媒，与市场、资本接轨，增强传播力和影响力，呈现出显著的集群效应。

（1）内容为王，重视原创新闻

在纸媒进行媒体融合转型的范式转换过程中，有些尝试让媒体转移了视线，失去了纸媒长期以来的优质内容生产的品牌优势，在焦虑和恐慌中失去了媒体的职责担当。

以优质内容生产扩大媒体影响力、传播力，发挥都市报专业化信息生产的独特优势，是《成都商报》探索媒体融合独特路径的基本坚守。《成都商报》扎根成都，以原创新闻为入口，以海量兴趣活动为抓手，配以投诉、求助、政务等刚需，迅速聚集了用户，并获得了资本市场的青睐。《成都商报》发挥其长期以来在深度报道、调查新闻方面的优势，集团并出资 6000 万元扶持深度报道原创新媒体项目，此外，数据新闻、行业报道、专栏文章等成为《成都商报》中的品牌栏目和特色内容。《成都商报》在融合进程中一方面致力于为用户提供有价值的观点和优质的新闻资讯，致力于提升报纸的品牌价值；另一方面布局新媒体传播矩阵，提升优质内容的传播力和影响力。

（2）打造社群聚合平台，突出用户互动服务

《成都商报》在融合转型中深耕区域，其新媒体传播矩阵致力于构建区域性或者本地的社群聚合平台，打造虚拟社区、突出面向不同用户群的互动服务，"四川名医""成都儿童团""买够网"等产品成为垂直领域的互动服务平台，以互动服务实现社群聚合。

《成都商报》客户端以四川本土新闻和成都本地新闻资讯服务为内容定位，打造本地的社群聚合平台。"四川名医"针对用户的医疗需求，提供精准导医、便捷服务，用病友圈连接用户，优化用户的相关医疗服务，

给用户带来了优质的体验，不断打造成四川最大的病友圈。"成都儿童团"为中小学生提供上学和出游、娱乐服务。

3.订制化、综合化媒体服务型：安徽生活网

安徽生活网（www.ahlife.com）成立于2003年底，是安徽综合型生活消费门户社区，是一家致力于媒体传播、资源整合、渠道转化的新媒体营销机构。安徽生活网作为一家综合化城市生活服务平台，在品牌、资金、技术、人才、经营管理等方面的优势是不及都市报的，但由于思想观念、内容生产、传播方式、经营模式的创新，在市场竞争中呈现出创新活力，寻找到适合自身综合条件和特色的转型之路。以精细化、垂直化的城市生活服务、面向政府和企业的订制化、综合化媒体服务、打造互动性的品牌活动和优质原创内容生产树立了品牌的特色，取得了独特的竞争优势，实现了内部资源与客户资源的有效连接。

（1）综合平台＋垂直账号全面布局，构建新媒体集群

2003年，在国内互联网发展初始阶段，公司率先建立PC端门户社区——安徽生活网（www.ahlife.com）；日均独立IP25万，访问量PV约300万。2012年，移动互联网飞速发展，公司成功布局以"合肥全攻略"（微信号：lezaihefei）微信公众平台为首的微信矩阵，综合平台＋垂直账号全面布局的创新思维，成为全省乃至全国首批运营成功的经典案例。"合肥全攻略"两次荣获"安徽最具影响力的微信公众号"称号。2016年3月，公司技术研发团队自主研发的定位于85、90后的个性社交的App——"兜圈子"正式上线，以"兴趣圈子社交互动""本地新鲜事爆料""实用生活攻略查询"为主的精准内容定位，使得"兜圈子"迅速成为年轻、时尚、个性群体追捧的对象，不到3个月，装机量已超2万。

安徽生活网融媒体中心，打造网站、微博、微信矩阵、新闻客户端这些新媒体集群，构建起围绕"合肥全攻略"的系列子公号，重点打造细分市场的新媒体传播矩阵。这些子公号的目标群体，直接锁定相关领域的客户和消费者。

（2）瞄准用户痛点，重点打造精细化、垂直化的城市生活服务

安徽生活网的组织结构每年都在不断地调整、变化，服务于组织目标。在其组织结构中，总编室是基础部门，进行原创内容生产与编辑；品牌中

心是公司的协调部门，对接政务部门和各大企业；新零售事业部负责电商；企划设计中心结合新技术为企业的品牌形象设计服务。安徽生活网开放式的大编辑部中，占主体部门的是业务部门，包括各个垂直频道和各个事业部，瞄准用户痛点、结合用户需求，为年轻家庭提供生活消费指导及交易服务。这些部门的业务划分非常精细，覆盖购物、房产、家居、金融、汽车、餐饮、娱乐、婚庆、亲子、美容等多个领域，一网打尽年轻用户群体的吃喝玩乐购的需求。

安徽生活网融媒体中心，打造网站、微博、微信矩阵、新闻客户端这些新媒体集群，构建起围绕"合肥全攻略"的系列子公号，重点打造细分市场的微信矩阵。这些子公号的目标群体，直接锁定相关领域的客户和消费者，利用媒体的资源整合能力，构建起客户、消费者和媒体的"生态圈"。在新用户群体的开发方面，安徽生活网的洪总编谈到，以后主要面向根据用户需求开发的新群体、"00后"的年轻群体、政府工作人员和有情怀的"60后""70后"群体拓展，从生活细分服务、合肥的历史文化方面寻找切入口，提供面向不同新群体的精细化、垂直化服务。

在内容生产方面，安徽生活网融媒体中心充分考虑用户体验，结合用户阅读习惯的改变，以视频、图文、音频、H5以及VR/AR产品进行优质的原创内容生产，尝试微信、微博等形式进行预热，同时采用网络直播的方式。如合肥市第十二届"春色滨湖"旅游文化节抖音策划，结合年轻人喜欢的娱乐方式，在抖音平台进行传播。2018年安徽生活网出品的"清溢大湖名城，莲香秀美肥西——2018中国·肥西首届荷花文化节暨第三届山南长庄避暑赏荷会"采用短视频、微海报、网络直播等方式立体化传播。2019年8月16日，"合肥全攻略"微文头条发布合肥老照片相关内容，文章点击量仅仅24小时内达到5.8万，全攻略献礼建国70周年微文获合肥市人民政府转发。"合肥这53座历史建筑，在悠悠岁月中站成了永恒！"获得了合肥日报、合肥晚报和合肥市人民政府发布对文内整理的53座历史建筑图片的引用。

（3）打造互动性的品牌主题活动，建立与用户的持久连接

安徽生活网为政府、企业提供的标准化服务包括广告发布、H5开发、手游开发、微信建设开发与运营、系统／平台建设。非标准化服务包括新

媒体传播策划、品牌策划及执行、异业整合营销（强强联合多业态资源）、大型主题活动。安徽生活网为政、企合作客户提供订制化微信开发、运营、规划服务，累计服务客户超过30个，助力合作伙伴赢取微营销时代。目前代运营的微信公众账号覆盖的用户数量达1000多万。服务内容包括年度微信系统开发和维护、微信公众平台内容运营；交互式H5应用技术开发；微信"病毒式"创意营销推广。

安徽生活网的品牌主题活动开展非常频繁，主题活动的类型也很多样，涵盖了体育类（山水毅行、骑行、荧光跑、彩炮、乐行等）、演艺类（才艺表演、演唱会等）、亲子类（DIY类、运动类）、成人类（联谊、运动、美食等）。互联网的核心是用户，安徽生活网活动的设计也围绕着用户需要而展开，强大的线上原创能力和线下活动组织能力，引导粉丝参加活动，线下导入转化成线上力量，建立与用户更为持久的连接。

（二）主要发达国家数字媒体产业发展模式成功经验分析

1.美国数字媒体产业发展模式成功经验分析

（1）美国数字媒体产业发展概况

美国是全球数字媒体产业领域最先起步发展的国家，也是目前全球当之无愧的数字媒体产业"领航者"，在数字内容产业领域全面领跑，已经形成最为成熟且成功的市场体系。美国把版权产业划分为核心版权产业、交叉产业、部分版权产业以及边缘版权产业，而数字媒体产业正是核心版权产业的一部分，其主要是对享有版权的作品再次进行数字化创作、生产及传播。基于此，美国的数字媒体产业主要包含数字电影、数字音乐、数字出版、内容软件、数字电视等领域，其中数字动漫、网络游戏、数字音乐以及网络视频是美国数字媒体产业中发展最为迅速的部分。

①动漫产业发展概况

得益于其强大的电影产业，美国动漫产业始终位居全球领先地位，尤其是在好莱坞电影基地的基础上形成了独具美国特色的发展模式，动画电影成为发展的主流。跟其他类型电影一样，归因于全球领先的数字动漫制作技术，美国动画电影占据全球票房的绝对第一。美国动漫产业的成功除了得益于好莱坞电影基地外，成熟发达的衍生品市场也是其获得巨大收益的重要方式，如《神偷奶爸2》的全球票房虽然低于《钢铁侠3》，但是依靠 DVD、玩具等周边衍生市场，反而使其逆势而上。

②网络游戏产业

根据著名分析机构 NPD 发布的 2020 年和 2021 年的统计数据显示，2020 年 11 月份美国玩家 11 月销售额达 70 亿美元，同比增长 35%，全年消费总额为 445 亿美元，同比增长 22%。[①]2021 年 1 月 PS5 打破了 Wii 自 2009 年 1 月开始保持了 12 年之久的销售纪录，同时 PS5 也是 2021 年 1 月美元销售总额最高的硬件平台；游戏硬件销售额同比增长 144%，达 3.19 亿美元，是自 2011 年 1 月 3.23 亿美元以来最高的月销售额。Switch 是 2021 年 1 月最畅销的硬件平台；自 2010 年 Wii 创下最高销售记录以来，Switch 是单月销量最高的硬件平台；另外，2021 年 1 月美国视频游戏配件的销售额也创下纪录，销售额达到 2.22 亿美元，同比增长 73%；手柄、耳机 / 头戴显示器和方向盘操纵器等分项均创下新销售纪录；配件中最畅销的还是 PS5 的 DualSense 手柄。[②]由此可见，美国游戏产业持续保持增长态势。虽然中国超越美国成为全球第一大游戏产业收入国，但是由于在产业国际竞争力上弱于美国，美国仍然是全球最大的游戏出口国。

③数字音乐产业

随着数字技术的快速发展和用户需求的不断增长，依靠日益壮大的流媒体服务，美国数字音乐产业呈现快速增长态势，2007—2018 年美国始终保持数字音乐领域产业销售规模全球第一的位置。国际唱片业协会（IFPI）报告显示，在 2018 年，流媒体音乐占全球音乐市场营收近一半。2018 年全球数字音乐营收同比增长 21.1%，达到 112 亿美元，首次突破 100 亿美元大关；在这个类别中，流媒体音乐增长了 34%，达到 89 亿美元，而音乐下载同比下降 21.2%；分地域来看，按营收计算，排名前列的音乐市场依次为：

① NPD：2020 年 11 月美国玩家销售额达 70 亿美元 同比增长 35%_ 互联网数据资讯网 –199IT_ 中文互联网数据研究资讯中心 –199IT [EB/OL]. http://www.199it.com/archives/1170345.html.

② NPD：2021 年 1 月月美国游戏市场销售数据 PS5 打破 Wii 在美国 12 年的销售纪录 _ 互联网数据资讯网 –199IT_ 中文互联网数据研究资讯中心 –199IT –[EB/OL]. http://www.199it.com/.archives/1204277.html.

美国、日本、英国、德国、法国、韩国、中国、澳大利亚、加拿大和巴西。①

④网络视频产业

伴随着互联网媒介的升级换代,互联网普及为用户提供了更加便捷和多元的视频使用方式,美国网络视频行业开始兴起并发展壮大,尤其是随着Netflix、Hulu、Amazon Prime、Video,You Tube TV等网络视频服务商以及美国Cord-cutting一族(剪线族)的迅速崛起,美国网络视频产业不管是从市场规模还是从用户规模上都呈现良好的发展态势。在发展格局上,美国网络视频行业呈现"一超多强"的格局。美国现阶段拥有三十多家网络视频平台,主要包括科技巨头、传统电视公司以及传统娱乐巨头等三种类型,整体竞争格局激烈。其中,Netflix是美国网络视频行业中的领头羊,是全球第八大数字内容企业,其市场价值已经超越福克斯,逼近迪士尼和康卡斯特等传统媒体巨头,拥有1.1064亿人的订阅用户规模,75%的上网家庭使用率,40%的网络视频使用时长市场份额。总体而言,美国网络视频产业在发展格局上逐渐呈现"一超多强、强者恒强"的发展趋势,中小型网络视频逐渐退出,Netflix、You Tube、Hulu及Amazon Video等四大网络视频平台强势崛起并占据主导格局。

(2)美国数字媒体产业发展模式成功经验分析

美国作为全球最发达的数字媒体产业强国,各行业领域齐头并进,与其先进的发展模式息息相关。美国数字媒体产业发展模式经验如下。

①以版权保护为核心来推动数字媒体产业发展

版权保护是目前全球数字媒体产业发展的核心问题,一个国家是否重视版权保护问题决定了其能否占据全球数字媒体产业国际竞争力的前沿。美国是全球较早推行版权保护制度的国家,首部版权法于1970年就颁布实施了,此后美国国会根据经济、社会及科技发展需要,对版权法不断进行修订和完善,并于1976年进行了全面修订,最终形成了美国现行版权保护制度的基本法律框架。1976—2000年,美国先后对版权法进行了46次修改,使得版权保护制度更加完善、版权保护领域更加全面。尤其是美国为促进数字内容产业发展、获取数字媒体产业竞争优势,逐渐加强对数字版权领

① IFPI:2019全球音乐市场报告_互联网数据资讯网-199IT_中文互联网数据研究资讯中心-199IT [EB/OL]. http://www.199it.com/archives/857534.html.

域的保护，国会先后颁布实施了多部数字版权保护法律法规，如1980年国会颁布了计算机软件保护法，成为全球首个采用版权制度来促进软件产业发展的国家；同时为适应数字媒体产业发展的需要，加强数字媒体领域知识产权保护，国会先后于1997年和1998年颁布实施了反电子盗版法以及跨世纪数字版权法。

除此之外，美国还积极推进版权保护的国际化进程，从国际层面进一步提升美国的版权保护水平，进而为美国版权产业发展构建起了广泛而有效的保护机制，其最终目的是促使其占领国际文化产业市场。综合而言，版权保护政策是美国数字媒体产业在全球取得竞争优势的核心关键因素，正是凭借着版权保护政策，美国数字媒体产业领域才能产生源源不绝的创新力，进而使得美国才能够在电影、游戏、动漫、音乐等数字媒体领域全面领先。

②以培养全球竞争力数字媒体企业来推动产业发展

产业竞争的主体是企业，一个国家数字媒体企业在全球的格局和地位直接影响到该国数字媒体产业的发展格局、影响到该国数字媒体产业国际竞争力的强弱。美国之所以能在数字媒体产业上取得领先全球的竞争优势，与其努力培养一批在全球具备竞争力的数字媒体企业息息相关。美国自数字媒体产业诞生起就注意对数字媒体企业的培养，截至目前拥有一批在全球拥有国际竞争力的龙头数字媒体企业，如苹果、亚马逊、谷歌等。2018年全球互联网企业市值排行榜前十名企业中，美国拥有7家企业且前5名均是美国企业，同时美国这7家企业的总市场价值达到47849亿美元，占到美国2018年国内生产总值的24%左右；此外美国拥有的Booking Holdings、Sales force、Uber、Airbnb等企业也是全球排名前20的数字媒体企业，这些互联网巨头通过向全球提供有竞争力的数字媒体产品，进而帮助美国逐步占据全球数字媒体市场。总体而言，美国数字媒体产业的发展离不开其数字媒体企业的支持，正因为美国培养了一批在全球具有重大影响力的数字媒体企业，为其产业发展提供了巨大的活力以及创新力，进而使得美国数字媒体产业在全球领先。

③以培养有竞争力的科技人才为核心推动产业发展

人才资源，尤其是高端科技人才是提升数字媒体产业国际竞争力的根本因素，并且它影响和制约着其他资源要素的高效利用。美国数字媒体产业的巨大成功，离不开其对有竞争力的人才的培养，尤其是把培养有竞争力的人才提升到国家战略高度。

二战时期，美国的"曼哈顿工程"计划是科技发展与人才应用的重要里程碑，它依托军方大项目、以国家任务的方式，从全国集中抽调科技人才以及并对资源集中配置，进行科技攻关，并在人才使用上设立配套法律、雇佣职工公平时间委员会、劳工政策委员会以及工程进行人才配套措施，开创了美国人才培养及应用的新模式。二战结束后，美国从"曼哈顿工程"中意识到科技的重要性，在科学技术人才上面美国进一步加强了支持力度，通过成立美国国家科学基金会来开发科学人才以及激励科学研究，这是其人才培养的另一个重要里程碑。

在20世纪90年代至21世纪初的"国际竞争力时期"，美国的科技人才战略基本是依靠私有部门的力量，与世界竞争者在电子、汽车以及科技园等方面展开角逐；同时在这一时期，美国国家科学基金会也通过设立各种项目的方式，提供研究机会给科技人才，并且在这一阶段美国开始进行教育改革，强调就业与人才培养之间的关系，为所有工人提供获取基础和高级技术的机会。进入数字化时代，美国认为竞争的关键在于科学、技术、工程以及数学（简称STEM）人才的竞争，因此唐纳德·特朗普就任美国总统后就瞄准科技发展要求，签订了《总统STEM教育备忘录》，将STEM教育置于国家战略高度。政府每年投入2亿美元支持STEM教育，同时亚马逊、脸书、谷歌、微软等全球排名前5的数字内容企业也积极响应特朗普的人才战略，优先资助计算机科学等数字技术人才的培养发展。综合而言，得益于从二战时期的"曼哈顿工程"计划到特朗普政府的STEM人才战略，美国数字媒体产业发展获得了强有力的人才资源以及智力支持，更是从人才资源层面为数字媒体产业竞争力的提升实现了动态竞争优势。

2.英国数字内容产业发展模式成功经验分析

（1）英国数字内容产业发展概况

英国是全球重要的创意产业大国，尤其是版权的输出量位居全球前三。据英国经济与商业研究中心2019年最新统计显示，由媒体、互联网、电影、广告、音乐等部门构成的创意产业已经超越制造业、发电以及采矿等工业部门，成为英国最大的经济部门。其中，数字媒体产业（数字出版产业、内容软件产业、动漫产业、音乐表演与视觉艺术产业、游戏产业以及广播电视产业）占整个创意产业的份额达到85%以上，已经占据创意产业的绝对主导部分，并成为英国经济增长的新引擎。英国尚未形成数字内容产业的具体分类，目前更多的是把数字内容产业划分在"创意产业"之中，其中发展最突出的是游戏产业、数字音乐产业以及数字出版产业。

①游戏产业

英国目前是仅次于中国、美国、日本、韩国、德国的全球第六大游戏消费市场，据Newzoo2018年统计数据显示[①]，英国游戏产业市值2018年达到45亿英镑，超过英国视频和音乐产业的市值总和（36.7亿英镑）。英国游戏产业发展迅速，已经占据其数字内容市场的半壁江山。游戏产业虽然是英国数字内容产业中最年轻的产业，但是得益于数字技术的高效应用，已经成为英国规模最大的数字内容产业。

（2）数字音乐产业

据国际唱片业协会（IFPI）2019年统计数据显示[②]，英国目前是仅次于美国、日本的全球第三大音乐市场。在英国音乐产业中，数字音乐收入自2012年起开始超越CD光盘的销售收入，2018年Spotify、Amazon Music以及Apple Music运营的订阅音乐流媒体平台已经成为英国唱片业收入的主要来源，与此同时，CD销量在快速下降。从发展趋势来看，以流媒体音乐为代表的数字音乐将会逐渐取代实体音乐市场，成为英国音乐产业发展的主流。

③数字出版产业

英国目前出版产业的数字化转型已经基本完成，是欧洲最为成熟的数字出版市场之一。根据英国出版商协会发布的2018年度出版产业报告[③]，2018年英国电子书相关的销售额达到26.3亿英镑，占整个英国出版业销售总额的43.5%，同比上升3.4%；电子书相关书籍出口总额达到2.6亿英镑，占据整个出版行业出口总额的16%。与此同时，纸质书相关销售额虽然达

① Newzoo公布2018年最新游戏市场统计数据[EB/OL]. https://www.sohu.com/a/243467089_617159.

② IFPI：2019全球音乐市场报告|互联网数据资讯网-199IT_中文互联网数据研究资讯中心-199IT[EB/OL]. http://www.199it.com/archives/857534.html.

③ 最新国际报告|英国出版业2018年发展状况如何？_网易订阅[EB/OL]. https://www.163.com/dy/article/EK7KDTF00512DFEN.html.

到 34.2 亿英镑，占整个英国出版业销售总额的 56.5%，但同比增长却下降 5.3%，已经呈现多年连续下滑态势。从产品结构来看，2014—2018 年，英国有声电子书强势崛起，年销售额增长率达到 193.7%，市场份额从 4% 上升到 11%，已经成为数字出版领域的重要组成部分。未来随着数字技术的持续创新发展，英国传统出版产业的数字化转型程度将会进一步深化，数字出版将会逐渐成为出版行业的主流。

（2）英国数字内容产业发展模式成功经验分析

英国是全球首个界定"创意产业"的国家，同时更是全球首个成功利用国家政策影响力，来促进创意产业（数字媒体产业）快速发展的国家，其在发展中所形成的一系列科学理念、系统政策及具体措施，对中国数字媒体产业的发展有着重要的启示和借鉴之处。

①以强大的政府推进力来推动数字媒体产业发展

英国自 20 世纪 90 年代就开始依靠强大的政府推进力来发展"创意经济"，经过将近 20 年的快速发展，已经成为全球排名第二的创意产品生产国，也是全球重要的数字媒体产品生产国，究其原因，主要包含以下几个反面。首先，英国对政府文化管理部门及时进行整合。英国贯彻"大文化"的发展理念，对文化管理机构进行改革，合并分散的管理职能，从而进一步扩大管理范围，如梅杰政府于 1992 年整合分散的六大文化管理机构，组建了国家文化遗产部；布莱尔政府于 1997 年改名国家文化遗产部，成立了文化、传媒和体育部，并针对创意产业设立了"创意产业工作组"，下设四个专门的创意产业机构，工作组主席由首相亲自担任，分设机构的领导职务分别由文化、传媒和体育部以及贸易和投资部的官员担任，该部门由此成为英国创意产业中最重要、最关键的政府管理部门；卡梅伦政府于 2011 年成立了专门负责协调和知道国家创意产业发展的创意产业委员会。英国通过对文化产业施行集中统一管理，消除发展中政府部门之间的相互牵制，最终推动了整个创意产业的飞速发展。

其次，英国政府对产业进行精确定位且引导得力。英国并未像其他国家一样使用"文化产业"或者"数字内容产业"的概念，而是创新性地提出了"创意产业"的概念，并把包含电影、互动休闲软件、音乐等数字内容产业在内的 13 个行业纳入创意产业的统计范畴，该分类体系也为全球其他国家数字媒体产业的划分提供了借鉴；文化、传媒和体育部于 1998 年及 2001 年分别发布了《创意产业路径文件》，明确了创意产业的发展战略以及政策方向；2005 年和 2000 年又相继出台了《创意经济计划》和《英国创意产业竞争力报告》，为创意产业的发展建立了更加完善的政策框架。这一系列政策文件的出台，虽然隶属于不同英国政府时期，但是其发展思路却秉持着很强的一致性，政府政策对产业的支持逐步细化，为英国整个创意产业的发展指明了方向。

最后，英国政府为推动产业发展积极创造有利环境。英国政府认为创意产业的发展离不开优越的发展环境，因此其在进行政府政策扶持的同时，还积极创造良好的人才以及金融环境。在人才环境建设层面，英国针对创意人才培养拟定了长期且系统的规划，为创意产业的持续发展提供了不竭源泉；产业技能委员会利用高等院校为数字媒体行业开展人才再造工程；利用互联网对公共图书资源进行数字化改造，拓宽普通民众获取资源的渠道；利用旅游目的地举办博览馆以及画廊项目，对利用政府资助资金发展的文化艺术机构指导其进行艺术教育工作，实施创意合作伙伴计划，把英国青少年从小就纳入其中，为后备人才的培养打下坚实基础。在金融环境建设层面，英国于 1993 年实施了国家彩票法案，其目的是利用国家彩票募集专项资金以推动创意产业发展；积极建立基金会以及包含各领域的融资网络，为创意企业解决融资困难问题；以政府融资为基础，引导私人资金流向创意产业，拓宽融资渠道。

②以完善的知识产权保护体系来加快数字内容产业发展

英国近年来始终保持着版权输出大国的地位，2014 年其数字出版行业收入就达到 800 亿英镑，数字出版销售收入增长率达到 32%，数字出版版权输出额上升了 47%；影视行业占据全球 11% 的电影票房，音乐产业占据全球 14% 的市场规模；数字出版、电影、音乐、游戏等数字内容行业占据英国 GDP 的比重达到 5% 以上。英国之所以能在数字内容产业上取得如此成绩，与其建立了完善的知识产权保护体系密不可分。

一方面，英国建立了完善的知识产权保护法律体系。英国是世界上最早通过制定法律开展知识产权保护的国家，自 1623 年就颁布了世界上第一部专利法（《垄断权条例》），1709 年又颁布了世界上首部具有现代意义的著作权法（《安娜女王法令》），这两部法令使得英国由此在全球知识产权保护领域奠定了始祖位置，同时也对以后各国制定知识产权保护法带来重要影响。与此同时，英国通过加入保护知识产权的国际公约（如《保护知识产权的巴黎公约》《专利合作条约》等），也在不断推动全球知识产权保护法律制度的进步与发展。英国知识产权保护经过将近 400 年的发展历程，最终建立了具有英国特色并且较为完善的知识产权法律保护体系，为数字内容产业发展构建了良好的生态环境。

另一方面，英国建立了科学的知识产权管理体系。英国政府为科学管理知识产权，1852 年在颁布实施专利法修正法令的同时设立了英国专利局，并于 1990 年把专利局规定为政府正式机构，隶属于英国贸工部（DIT），共包含有关知识产权管理的六大职能；2007 年为进一步向公众明确专利局的服务职能，英国政府把专利局改名为知识产权局，从而进一步为利用知识产权做好保障。知识产权局既负责申报、审批及批准专利、商标、设计以及版权，又负责打击侵犯知识产权的犯罪行为，同时还负责协调政府决策机构、执法部门以及企业之间的关系，知识产权局实际上来说是一个综合性较强的知识产权保护机构。知识产权局为有效保护知识产权，制定了详细的规划，规定每年要分别发布总结过去和规划未来的年度报告及企业计划，同时在知识产权项目的审批及处理上都设定有明确的程序和度量标准。知识产权局为英国知识产业保护提供了高效的服务，进而也为英国创意产业（数字媒体产业）的发展做出了杰出的贡献。

③以跨界融合为发展理念来促进数字媒体产业发展

数字媒体产业发展的新常态是跨界融合，英国创意产业（数字媒体产业）的成功发展对此观点进行了实践验证。英国创意产业从发展之初就秉承着"文化＋"的跨界融合发展理念，在包含的 13 个分类（其中数字媒体产业占到 7 类）中，几乎每个行业都存在着明显的跨界融合现象。

一方面，英国积极推动"文化＋科技"的跨界融合。以数字媒体产业为核心的英国创意产业之所以能够成长为核心增长极，主要得益于"文化＋科技"的跨界融合。在传统媒体改造方面，开展实施"多媒体革命"，英国政府大力推动传统媒体向数字化转型，给予大量资金扶持 BBC 等国家重要媒体进行数字化转型，促使其成为公共数字内容服务的提供者以及"数字英国"的推动者；积极研究互联网和数字技术对音乐消费、电影制作和销售以及知识产权保障的影响，进而制定相应的产业数字化发展政策；大力推动广播、电影、电视、出版、设计等传统文化产业加速与现代数字技术融合，使其向数字报纸、数字图书馆、数字剧场以及数字教育等方向转型发展。

另一方面，英国积极推动"文化 + 旅游"的跨界融合。虽然英国未能拥有如中国、意大利以及埃及等国丰富的遗产，但是英国却通过"文化 + 旅游"的方式将其文化影响力提升到很高的程度。一是英国通过"创意无限"为主题的文化节积极推动创意产业发展。据统计显示，目前英国大约有 600 个左右的艺术节活动，通过这些文化节激发了普通市民及学生的创意才能，提升了整个英国的文化活力以及多样性，为英国塑造了浓郁的创意氛围。二是英国积极推动"创意产业 + 旅游业"的方式来发展创意产品。英国是目前全球排名第二的音乐产出国以及排名第三的音乐销售国，这主要得益于剧院文化在其中所起的推动作用，英国剧院每年接待外国游客约 300 万人次，依靠票房和创意衍生品为英国增加了 7 亿英镑的收入，也间接推动了音乐产业的迅速发展。

3. 日本数字媒体产业发展模式成功经验分析

（1）日本数字内容产业发展概况

日本是全球数字媒体产业最发达的国家之一，日本数字媒体其划分为影像、音乐、游戏、出版、互联网广告以及手机移动广告、图书报刊等几类。在国家的大力推动下，日本数字媒体产业取得了快速发展，尤其是动漫产业、游戏产业、移动应用产业发展最为迅速。

①动漫产业

被誉为"动漫王国"的日本，其动漫产业的产值超过 2.15 万亿日元，是仅次于汽车、家用电器的第三大支柱产业。日本目前也是全球第一大动漫作品出口国，整个国际市场的 60% 被其所占据，占据欧美市场的 80% 以上，海外销售额约达到 1 万亿日元。同时日本动漫旅游也已形成气候，每年约有 420 万名的海外游客因日本动漫而到日本旅游，显著刺激了日本经济发展。据《动画产业报告 2020》显示，相较于 2018 年，2019 年的日本动画市场总体上涨了 15% 以上；动画电影是增长最快的行业，在 2019 年的总收入为 692 亿日元（约合 41 亿元人民币），是 2018 年收入的 162.4%；2019 年日本上映的动画电影有 91 部，数量上只占了当年总计 689 部上映电影的一成多，但票房收入却占据了当年日本电影总票房收入的 48.7%；在 2018 年，日本动画的网络发行市场首次超过影碟市场，2019 年日本国内的视频点播所带来的视频影像发行营收达到 2770 亿日元（约合人民币 164.3 亿元），较上年度大增 25.9%；日本动画行业 2019 年的海外收为 1 万 2009 亿日元（约合人民币 712.3 亿元），为前年的 119.0%，且包揽了动画电影、电视等各个领域的排行第一。①

日本动漫产业之所以能够取得巨大的成绩，得益于其以漫画为起点，形成了完备的巨大产业链。日本动漫产业呈现动画、漫画、游戏齐头并进的显著特点，在产业链上并未形成如美国一样的上下游垄断模式，而是在细分市场上诞生了更多的"领袖"，基本形成了"大为支柱、中为补充、小为基础"的动漫产业发展格局。

②游戏产业

回顾日本整个游戏产业发展历程来看，日本游戏产业经历了主机游戏的衰落、手机游戏的崛起两大阶段。从 1983 年至今，日本主机游戏经历了萌芽期、诞生期、黄金期、低谷期、复苏期、衰退期，伴随着智能手机的普及，日本从 2008 年全球性金融危机后开始过渡到手游时代，并迅速占据日本游戏市场的中心地位。日本虽然主机游戏和 PC 端游不复往日辉煌，但目前日本仍是仅次于中国和美国的全球第三大游戏市场，2018 年游戏市场收入高达 192 亿美元，占据全球游戏市场规模的 14%，并且全球前十大游戏厂商中日本占据了其中的三个（索尼、任天堂、卡普空）。日本目前形成了世界独树一帜的游戏市场发展格局，形成了以手游市场为主、主机游戏和 PC 端游为辅的发展态势，而中韩则是以 PC 端游为主，欧美则在各细分领域差别甚小。其中，手机游戏占据日本游戏市场的 62%，规模达到 9450 亿日元；主机游戏和 PC 端游分别占据日本游戏市场的 22% 和 16%，规模分别达到

---

① 　重磅|《日本动画产业报告 2020》：全面变革已是大势所趋_【快资讯】[EB/OL]. https://www.360kuai.com/pc/9f41eb24bbeeef96f?cota=4&kuai_so=1&tj_url=so_rec&sign=360_57c3bbd1&refer_scene=so_1.

3440 亿日元和 2420 亿日元。[①] 从发展趋势来看，未来日本主机游戏的市场规模将会进一步缩小，手机游戏将逐渐进入成熟期，整体游戏市场规模将趋于稳定发展态势。

③移动应用产业

日本在全球最发达的经济体中，移动消费的支出位居世界前列，是仅次于美国、中国的全球第三大市场。日本目前互联网渗透率达到 78.8%，安卓手机用户比例达到 60%，且本土手机品牌占据市场大部分份额，这由此导致了日本 App 市场与游戏市场一样形成了较为封闭的格局，形成了以本土移动内容产品为主的市场格局，从畅销 App TOP10 中可以明显反映这一格局，十款 App 产品全部为日本本土产品。工具类及通信类 App 是目前日本移动应用市场的主角，这主要是由于移动办公渐成主流所导致的；视频类 App 活跃度排名第三，主要是因为日本民众通勤时间很多，视频已经成为日本民众最主要的娱乐手段。

（2）日本数字内容产业发展模式成功经验分析

①以阶段化顶层战略来推动数字内容产业发展

日本为推动数字媒体产业发展，从 21 世纪初就开始通过国家力量实施阶段化发展战略，并逐步对战略规划进行深化升级，从而促进了日本数字媒体产业快速发展。

首先，通过"e-Japan 战略"及"u-Japan 战略"推动互联网的普及和应用。2001 年，首相小泉纯一郎改组日本政府并成立 IT 战略本部，同时为推动互联网的普及及应用，政府制定并实施了"e-Japan 战略"。该战略主要侧重于建设超高速互联网、推进电子商务、实现电子政府以及强化人才培养四个方面。基于对该战略目标的有效执行，日本约有 3000 万户及 1000 万户家庭分别享用了高速网络以及超高速网络，网络资费全球最低，互联网普及率和手机等移动端互联网利用率分别达到了 66.8% 和 57%，基本实现了"e-Japan 战略"的目标，信息通信网络基本建成，为数字内容产业的发展奠定了基础。2004 年，日本在"e-Japan 战略"的基础上提出了"u-Japan 战略"，其目标是发展各种应用，提升网络中数字内容的流通，发展重点

---

① 2018 年日本游戏产业专题分析报告 _ 豆丁网 [EB/OL]. https://www.docin.com/p-2233345429.html.

是将影像、音乐、游戏以及图书等内容数字化，为数字媒体产业的发展创造有利环境，最终结果使得日本数字媒体产业从2006年到2010年实现了大幅度增长。

其次，通过"IT新改革战略"推动网络及数字化完全普及。2006—2009年，在"e-Japan战略"目标基本实现的基础上，日本为打造IT网络社会提出了"IT新改革战略"，其目标主要是对日本网络社会的基础进行完善，利用IT的结构改造力量来解决日本存在的多种社会问题，同时向全球发出日本声音并做出贡献。同时由于在此期间日本也经历了全球性金融风暴的影响，为使经济重新焕发发生机和活力，日本在此期间同时实施了"i-Japan战略"，其目标是突破一批核心数字技术，并利用数字技术与信息技术的跨界融合发展以使日本经济焕发活力。通过"e-Japan战略"以及"i-Japan战略"的实施，日本社会很大程度上普及了网络化和数字化，网络通信社会基本形成，极大地促进了数字媒体产业的发展。

最后，通过"新成长战略"推动数字媒体网络新时代的发展。2010—2017年，为实现重振日本经济的目的，先后三次制定了"新成长战略"，2009年和2010年新政权内阁会议两次制定了"新成长战略"，提出了依靠科学、技术以及信息通信立国的发展战略；2013年安倍晋三重新审视日本后制定了卓有成效的新成长战略，即"日本再兴战略"，其目标是让日本成为全球最领先的IT国家。新成长战略的实施，使得日本强化了数字化通信技术，进一步推动了数字媒体产业发展。

②以"走出去"模式来加快数字媒体产业发展

数字媒体产业在日本被定位成"积极振兴的新型产业"，依靠题材的新颖性、成本的低廉化以及制作的快速化，其动漫、游戏等领域在全球占有重要的地位，如日本对美国出口动漫产品的规模是其对美国出口钢铁产品规模的4倍。高度重视国际化发展战略，以"走出去"模式来加快数字媒体产业发展，是日本促进数字媒体产业发展的重要战略。

首先，日本制定了清晰明确的海外战略发展导向。在"u-Japan战略"中日本明确提出数字内容产业战略较其他产业更能带动日本经济发展，并能加深全球对日本文化的尊重与理解，同时也能够提升日本在国际上的地位与形象，因而日本把有关数字媒体产业的预算提升为21亿日元。其次，日本建立了专业化的海外市场拓展平台。2003年日本经贸部就成立了专门化的海外市场拓展平台——数字媒体产业全球策略委员会，其目的是支持日本数字媒体产品成为全球化的产品，该数字媒体协会积极开展数字媒体领域的国际交流计划，并为日本数字媒体产业发展搜集必需的情报。最后，构建完善的海外市场开拓机制。为拓展海外市场，在文化厅及经产省的扶持下，日本建立了"媒体产业国外流通促进机制"，其目标是支持日本数字媒体产业的国际间发展，振兴日本文化产业，确立著作权制度和开展国际间必要的项目合作。

③以强大的"移动技术"来支撑数字媒体产业发展

技术是推动数字媒体产业发展的重要动力，其进步程度是决定一个国家或地区数字媒体产业国际竞争力的重要因素，而日本正是凭借着领先的移动技术获取数字媒体产业发展优势的成功典范。得益于先有移动互联网再有互联网的发展格局，日本拥有位居世界前列的尖端移动技术，是全球首个运营3G网络的国家，创造了全球首个基于手机订制、手机内容平台以及网络服务的生态系统，同时日本在通信网络的覆盖上全球领先，尤其是光线用户渗透率高、移动通信网络覆盖率全球最广，进而推动力移动互联网产业的快速发展，是全球目前最为成熟的移动互联网市场之一。得益于强大的移动通信网络，日本手机音乐、手机阅读、手机游戏以及手机视频等诸多移动服务蓬勃发展，并诞生了一批世界知名的移动互联网企业（如De NA），并在2013年超越美国成为全球第一大移动应用消费国，是韩国移动消费规模的3倍。此外，在移动市场广告领域，日本在2012年之前始终占据着全球第一的位置。

4.韩国数字内容产业发展模式成功经验分析

（1）韩国数字内容产业发展概况

数字媒体产业在韩国是指制造、开发、包装和销售信息产品以及服务的产业，主要划分为出版、广播、电影、音乐、动漫、游戏以及信息服务等领域，目前已超越汽车产业，成为韩国第一大产业。在独特的政府主导型产业发展模式扶持下，韩国数字内容产业发展迅速，尤其是在动漫产业、游戏产业、音乐产业等领域发展最为成熟。

①动漫产业

在动漫产业的发展上，韩国虽然是后起之秀，但是已经成为仅次于日本和美国的亚洲第二大、全球第三大动漫产业大国，占据全球动漫产业市场的比重超过30%。作为韩国的六大支柱产业之一，先后经历了20世纪80年代的以承接日本动画制作为主，20世纪90年代的逐步迈入原创阶段，进入21世纪后通过与网络技术的紧密融合而形成了现在的以数码动画技术为发展重点的动漫产业战略。发展动漫产业已经成为韩国的国家战略，政府通过实施人才培养、广泛宣传、资金投入和知识产权立法保护等措施，为动漫产业的发展创造了优越的环境，据《2019年韩国漫画产业白皮书》显示，2018年韩国漫画产业的销售额达到了11786.13亿韩元（折合人民币约69亿元），同比2017年上升了8.9%。①

韩国动漫产业之所以发展迅速，除了国家的强力政策扶持、推行编辑"终身雇佣制"、积极发展漫画租赁业以及在教科书中采纳漫画内容等多项措施外，还与其自身所形成的特色产业链密不可分。韩国动漫产业链与日本相比在延伸方向上差异较大，韩国以网络为出发点，首先开发出网络游戏，然后推出关联衍生品，并根据游戏角色创作出漫画及动漫片，借助这一特色发展道路，韩国动漫产业迅速崛起，一跃从原先的外来加工国转变成世界第三大动漫大国。

②游戏产业

韩国目前是仅次于中美日的全球第四大游戏市场，从细分市场来看，韩国游戏产业包括PC网络游戏、手机游戏、主机游戏以及网吧游戏等。据韩国内容振兴院发布的《2019年韩国游戏产业白皮书》显示，2019年，韩国移动游戏市场销售额达到了4.23万亿韩元（约合人民币254亿元），同比增长5.2%，其中78.6%的收入来自Google Play；街机游戏方面，同比增加3.1%至1854亿韩元；从2018年下半年开始到2019年上半年，韩国的桌游市场呈现出良好的发展态势，推出的新游戏相比较于2017年也增加了2倍，韩国最大的桌游公司Korea board Games2018年的销售额达到了350亿韩元，销量最好的产品有《HalliGalli》《Rummikub》《DaVinci

① 从平台、内容、用户、IP和盗版，看韩国漫画行业实况_虎嗅网[EB/OL]. https://www.huxiu.com/article/310063.html

Code》；PC 游戏方面，2018 年韩国的端游市场的销售额可以说是极大地受到了《地下城与勇士》在中国的销售额增加，以及《失落的方舟》前期在华宣传的影响，《地下城与勇士》2018 年仅在中国的销售额就同比增长了15%，实现了超过 1 兆韩元的记录。① 从出口区域来看，中、日、美是韩国最主要的游戏出口目的地，其中中国贡献了 1/3 的市场份额，日本贡献了20% 左右的市场、美国贡献了 17% 的市场。

③音乐产业

韩国近年来音乐产业取得了令世界各国瞩目的发展成就，不但在本土表现出色，而且向海外不断扩张，在全球引领起了 K-pop 音乐潮流，成为韩国打造世界文化强国战略的重要组成部分。韩国音乐出口在文化内容产业领域中出口额仅次于游戏、动漫以及知识信息，同时，从文化内容产业销售额增速来看，位居各文化内容领域第一位。另外，韩国数字音乐市场发展也较为成熟，其数字音乐付费率高达 90%，位居全球第一。

韩国音乐产业的成功得益于其对音乐版权的管理，一方面韩国两次对著作权法进行修订和完善，对违法盗版下载音乐进行严厉打击，并解决了数字音乐发展中存在的收费体系以及收入分配问题；另一方面，不断创新音乐版权保护方式，如实施音乐租赁服务，有效减少音乐领域的盗版侵权问题。

（2）韩国数字内容产业发展模式成功经验分析

①以政府主导模式来推动数字内容产业发展

韩国之所以能够在较短时间内一跃成为数字媒体产业强国，除了特殊的历史传统以及文化氛围外，还与其实施的政府主导型产业发展模式有着密切关系。韩国这种发展模式的显著特点是通过政府强有力的干预以及主导作用，积极运用宏观经济计划以及产业政策，并努力发挥市场机制在数字内容资源配置中的作用。

具体而言，一是构建强有力的专门数字媒体产业推进机构。为促进韩国数字媒体产业发展，依据文化产业振兴基本法第 31 条的规定，于 2009

① 韩国文化产业振兴院：2019 年韩国移动游戏市场销售额达 4.23 万亿韩元同比增长 5.2%| 互联网数据资讯网 –199IT_ 中文互联网数据研究资讯中心 –199IT [EB/OL]. http://www.199it.com/archives/1117210.html.

年成立了韩国内容振兴院（KOCCA），隶属于文化观光体育部，并在东京、洛杉矶、伦敦以及北京等地均成立了办事处，其核心业务是支援内容创作、支援海外输出、促进 CT 融合型文化事业发展、培养人才以及设立及运营相关的措施。二是加强对数字媒体产业的资金、技术和政策支持。加大对数字媒体产业的资金支持，构建一系列支持数字媒体产业发展的基金；在技术支持方面，积极促进具备跨界性质的数字媒体产业的发展；积极消除制度性障碍，改革数字媒体产业等级审议制度。三是为企业制定针对性的海外输出战略。为有效促进韩国数字媒体企业占据海外市场，政府根据市场类别、产业领域以及区域差别等标准，为数字媒体企业制定针对性的海外输出战略；积极改善海外市市场环境，努力消除海外数字媒体产业市场存在的障碍。四是努力加强人才培养。成立专门的"文化产业培养委员会"，制定高标准的数字内容产业人才培养计划；在高校设立专门的影视及游戏专业，培养高素质数字媒体产业人才。

②以"文化立国"战略来推动数字媒体产业发展

鉴于资源匮乏现状，为克服 1997 年亚洲金融危机带来的影响，韩国自金大中政府开始连续四届政府实施"文化立国"战略，实现了产业结构的转型、经济的增长及国际地位的提升，并成为世界第五大文化强国，"韩流"更是席卷全球。

第一，金大中政府时期的《内容韩国蓝图 21》（Content Korea Vision 21）。金大中政府于 1998 年指出，高新技术以及文化产业是 21 世纪韩国的立国之本，并于同年正式提出了"文化立国"的战略。2001 年金大中政府为保障数字时代文化内容领域的竞争力，制定了《内容韩国蓝图 21》（Content Korea Vision 21），其目标是让韩国成为 21 世纪的文化大国和知识经济强国，其具体实现路径主要包括调整相关法令和制度以适应数字时代发展的需要、提升文化内容创作力量以构建内容产业发展基础、针对知识经济发展培育专门高端人才、扩大文化内容产品海外市场营销战略等五个方面。

第二，卢武铉政府时期的《C 韩国战略》（C-Korea 2010）。卢武铉政府于 2004—2005 年先后颁布实施了《创意韩国》《新艺术政策》和《C 韩国战略》（C-Korea 2010）等文化内容发展规划，确立了"文化立国"的总体蓝图。其中尤以《C 韩国战略》（C-Korea2010）为代表，它确立了让韩国成为世界第五大文化强国的宏伟目标，其具体实现路径主要包括培育在国际上具备高水平的文化市场、革新文化产业流通结构、提升著作权产业的活跃度并为其发展提供基础、以韩流世界化来推广国家品牌等四个方面。

第三，李明博政府时期的《内容产业振兴基本计划》。李明博政府积极把握数字融合的发展现状，为提升韩国文化产业国际竞争力，2011 年制定了努力让韩国于 2015 年进入全球 5 大内容产业强国的宏伟计划，即《内容产业振兴基本计划》，该计划的战略目标是"体现智慧内容的韩国"，为实现该目标制定了详细的 5 大核心促进战略以及 15 项重点项目。

第四，朴槿惠政府时期的以"韩流"文化创造经济的战略理念。朴槿惠在就任之初就把"文化昌盛"作为其三大治国纲领之一，号召通过创意与技术相结合来创造新的经济增长动力；2013 年朴槿惠再次提出了"创造经济"的执政理念，希望通过广播、游戏、动漫、网络、影视等领域的"韩流"文化来创造新的经济增长点。

综合而言，从金大中政府到朴槿惠政府，在"文化立国"战略上的连续和稳定，利用"举国体制"来推动产业发展，最终实现了文化内容产业的巨大成功。

③以文化产业法制规范来促进数字媒体产业发展

自 1998 年"文化立国"战略被确定以来，就陆续出台了多部相关法律法规来保障文化内容产业的发展，成为"韩流""举国体制"不可或缺的重要架构，为文化内容产业发展创造了良好的环境。尤其是金大中政府于 1999 年颁布的文化产业振兴基本法，是韩国首部文化产业领域的综合性法规，明确了繁荣文化产业的基本方略，为文化产业发展奠定了法制基础；并且自文化产业振兴基本法颁布实施以来，四届政府根据经济社会发展状况，对该项法律不断进行修订和补充，截至目前已经多到三十几次。同时，韩国政府还对《影像振兴基本法》《著作权法》以及《电影振兴法》等多部文化领域的法制法规进行了修改及修订，并推出了《文化产业发展五年计划》以及《21 世纪文化产业的设想》等纲领性政策性文件，为数字媒体产业发展提供了全面的法制依据以及明确的宏观指导，促进了数字媒体产业的快速发展。

第五章　构建基于产品服务与技术创新融合的数字媒体发展运行机制

运行机制是指在人类社会有规律的运动中，影响这种运动的各因素的结构、功能、及其相互关系，以及这些因素产生影响、发挥功能的作用过程和作用原理及其运行方式。运行机制是企业经营过程中的主体机制，而企业运行机制是企业的经营系统、技术创新系统、财务系统等运行过程中各环节内部以及各环节之间本质的内在的相互关联、相互制约的工作方式的总和。本章主要探讨数字媒体发展运行机制中的服务系统、技术创新系统和编辑业务培训系统，目的是推进服务系统与技术创新系统的融合，二者的有机融合是数字媒体产业链与创新链融合的基础。只有做好产品服务和技术创新，才能有效推进产业链与创新链的融合，进而保障数字媒体的可持续发展。

一、构建以用户为中心的数字媒体产品服务体系

在社会经济的飞速发展之下，人们对物质和精神层面的需求不断增高，"从现实的、有生命的个人本身出发"[①]的哲学理念逐渐延伸到设计领域。正如美国设计师普洛斯（Arthur J.Pulos）所说："人们总以为设计有三维：美学、技术和经济，然而，更重要的是第四维：人性。"[②]设计师们纷纷把关注的重点从"物"转向"人"，分析人的需求，重视用户体验。数字化

---

① 中共中央马克思恩格斯列宁斯大林著作编译局编译. 马克思恩格斯全集（第3卷）[M]. 北京：人民出版社，1960：30.

② 转引自张轶. 设计中的第四维——人性——新世纪关于设计人性化的思考 [J]. 艺术百家，2002（04）：108.

媒介最重要特点就是具备交互性。数字媒体产品的受众不再只是单向被动地接收信息，转而更加主动地参与双向互动。数字媒体产品也因受众的参与被赋予新的内涵。正因此，当数字媒体产品创作的发展走向成熟时，其产品也必将是以用户为中心的设计产物。以用户为中心的数字媒体产品服务体系由数字媒体服务主体、服务对象、信息资源、数字媒体平台和服务环境五个要素组成。下面笔者将从这五个层面展开，提出构建以用户为中心的数字媒体产品服务体系的对策和建议，有效提升数字媒体信息服务质量，为用户提供更优质的信息服务。

（一）媒体信息服务的组成要素

1.数字媒体信息服务主体

服务主体是数字媒体信息服务的提供方，是信息服务活动的实施者和主导者。数字媒体信息服务主体是利用数字媒体平台从事信息服务工作的机构、团队或个体。信息服务的开展要建立在充分了解信息用户需求的基础上，通过采集信息资源，挖掘数字媒体特性，采用适宜的方法对信息资源进行加工组织，同时对数字媒体平台进行功能设计与开发，将信息资源在恰当的时间以合理的方式提供给用户。当前数字媒体信息服务主体主要涉及图书馆、科研机构、报刊以及数字媒体公司等。

（1）图书馆

图书馆收藏着大量的文献信息资源，积极地开发、广泛地利用这些文献资源是图书馆的重要职能之一，它也是图书馆承担各种职能的基础。由于当今社会文献的生产数量大、增长快；社会文献的类型复杂、形式多样；文献的时效性强；文献的传播速度加快；文献的内容交叉重复；文献所用语种在扩大，质量下降等特点，使人们普遍感到利用起来十分不容易。图书馆通过对文献信息资源进行加工整理、科学分析综合指引，形成有秩序、有规律、源源不断的信息流，进行更加广泛的交流与传递，使读者更好地利用它们。

图书馆肩负着引领科技发展、提供信息服务的重要职责，不仅拥有海量的文献资源，还为用户提供丰富的科技支持和关怀服务。图书馆作为信息服务的主要机构之一，一直致力于提供前沿和专业的信息、资源以及服务，为用户的学术科研活动和精神文化生活提供了重要的支撑。

作为数字媒体信息服务主体，图书馆具体实现参考咨询服务、学科服务、新书通报与书目导读等服务工作：①参考咨询服务是图书馆员辅助用户使用文献资源或寻求知识方面的工作，图书馆通过数字媒体平台形成分布、协作的参考咨询微群或学科知识库，馆员通过查找文献或网络学科资源，以协助检索、答疑解惑或专题报道等形式向用户提供服务。②学科服务是具有学科背景和图书馆信息服务技能的学科馆员主动嵌入某一学科，负责采集加工与学科相关的信息，构建学科导航系统和学科专题数据库，向该学科用户提供培训和指导等工作，并利用数字媒体平台及时了解其需求和研究动态，发布该学科领域的前沿热点，加强相互之间的沟通与交流。③新书通报服务是帮助用户及时准确地掌握图书馆新入馆藏信息。④书目导读是根据特定用户，围绕某一专业问题指导用户查找和阅读文献资源方法的服务。图书馆利用数据媒体平台进行导读信息推送，邀请专家在线评论，引导用户阅读和讨论。

（2）科研机构

科研机构是从事科学研究活动，实现科技创新和公共利益最大化的社会服务组织。现有的科研机构体系按照研究领域划分，可分为自然科学与技术研究机构以及人文与社会科学研究机构两个类别；按照研究内容划分，可分为基础性研究机构、技术开发型研究机构以及社会公益型研究机构。

科研机构的信息更多的是围绕科学研究过程产生，是伴随科学研究活动积累与沉淀的知识内容，主要以自然资源型、文献型和管理型信息为主，自然资源型信息是科研活动对象本身信息的集合，文献型信息是对科研活动结果信息的汇总，管理型信息收集的是一些对科研进程统计方面的信息以及政策法规。科研机构通过数字媒体平台及时发布最新研究成果以及研究动态，发布的信息除了公开发表的内容之外，还包含科研项目报告、成果转化情况、研究过程记录、研究疑难点的解决方法等内容，尤其是通过实践研究获得的一线信息，能够清晰地反映该研究领域的现状与前沿热点，详细地论述了整个研究流程以及科研技巧等，更具前瞻性、预测性和指导性。科研机构通过数字媒体可以为科研人员提供订制服务，并可以实时互动，增强科研机构与科研人员的交流与合作。此外，科研机构提供信息服务的对象由以往的科研人员和管理人员逐渐向社会大众扩展，对科研感兴趣的用户都可以通过关注该科研机构的数字媒体平台接受科研机构的信息推送或其他服务内容，在提高科研利用率的同时，也使科研机构的信息更加透明、公开。

（3）报纸期刊

报纸期刊的种类丰富，如都市报、行业信息报、学术期刊、休闲杂志，等等。报刊不仅是内容的提供者，还是信息的服务者，在服务意识和技术的推动下，不断拓展服务功能，主要体现在以下方面：①通过对信息的挖掘、整合、加工与分析，全面了解学科或某一领域的研究现状，迅速捕捉学科研究或某一领域的前沿热点，以用户需求为导向，利用数字媒体平台向其提供精准、个性化的信息推送。②主动分析用户的研究方向与研究兴趣，向用户自动推荐优质、核心的文献资料，节省用户信息搜寻的时间成本、提高阅读效率；制订最新的选题策划和指南信息，为用户的信息规划与论证提供参考依据。③作者、编辑和专家通过数字媒体平台进行多向互动、实时交流，形成新型的信息沟通与对话机制，既有助于编辑与专家对作者的信息需求进行实时评价与指导，又能够及时获取与处理用户的反馈意见。④报刊充分利用自身的号召力和专家资源，定期发布相关的视频资料，将数字媒体平台打造为在线信息交流空间和在线学习空间。

（4）数字媒体公司

数字媒体公司是依托数字化技术生产信息产品或提供信息服务的运营机构。随着移动互联网的发展，许多数字媒体公司开始专注于学科信息服务，凭借先进的数字处理技术，吸引了大批用户关注，形成了不可小觑的信息服务力量。

当前数字媒体公司已开发了许多优质的数字媒体服务平台，例如学术领域的"壹学者""学术中国""知深"和"募格学术"等学术微信公众平台。数字媒体公司具备对大量信息资源和数据的集成、处理和智能分析能力，依托一些权威专业的机构或资源中心为其提供信息支持，主要包含以下服务内容：①学科内容服务。数字媒体公司在用户研究的基础上，对海量学科信息进行跨库搜寻与筛选，通过数字媒体平台向用户推送精准的目标知识。②信息交流服务。信息交流服务是指数字媒体公司为用户构建信息交流空间，供用户在某一领域圈子内实时交流，例如分享观点、寻求帮助、开展合作等。③信息分析服务。数字媒体公司从收集的海量结构化、半结构化或异构型的信息中提取有价值信息，对信息之间的内部联系与发展态势进行分析，最后通过平台将结果呈现给用户。

2.数字媒体信息服务对象

服务对象是数字媒体信息服务的接受方，也称为信息用户，是信息服务的接受者。数字媒体信息服务对象是指具有信息需求，希望接受数字媒体信息服务的一切社会成员。数字媒体信息服务过程中，就用户的信息行为而言，主要呈现以下特点：①即时主动。利用碎片化的时间，通过移动终端设备接入互联网浏览、发布、分享碎片化信息和知识已成为用户在移动时代重要的行为特征，用户不再是被动地接收信息，而是主动"拉取信息"，即时的信息获取、信息发布和信息传递更加符合用户行为偏好。②最小努力原则。用户倾向于花费最小的努力和代价获取最大的回报，希望通过各种方式降低信息活动耗费的金钱、时间和精力成本。③用户惯性。用户每天打开的应用或平台相对固定，形成一种路径依赖，倾向于通过自己的行为惯性降低获取信息的成本，其原因在于一个新的、不了解的对象会消耗用户更多的时间和精力；用户的关系网络也是用户惯性的一部分，用户习惯于浏览、关注自己相关圈子内部成员的动态,掌握当前的研究动向。④从众行为。用户作为社会和相关圈子的一员，其信息行为或多或少会受到社会成员，尤其是圈内同伴的影响，例如他人关注的微信公众号、转发或评论的文章、讨论的话题、搜索的关键词，等等，都会对用户下一步的信息行为产生影响。

就用户的心理和意识而言，随着主体意识逐渐增强，在接受数字媒体信息服务时，用户不但关注信息服务的质量与效果，而且注重整个服务过程中的心理感受，对彰显自我价值的欲望更加强烈，既希望享受数字媒体面向大众提供的服务内容，又期待专属的个性化服务。数字媒体平台不仅是信息服务平台，还是用户展示自我、塑造形象的舞台，为用户表达思想、结识同伴、赢得社会承认提供了一个便捷的途径。用户在接受数字媒体信息服务过程中，更多体现的是精神驱动的心理倾向，逐渐融入了个人的情感和理想抱负，对数字媒体以及形成的圈子，逐渐由简单的内容认同、专业认同转变为价值观的认同。

3.数字媒体信息资源

信息资源是开展数字媒体信息服务工作的基础，用于满足用户信息需求和辅助用户活动。在信息形态方面，传统的信息资源一般篇幅较长，对系统性、完整性以及逻辑性要求较高，而数字媒体中的信息资源在信息形态和知识力度上更加碎片化，一般平台为了适应移动终端特性和提高信息传播效率，会限制用户生成内容的文字字符、图片数量、视频时长等。在思想观点方面，数字媒体信息资源更具前沿化和创新性。信息服务主体将最新的热点问题经过整理加工后，以较快的速度发布至数字媒体平台，推送的资源并非是资料的简单复制，通常是截取关键部分再添加专业人员的认识和点评，最终呈现给用户的是资源的精华部分。此外，用户利用数字媒体能够随时记录灵感，信息内容可能是对某一观点或问题的思考，原创性和创新性较强。在话题领域方面，数字媒体中所讨论的议题一般围绕前沿理论的科学性、研发成果的应用性或者研究结论的正确性等，在叙事方式和议程设置上更加凸显社会性和实用性。越贴近用户现实生活和越具争议的话题越易引发用户的关注与讨论，对用户解决活动中面临的现实问题帮助越大。

数字媒体信息资源的呈现形式丰富多样，可以以文字、图表、图片、视频和超链接等多种媒体形式的一种或多种的组合形式表达信息，不同类型的信息形式在内容生成难度、传输效率、信息容量、资金花费等方面兼具优势与不足：①文字在内容表述上较为准确，内容生成快捷，容易修改，便于传输，但不利于用户在移动环境下长时间阅读，在吸引用户注意方面有所欠缺；②图片和图表形象直观，有助于聚焦用户注意力，但对信息细节描述上稍显不足，容易导致用户理解上的偏差；③语音和视频突破原有文字信息交流的障碍，具有较强的临场感，容易被用户吸收，但制作成本高，占用空间大，影响传输速度；④超链接的可扩展性较强，但页面跳转会阻碍用户思维的连续性。因此，数字媒体信息资源的形式选择方面需要充分考虑用户需求和信息内容特性，权衡各种形式的利弊，选择最优的组合方式呈现与传递。

4. 数字媒体平台

数字媒体平台集资源存储、资源获取、资源共享、实时互动等功能于一体，是数字媒体信息服务得以实现的基础和保障。根据用户参与的广泛性和信息传播影响力，本书将微博、微信公众平台、虚拟社区 App 作为数字媒体的典型应用平台进行研究。不同类型的数字媒体平台在信息服务方面既存在共性相通之处，又各具特色，在服务功能设计、推送的信息内容、采用的技术手段以及拥有的用户群体方面各有侧重，发挥着不同的信息功效。

（1）微博

微博发布内容的形式主要包含普通微博和长微博两种类型，普通微博发布的信息内容限制在 140 字符以内，支持文本、图片、表情、视频、音频、链接、表情等，内容简短精练，传播快速便捷，但内容字数限制较为严格，内容丰富度和全面性方面较弱。长微博是通过图片发布文字信息的一种形式，当前多数微博平台都支持长微博功能，主要的作用是突破 140 字符的限制，扩展了信息内容，还可以通过附带相应文字版本的链接，演变为博客和长文章的入口，但一定程度上削减了内容传递速度。数字媒体信息服务主体可根据内容需要选择发布的博文形式。

微博主要通过跟随机制、传播机制、搜索机制和话题机制维持平台的正常运行，用户之间通过关注、收藏、转发、回复、评论、点赞等功能建立连接关系。①跟随机制。用户根据信息需求和兴趣爱好主动筛选服务主体，通过关注功能与服务主体产生关联，加关注后服务主体的信息动态会自动出现在用户首页，这称之为跟随机制。用户通过"关注"或"取消关注"实现对信息的筛选，建立信息关系网络。②传播机制。转发功能可以实现信息的迅速传播，用户通过转发功能实现更广范围的信息共享，以裂变的形式实现信息 N 级传播。用户可以对浏览的信息内容进行评论、回复、收藏或点赞等信息行为，实现信息的转移、共享与增值。③搜索机制。用户可以通过检索服务主体的昵称、关键词或话题寻找目标信息，搜索机制便于用户快速地找到感兴趣的信息。④话题机制。服务主体可以通过微博组织话题讨论，将发布的话题以"#"号做标记，例如"# 服务与咨询 #"，代表一个话题的产生，对此话题感兴趣的用户可以参与，发表意见和看法，随着话题的关注、转发和评论数量不断增多，话题信息得到丰富和扩散。

（2）微信公众平台

微信公众号包括三种类型：订阅号、服务号和企业号，其中企业号一般是用于企业内部员工信息交流和业务处理等目的，订阅号主要是提供信息服务，侧重于信息推送和信息查询，服务号主要是向用户提供信息服务和功能服务。订阅号和服务号在推送频次、提醒方式、显示形式、菜单订制、高级接口等方面有所区别。订阅号信息推送的频率1条/天，提醒方式为订阅号文件夹标红的间接提醒，统一折叠在订阅号文件夹中显示，经过认证的订阅号可以获得自定义菜单，主要体现平台的资讯属性；服务号信息推送的频率是4条/月，更新消息时直接在用户的通知栏或状态栏提醒，并在信息列表中置顶显示，支持自定义菜单设置，提供九大高级接口，例如语音识别、获取用户基本信息接口、客服服务、生成二维码等接口，强调平台的服务和应用属性。数字媒体信息服务主体在掌握订阅号和服务号基本特性的基础上，根据主体自身的服务定位、服务能力和服务精力，选择采用的账号类型。

微信公众平台将用户、资源和平台三者有效融合，主要提供以下服务方式：①主动推送。用户通过关键词搜索、扫描二维码等方式关注微信公众号，即可接受平台的信息推送服务。服务主体推送的信息内容通常采用文字或图文组合的信息形式，采用合理的推送频率，过多的推送次数会导致用户的厌烦情绪，过少的发布量不宜吸引用户持续关注。②自助查询。微信公众平台利用自定义菜单为用户提供自助查询服务，用户根据菜单功能搜寻所需信息。微信公众平台一般设置三个一级菜单和多个二级菜单，丰富信息服务功能的同时，增强了信息内容的层次性和信息量。③交互服务。微信公众平台主要采用人工回复、关键词回复及二者结合的形式来实现交互式信息服务。人工回复是指用户以文字或语音的形式输入提问的问题，服务主体安排专业的服务人员及时对用户的问题给予回答；关键词回复是服务主体针对用户查询和提问次数较多的问题，经过整合加工后构建关键词数据库，用户通过发送关键词，系统实现自动回复。④跨平台服务。部分信息服务主体在服务能力允许的情况下，同时通过多种平台开展信息服务，提升服务的多样性和全面性。在微信公众平台的菜单栏中会设置相应的微博或门户网站链接的子菜单，用户可以通过微信公众平台跳转到微博或 App 等界面，实现跨平台服务。

（3）虚拟社区 App

虚拟社区 App 围绕用户信息发布、信息共享和信息交流等活动开展信息服务，主要包含以下服务方式：①资源服务。资源服务包含资源推送服务和资源筛选服务。虚拟社区 App 资源推送服务主要是指服务主体通过服务团队或邀请专家为用户推送最新的专业资讯以及针对专业领域问题的解决方案等内容，其中许多信息资源都是科研机构或专业领域的内部资料，例如实验报告、调研数据或会议资料等，供用户下载或参考。资源筛选服务是从海量信息中筛选出有价值的学术资源的服务。服务主体定期组织学术资源推荐活动，征集信息用户贡献学术资源，然后邀请相关领域专家进行筛选与评价，择出最优资源，最后经过服务主体整理并呈现，供社区用户共同学习。②管理服务。管理服务包括对功能模块的管理、对信息内容和信息活动的管理以及对用户权限的管理。功能管理方面，服务主体按照文章主题和内容类型划分不同的功能版块，同时开发适用于移动终端的服务功能，例如"小木虫"App 增添了"木虫课堂""论坛主题推荐""最新消息弹出提醒"等功能。对信息内容的管理，既包括过滤不良内容和筛选优质内容，也包含制定信息质量的控制机制，例如评选"热门贴""推荐贴"和"精华帖"，进行首页置顶或突出标记，延长互动交流的时间与热度。对信息活动的管理是对用户信息发布和互动交流过程的监督和管理，保障信息活动的顺利运行。对用户权限的管理，主要指服务主体根据用户的参与时间、贡献水平或互动程度等指标划分用户等级，赋予不同权限，有效地管控平台内部资源流向和服务活动进程。③自助服务。学术虚拟社区 App 为用户赋予多项自主使用的权利，例如用户可以通过注册获取个人信息空间，自主管理空间发布的内容和功能；用户可以通过服务主体提供的检索工具搜寻感兴趣的资源；求助功能是专门为用户提供咨询和帮助的服务，用户提出问题，平台中的其他用户或服务团队自发地为用户答疑解惑；互动交流是指用户可以主动发起话题讨论，也可以针对其他用户的问题进行回复与评论，通过互动交流提升自我的技术水平。

5.数字媒体信息服务环境

数字媒体信息服务是基于一定环境开展与组织的，服务环境特性及其变化会对数字媒体信息服务产生影响，制约服务的活动方式、内容选择以及组织机制，同时服务产生的价值与效益又会反作用于服务环境，二者相互影响、相互作用。数字媒体信息服务过程受到用户需求与信息行为变化、信息资源载体演化、信息技术发展、政策法规颁布、社会经济水平和科技文化水平增长等诸多环境因素的共同作用，主要表现为用户环境、技术环境及社会环境等三个维度。

（1）用户环境

用户作为数字媒体信息服务的对象和信息消费者，处于服务系统的核心地位，用户的基本特征和需求对信息服务的内容、模式以及资源组织的方式具有重要影响。探究数字媒体信息服务环境首先要从用户出发，将用户整体的属性特征看作是服务环境的一部分。用户环境是信息用户的需求、心理以及信息行为等方面集成的结果，反映当前用户所具有的共同特征。服务主体通过获取用户数据，从用户群体类型、用户共性需求以及信息行为的变化规律入手，探究用户环境的表现特征与发展动向。移动互联网环境下，用户的信息需求、信息素养、信息意识、获取信息的方式与使用习惯等呈现诸多典型特征，从当前用户信息获取和信息分享行为上看，充分利用碎片化时间获取与分享碎片化信息已成为用户的重要行为特征，信息组织管理、信息评价和信息利用等信息素养不断适应移动新媒体时代的要求，用户的信息意识方面更加体现主动性和协作性。

（2）技术环境

信息技术作为数字媒体平台设计、开发与维护和学术信息资源采集、组织与传递的基础，共同构成数字媒体技术环境。柯平教授在《信息管理概论》一书中曾预言信息技术将呈现信息传输的无线化、信息显示的可视化、信息资源的知识化、信息系统的微型化、信息服务的个性化和信息用户的社会化等趋势[①]，而当前信息技术环境也在遵循这样的规律发展。数字媒体依托移动通信技术、互联网技术、智能移动终端技术，通过平台开发技术、信息资源组织与管理技术和个性化推送技术开展信息服务。从系统的角度可将信息技术分为信息系统平台技术、信息资源组织与管理、信息安全技

---

① 柯平，高洁. 信息管理概论 [M]. 北京：科学出版社，2007.

术等三个层面，例如 RSS 技术、数据挖掘技术、信息过滤技术、情境感知技术、信息推送技术等。

（3）社会环境

数字媒体信息服务受到经济发展水平、文化环境、国家的方针政策和法律法规、行业的管理制度、机构的规章制度等社会环境因素的制约。其中经济发展水平表现在信息化基础设施、资金投入等方面，对数字媒体信息服务影响较大；文化环境是在历史进程中逐渐形成的社会结构、风俗习惯、信仰价值、行为规范、生活方式及文化传统等，具有鲜明的时代特征，文化环境对信息用户的行为模式和需求欲望方面影响较为明显；政策法规是规范数字媒体参与主体的信息行为、保障信息服务工作顺利开展的基本准则，国家出台的相关政策对信息服务的发展具有重要指导作用，一方面丰富了信息传播和信息交流的渠道，推动专业发展和技术创新，另一方面也推动了数字媒体信息服务的开展，为其服务活动指引方向。

（二）数字媒体信息服务各组成要素的内在关系

数字媒体信息服务由信息服务主体、信息用户、信息资源、学术新媒体平台和服务环境等要素组成，要素之间相互影响、相互作用，通过相互交织的关系网络形成一个有机整体。只有各组成要素协调统一、和谐发展，才能保证数字媒体信息服务的正常运行。在整个关系网络中，信息服务主体、信息用户和学术新媒体平台发挥着关键性的作用，一方面，信息服务主体和信息用户作为信息人，具有主观能动性，可以认识与改造系统中的其他因子；另一方面，数字媒体平台作为连接信息、信息用户和服务主体的桥梁，为人机交互、资源交互和人际交互提供空间。为了更清晰地描述各要素之间的关系，笔者分别以服务主体、信息用户和数字媒体平台为中心进行详细论述。

1. 以信息服务主体为中心的相互作用关系

信息服务主体作为数字媒体信息服务的提供者，在整个信息服务系统中发挥至关重要的作用，与系统中的其他要素密切联系，形成了以信息服务主体为中心的作用关系。信息服务主体作为数字媒体信息服务系统的中心节点，将信息用户、信息资源、数字媒体平台和信息服务环境联结在一起，信息服务主体既充分发挥主观能动性，改造其他组成要素，又受到其他组成要素的影响。

（1）服务主体与信息用户的相互作用

数字媒体信息服务活动的开展，除了依赖信息服务主体之外，还需存在接受信息服务的用户，才能够形成一个基本的服务循环链路。数字媒体信息服务主体通过采用一定的技术手段和服务策略主动向用户推送优质的信息内容，用户作为被服务的对象，在自身需求、动机的驱动作用下参与数字媒体信息活动，接受服务主体提供的信息服务。用户需求对信息服务主体的服务内容具有导向作用，服务主体通过用户的需求表达获取其显性需求，通过调研的方式挖掘用户的潜在需求，以此为依据为用户提供满足需求的服务内容。在整个信息服务过程中，服务主体以用户满意为衡量服务的标准，根据用户反馈的意见不断改进服务质量。

（2）服务主体与信息资源的相互作用

"内容建设"一直以来都是信息服务工作的核心，数字媒体信息服务主体需要决定发布信息的信息类型、主题思想和信息形式，只有对国内外相关领域动态保持敏锐的洞察力，具备对海量信息的筛选、甄别与处理能力，运用合适的技术方法采集、加工与组织信息资源，才能为用户推送高质量的服务内容。同时，数字媒体信息资源的质量作为衡量服务水平的重要指标，直接反映了服务主体的知识储备量的大小和学术能力的高低，而且服务主体在加工处理信息资源的过程也是不断优化自身知识结构的过程。

（3）服务主体与数字媒体平台的相互作用

信息服务主体通过数字媒体平台开展信息服务，服务主体以自身的服务特色与服务目标为出发点，在衡量不同平台的功能特性以及优劣性的基础上，开发或选取适宜的数字媒体平台作为服务载体。虚拟社区 App 一般由专业的服务团队开发，微信公众平台和微博是服务主体在已有平台的基础上进行的二次开发设计。数字媒体平台无论是设计开发阶段，还是后期的运营维护阶段，都离不开服务主体，数字媒体平台能否产生较大的领域影响、社会效益和经济效益，也需依赖于服务主体的媒体运营思维和运营手段。数字媒体平台除了为服务主体提供工具支持之外，其平台特性也是影响服务主体决策的重要因素，平台功能反映了服务主体的服务理念和服务水平。

（4）服务主体与服务环境的相互作用

数字媒体信息服务主体与服务环境相互影响，服务主体实时观察服务环境，随服务环境的变化及时调整服务策略，以求更好地适应环境。服务环境的变化会影响服务主体的服务意识和服务方式，制约服务主体的服务范围和权限。服务环境作为服务主体的行动指南，不断规范与协调服务主体的信息行为，推动服务主体不断改进，例如新政策法规的颁布会影响服务主体的服务方向和着力点，信息技术的变革会影响服务主体的服务方式和手段。

2. 以信息用户为中心的相互作用关系

信息用户作为数字媒体信息服务的出发点和归宿，处于服务系统的核心地位，形成了以信息用户为中心的作用关系。信息用户作为数字媒体信息服务系统的中心节点，被服务主体、信息资源、数字媒体平台和服务环境紧紧环绕，用户需求是信息服务开展的主要动力，信息用户主动寻求与选择服务系统中的其他要素，并与之进行交互，同时用户的需求、心理和信息行为也会受到其他要素的影响。

（1）信息用户与信息资源的相互作用

信息用户寻求数字媒体信息服务的主要目的是为了获取信息资源，期待以最小的成本和最高的效率得到最需要的信息内容。用户通过对信息资源的搜寻、加工、利用与评价实现信息资源的流转与创新；通过用户间的传递与利用才能最大程度地发挥信息资源的效用，实现信息增值。数字媒体信息资源与用户的知识背景、知识结构、认知能力的匹配程度直接影响用户的吸收利用效果，用户通过持续获取信息资源来满足日益增长的信息需求、完善自身的知识结构和提升相关能力。

（2）信息用户与数字媒体平台的相互作用

信息用户通过与数字媒体平台交互来感知数字媒体信息服务的质量，用户在交互过程中的用户体验直接影响其信息行为和对服务效果的感知，例如平台界面的美观性、导航的清晰性和交互的流畅性都是影响用户心理感受的重要因素。数字媒体平台作为技术工具支撑着用户与信息资源、用户与用户之间的信息互动，为用户的相关活动提供功能支持，为用户的信息交流构建自由的活动空间，是用户感知数字媒体信息服务的窗口。

（3）信息用户与服务环境的相互作用

信息用户在复杂的信息环境中进行信息活动，同时通过自身的信息行为改造着服务环境。用户群体特性构成了数字媒体信息服务环境中的用户环境维度，用户需求是催生与变革信息技术的主要动因，影响着服务环境中信息技术环境维度的变化；政策法规、管理制度的制定要充分倾听用户的心声，顺应用户的基本意愿和想法。服务环境作为用户需求和参与动机产生的外部诱因，影响着用户的使用意愿和参与行为。

3. 以数字媒体平台为中心的相互作用关系

数字媒体平台作为开展数字媒体信息服务的媒介工具，是连接服务主体、信息用户和资源功能的桥梁，形成了以数字媒体平台为中心的作用关系。数字媒体平台作为数字媒体信息服务系统的中心节点，与服务主体、信息用户、信息资源和服务环境进行交互，为系统各要素提供交互空间。

（1）数字媒体平台与信息资源的相互作用

数字媒体平台承载着不同类型和不同组织形式的信息资源，是信息资源的储备库。数字媒体平台特性在一定程度上决定着信息资源的信息形态、信息大小和推送频率，例如微博平台限制发布的字符数，微信公众平台限制信息推送的次数。信息资源由服务主体发布在数字媒体平台上呈现给用户，在数字媒体平台内部流转与增值，信息资源的质量和学术价值是决定数字媒体平台用户规模和竞争能力的关键因素。

（2）数字媒体平台与服务环境的相互作用

数字媒体平台的运营情况，例如数量、受众面和社会影响力等，是在复杂环境下同其他平台竞争的结果。数字媒体信息服务是在外部环境刺激下催生的新型信息服务方式，是顺应环境发展的产物，作为资讯、交流、成果分享以及创新等功能的集合体，数字媒体平台在促进知识共享和知识创新方面的作用日益凸显，产生的影响力和社会效益影响着相关领域和整个服务环境。服务环境也决定着数字媒体平台的生存状态，即适者生存法则，在社会发展过程中，无法适应环境的数字媒体平台会在竞争中淘汰，顺应环境的平台才得以持续发展。

（三）构建以用户为中心的数字媒体产品服务体系的策略

1.数字媒体信息服务主体层面

（1）增强面向用户的信息服务意识

面向用户是信息服务发展的核心内容和客观规律，尤其在用户主体地位突显和数字媒体平台竞争日益激烈的情境下，如何为用户提供优质的信息资源和令人满意的服务内容，吸引用户使用、维持用户活跃度、避免用户流失，成为信息服务关注的重要问题。数字媒体信息服务要不断深化面向用户的服务理念，从用户期望、用户体验到用户感知评价等各个层面挖掘用户规律，进而有效地把握服务的内容和方向。用户期望是中心度最大的因素，作为数字媒体信息服务的关键因素之一，服务主体需要采取问卷调查或深度访谈等形式真正了解用户的目标与期望，探寻影响用户满意度和期望的因素，以求服务达到用户的期望值；服务主体除了关注服务效果之外，还要注重用户使用数字媒体过程中建立的主观心理感受，包括感官、认知、交互、情感等多维度的用户体验。其中情感体验和社会及自我实现体验所占比重日益增加，服务主体在提供丰富的信息资源的同时，还要促进用户与平台、用户与用户之间的交互，增进用户的情感交流，提高用户对数字媒体的满意度和忠诚度。此外，用户感知服务质量的好坏能够有效地反映数字媒体当前的信息服务水平，服务主体要重视用户对数字媒体信息服务质量的感知评价，例如数字媒体信息服务的有形性、可靠性、响应性、友好性、学术信息质量、效益性等方面，以此作为改善服务质量的重要方向和依据。

（2）洞察与满足数字媒体用户的多层次需求

通过对用户需求的分析，明确了数字媒体用户需求的类型和动态演化机制。数字媒体用户具有多种类型的需求，是在认知需求、感官需求、交互需求、情感需求、社会及自我实现需求的共同驱动作用下产生信息的发布、获取、分享与交流等信息行为，并随着用户对数字媒体的使用与介入程度的加深，用户与数字媒体平台、用户与平台内其他用户之间的交互不断递进，用户需求得到不断满足，其需求类型、需求状态以及需求强度不断发生变化。在数字媒体信息服务开展前，要进行充分的需求采集和需求分析等准备工作，通过问卷调查、用户访谈、数据分析和可用性测试等方法对不同用户群体的需求进行采集，并依据数字媒体用户需求层次作为基本框架，对调研的需求进行整理和分析，形成指导后续服务的用户需求模型。除了需要在服务前进行用户需求分析外，还要注重在用户使用数字媒体过程中不断挖掘用户的潜在需求，充分利用数字媒体特性，在保障用户基本型和期望型需求满足的基础上，开发更多的功能以满足用户的兴奋型需求，令用户感到惊喜和满意。此外，通过对用户的信息行为进行跟踪分析，及时发现与掌握用户需求的变化，适时地做出服务策略的调整。

（3）全面提升自身的信息服务素质和能力

数字媒体作为新型的信息服务平台，吸引着大众的关注和使用，数字媒体若要实现可持续发展，服务主体就必须在明确自身定位的前提下，全面提升自身的信息服务能力。数字媒体为用户提供信息服务，实现信息的生产、传播以及互动交流，目的是促进信息传播和知识技能创新。数字媒体信息服务主体要形成专业的服务团队，团队内部涉及负责信息采集与发布、与用户沟通对话、接收用户反馈意见、管理运营数字媒体平台等各个方面的服务人员，并做到合理分工与协同合作。在信息采集与发布方面，服务主体要主动了解和掌握专业领域研究动态，发现最新的研究动向和研究成果，以及尚未被挖掘但又颇具价值的问题，要具有宽广的学科视域、敏锐的洞察力和判断力；负责沟通联络的服务人员要充分利用数字媒体平台及时、主动地与用户进行沟通，掌握用户的需求变化，对用户提出的问题或反馈意见要以最短的时间给予认真回复；管理运营数字媒体平台的服务人员要加强运营能力，例如创新运营理念，推出 VIP 会员制度，丰富资源供给方式，实时监控平台中的信息活动以及用户的信息行为，根据信息资源的传递共享、用户的信息互动程度和服务效果优劣情况及时调整服务方案。

（4）加大数字媒体的宣传力度

数字媒体作为信息传播与交流的新渠道，虽发展态势迅猛，但某一领域的数字媒体平时关注度并不高，例如学术微信公众号的注册量呈几何级数增长，但相较于其他类型的新媒体，用户群体数量以及关注度较少，除了少数的学术新媒体平台用户活跃度较高之外，大部分学术媒体信息的阅读量、转发数和评论数不高。例如在清博指数平台中，微信和微博榜单中，排名靠前的位置鲜有学术新媒体平台出现。因此，信息服务主体需要加大自身的数字媒体平台的宣传力度，让公众知晓该数字媒体的功能和作用，进而增加公众对该媒体的认知度和关注度，数字媒体信息服务主体可以通过网站、微群、QQ 群或朋友圈等多种渠道发布与之相关的信息，便于用户获取和快速了解，例如当用户通过微信朋友圈分享一则数字媒体信息时，该用户的朋友可以通过扫一扫或长按页面中的二维码实现数字媒体平台的快速关注。此外，相关的机构或政府相关部门要正视数字媒体对信息发展的重要作用，筛选优质的数字媒体平台，采用线上和线下相结合的方式进行宣传和推广。

2. 数字媒体信息用户层面

（1）有效促进数字媒体用户的参与和互动

数字媒体信息服务离不开信息用户的参与，用户规模与活跃程度对信息服务的效率和效果具有至关重要的作用。吸引用户广泛参与，延长用户参与时间，提高用户互动程度是促进数字媒体持续发展的重要保证。数字媒体要采取一定的激励措施，构建物质激励和精神激励、长期激励和短期激励相结合的激励机制，提高成员的参与度和信任度。物质激励方面试图降低用户获取资源的金钱成本，例如在"小木虫"App 中丰富物质奖励的方法：通过签到领红包、回帖、资源共享、提供微话题等途径获取论坛金币；精神激励方面重视提升用户的威望和地位，例如在"经管之家"App 中构建学术质量评价机制，以用户参与度、发帖质量作为评价对象，根据评价结果对成员的声誉、认同度方面给予荣誉奖励。短期激励针对用户单次信息活动实施，长期激励侧重于对用户阶段性信息活动的累计评价，例如通过动态测评用户在不同阶段的表现，建立一种滚动型评价激励机制，有效促进用户持续参与和互动。

（2）培养数字媒体情境下的用户信息素养

数字媒体信息服务的开展除了依赖于服务主体的服务能力，还与数字媒体用户息息相关。用户的信息素养是影响学数字媒体信息服务质量的关键因素。数字媒体信息服务依赖于用户的感知、吸收和利用能力，用户的信息素养能否适应数字媒体环境的要求，已成为影响用户感知数字媒体信息服务质量的重要因素。在信息生成方面，用户通过数字媒体平台自由地发表观点，这就需要用户具备较高的信息表达能力，增强信息的可读性和传播性；在信息消费方面，用户在思想上要主动拥抱数字媒体，正确认识数字媒体在学术研究中的位置，学会通过数字媒体平台并借助用户关系网络等新途径获取丰富的、有价值的信息资源，同时要加强对信息的辨识能力，有效地甄别和评价平台中的信息资源；在媒介使用方面，对数字媒体功能和相关信息技术的掌握是用户接受数字媒体信息服务的前提基础。数字媒体信息服务主体应提供一些相应的培训活动，有效地提高用户的信息素养，进而更好地促进信息的吸收。

（3）推动信息共同体的形成和发展

数字媒体信息服务的目的是促进信息的传播与交流，实现知识发展与创新。用户之间的互动交流既有助于激发创新思维，又能够促进信息关系网络的构建。数字媒体在社会交往方面具有传统信息网站无可比拟的优势，不但降低了社交发现的成本，还为用户之间的平等对话和跨界交流提供了便利。信息共同体的形成逐渐由以往的专业认同转变为研究兴趣和价值观的认同，精神驱动、价值认同成为信息交流和信息协作的关键。对于数字媒体信息服务主体而言，要不断培养用户的社会协作意识，增强用户的归属感，提高信息互动的积极性，通过提供一些话题或研究讨论，引导信息共同体的形成，以线上和线下相结合的方式组织一些团体竞赛项目，增强团体内部的凝聚力。

3.数字媒体信息资源层面

（1）丰富信息资源的类型和形式

数字媒体信息资源是信息服务的核心产物，充足的资源数量、多样化的资源类型和丰富的表现形式是吸引用户使用和提高信息服务质量的基础。数字媒体用户更倾向于利用碎片化时间通过移动终端获取信息，长篇累牍的资料内容不利于快速传播，但有助于保持信息的系统性和完整性。在信息资源的篇幅长短上，服务主体要综合考虑传播性和系统性两个层面。信息资源的呈现形式一般涉及文字、图表、图片、语音、视频和超链接等，服务主体要兼顾内容生成难度、信息传输效率、信息容量和资金耗费等方面因素，进而选择合理的组合方式表达信息内容。服务主体要依傍自身的资源渠道、专家团队和资金支持，为用户提供更加丰富的前沿资讯或数据资料等，尤其是对于用户来说获取难度大、金钱成本高、真假混杂的信息资源，服务主体应该利用自身优势帮助用户。例如服务主体在数字媒体平台增添专业讲座视频和专业会议直播等功能，最大程度地降低用户开销，便于用户突破时空限制获取到想要的信息资源，同时设计与专家在线互动功能，以文字或语音的形式实现在线交流。

（2）加强信息的原创性和整合性

信息主要源于数字媒体信息服务主体和数字媒体用户共同生成，除转载其他媒介上重要的信息外，原创信息更受用户的欢迎。原创信息的选题和质量体现了平台的特色和服务水平，是区别于其他数字媒体信息服务平台的重要标志。数字媒体信息服务主体一方面通过自己的研究团队进行信息的采集、加工和撰写，另一方面通过用户投稿或邀请专家分享观点或生成心得等原创类文章，在服务主体严格筛选后发布至数字媒体平台。此外，服务主体对信息的整合加工能力也尤为重要，在当前信息环境中，信息资源种类繁多、信息碎片化严重，若用户没有较高的信息检索及信息辨识能力，极易因信息爆炸与有用信息匮乏之间的矛盾而处于信息焦虑状态。数字媒体信息服务主体应该发挥信息分解者和加工者的角色，提高信息筛选、信息质量控制及信息整合能力，为用户提供优质的信息资源，进而减少用户获取信息资源的成本，提高用户信息使用与研究的效率。

（3）实现个性化信息资源的精准推送

用户在使用数字媒体过程中，期待服务主体能够提供符合研究兴趣和当前需要的信息，满足自我的个性化需求，针对用户的个性化资源订制服务逐渐成为提升用户满意度的重要方式。个性化推送服务最为关键的是用户模型研究和技术实现两方面的工作。用户模型是对用户特征、用户需求、用户信息行为等用户信息挖掘和分析的基础上构建的，通过问卷调查、深度访谈以及追踪用户访问路径获取用户需求和信息行为记录等方法已较为成熟，数字媒体信息服务主体应该在已有用户建模方法的基础上，增加对用户偏好和用户情境的分析，重视用户的心理倾向、兴趣爱好和移动化场景对用户的影响作用，有效地适应碎片化的时间、转换的场景、变化的需求，提升数字媒体个性化信息服务。面向用户偏好的数字媒体信息服务有助于为用户提供更加符合用户心理特性的信息内容，基于情境的数字媒体信息服务有助于在不同情境下为用户提供适配信息,实现信息资源的精准推送。

4.数字媒体平台层面

(1)优化数字媒体平台的交互功能与界面设计

"交互"一词可以拆解为交流和互动,主要体现在人机交互和人际交互两个层面,是用户在与数字媒体平台持续交互过程中对系统性能与效率以及人际交往方面的要求。在人机交互中,用户操作学术新媒体平台时系统的响应速度、反馈情况和使用的难易程度是影响用户体验和感知评价的主要方面。数字媒体平台的交互设计要提高系统的易用性、流畅性和容错性,保障用户能够实时获取学术信息,有效辅助用户开展学术研究。人际交互方面,数字媒体平台要不断丰富交互方式和交互功能,促进用户互动频次和互动程度的增加。在界面设计方面,不仅要突显数字媒体的核心功能,还要符合用户使用移动终端设备的行为习惯,注重布局的精致美观性和导航的清晰合理性,增强数字媒体平台的结构性和层次性,便于用户能够快速聚焦和跳转。

(2)拓展信息传播方式和科研服务功能

数字媒体信息服务主体应该设置多种信息分享的出口与入口,打通信息传播通道,不断拓展数字媒体信息传播方式和信息服务功能。在信息分享出口上,数字媒体平台应该实现一键分享到新浪微博、微信朋友圈、QQ空间等个人空间,微信群、QQ群等群组,以及微信好友、QQ好友等点对点功能,有助于用户以多种途径实现信息的多向传播;在信息分享入口方面,数字媒体要拓展多种方式实现外部信息的进入,例如设置原创内容投稿入口、精华内容推荐入口和著作出版合作接口等,利于优质信息资源的流入和传播。数字媒体除了提供资讯推送功能之外,还要不断拓展更多的服务功能和交互空间,例如在学术新媒体平台添加学者交互功能模块供用户互动协作,提供期刊论文摘要查询功能供用户检索,提供数据调研功能供用户实证分析等,致力于为用户提供一站式的学术信息服务,满足用户科研过程中的多种需求。

5.数字媒体信息服务环境层面

(1)营造良好的信息交流氛围

健康良好的信息交流氛围对当前乃至未来的数字媒体信息活动会产生

非常深远的影响，是维系数字媒体持续发展的重要保障。以学术新媒体平台为例，在学术新媒体学术活动中，要避免学术活动功利化、学术创新性低、原创成果少和照搬照抄、弄虚作假等不良现象，从制度规范、环境因素和用户个体等三个层面促进良好学术氛围的形成。在制度规范方面，学术新媒体管理人员要制定明确的规章条例，尤其是知识版权问题，减少学术新媒体用户的心理顾虑，使其愿意通过学术新媒体平台分享自己的学术成果。对推进学术信息活动有贡献的用户要给予鼓励和奖励，对扰乱秩序的用户予以警告或处罚。在环境因素方面，鼓励大众参与学术活动，积极推进学术创新，为学术新媒体开展学术交流创造良好的外部环境。在用户个体层面，培养用户养成良好的学术习惯，在学术交流活动中充分发挥主观能动性。

（2）加强数字媒体间的交流与合作

数字媒体平台相较于传统的信息服务平台而言开发成本较低，传播范围广，产生的影响力较大，即使资金较少的团体或机构也可以申请开通，但正因数字媒体平台开发的门槛较低，数字媒体平台大量增加，同质化现象较为严重，许多数字媒体平台由于专业能力、人力资源、资源渠道、资金支持等现实条件的限制，出现平台仅开通但后期维护无法跟进的情况，因平台内容不更新导致用户大量流失。因此，需要数字媒体之间加强联系与合作，相互扶持，共同发展。数字媒体平台虽服务内容各有侧重，但拥有共同的服务目标。数字媒体在运营管理平台、提高自身竞争力的同时，也要与其他平台形成合作关系，既有利于平台之间相互学习和用户群体之间相互交流，也有助于平台交叉形成数字媒体矩阵，为具有不同用户需求、专业领域和研究兴趣的用户群体提供全方位的信息服务。

（3）促进数字媒体信息服务主体与用户的互利共赢

效益是反映数字媒体信息服务产生的效果变量。数字媒体信息服务质量决定着用户效益和数字媒体效益的大小，优质的服务质量能够使用户增加知识储备量、提升能力、提高社会声望，同时也为数字媒体自身赢得良好的口碑，形成较大的学术影响力。而用户和数字媒体获取的效益越大，对数字媒体信息服务质量的要求就越高，越能够推动服务主体提高数字媒体信息服务质量。因此，数字媒体信息服务主体要正视用户和数字媒体效益之间的相互依存、相互促进关系，通过发布富含价值的信息资源，开发更多实用的服务功能,提供更加自由的交流空间等,不断提升信息服务质量,促进数字媒体信息服务质量与用户效益和数字媒体效益之间形成良性循环,实现数字媒体信息服务主体与用户的互利共赢。

二、构建基于大数据与人工智能技术的数字媒体技术创新保障机制

(一)大数据分析技术对数字媒体资源整合及技术创新的保障

伴随着科技进步和信息技术的跨越式发展,网络数据对人们生活产生了巨大的影响,并且进入各个领域之中。在这样的环境下,大数据分析技术的适时出现,凭借自身的优势在各个行业中发挥出了巨大的作用。近年来,随着网络的深入发展和数字出版公司的不断增多,大数据分析技术为数字出版带来了进一步发展的平台。

大数据分析技术下的数字出版有着更多元化的出版模式,并且发展目标也更长远。由于网络信息具有的便利性的特点,在数字化出版过程中包括图片、视频等新型形式,它与传统出版方式相比,具有流程简约、表现形式多样等优点。在大数据分析技术下,更多的数据可以有效地集成,给人们带来更多的方便,而大数据分析技术也为数字出版资源的供给和技术创新带来了保障。

1.大数据分析技术对于数字出版资源的统筹与整合

传统出版产品以纸质为主。由于这个限制,许多出版内容无法显示。大数据技术的应用使数字出版能够将多种信息结合起来,令出版内容的表达方式更加丰富化,尤其是它能够在很短的时间内整合各种出版资源,带来了效率上的优化。当然,大数据分析技术不仅局限于此,它还可以对读者信息进行快速反馈,掌握不同读者青睐的不同内容,使对于不同读者的推送更加具有针对性,以此来打造更为完善的服务体系。数字出版读物极大地提升了读者的阅读体验与阅读效率,为读者节约了大量时间,这是大数据分析技术在数字出版方面具有的重要优势。

数字出版大致可以分成四个步骤:首先是对产品的特征分析和梳理;

然后是对市场的分析把握，对产品在市场中的地位进行评估，基于此制定产品销售的具体策略；接下来是对出版流程的正确合理化分配；最后就是根据收集到的读者各方面的阅读习惯等信息来为读者推荐读物，在这个过程中大数据分析技术发挥着至关重要的作用：进行读者信息集成和分析的工作就是借助大数据分析技术来完成的。在这个过程中也会有一些错误，这种情况下，需要再次分析并将错误的信息改正。

数字出版过程的主题可以分为两个方向：管理流程和业务流程。因为各个流程的功能和特点不同，大数据分析技术的利用也存在差异，在执行业务流程时，需要使其合理化，它通常在市场考察过程中应用，即了解读者的喜好和消费水平。在调查的基础上，记录收集到的信息，并在发布过程中运用它们开展业务设计。管理和业务流程是相辅相成的，在管理进程中，要运用精准的数据分析来处理丰富的业务数据，进而确定数字出版的方向和进程。

2. 大数据分析技术对于数字出版技术创新及对信息资源的处理

数字出版技术是以先进的网络技术信息为基础的突破传统出版模式的新技术。随着科技进步与大数据技术的出现，以往的数字出版现已不能够满足读者不断提高的阅读需求，为了使读者摆脱单一的文字阅读，获取更丰富的数据信息，数字出版需要借助一定的技术平台来进行创新，这就要求通过大数据分析技术，整合大量信息资源，对数据进行分类，从而实现更好的出版效果。

大数据分析技术的应用十分广泛，特别是在数字出版方面，大数据分析技术使数字出版变得更加的多元化与智能化。这其中很重要的一点就是大数据分析技术对于出版信息资源的处理，它通过收集读者的信息来洞察读者的阅读喜好，自行对读者青睐的阅读内容进行分配，从而防止无用化，以此提高工作效率。同时，大数据分析技术可以根据不同类型和主题对出版物进行分类，完成数字出版物的推荐。大数据分析技术在数字出版过程中的另一个作用是打造与阅读者有效互动机制，第一时间收集掌握读者的阅读体验信息。比如它可以利用网络反馈平台与客户良性交流，收集客户提出的建议，不断更新和完善自己。所以数字出版是出版发展的必经阶段，在大数据背景下，显而易见的，数字出版也包含着大量的信息，日益增多的信息流入数据库，它们在数据库中被有效地整合起来，方便读者的搜索。例如，读者可以通过搜索引擎对发布在中国知网数据库中的文献信息进行搜索，从而在较短的时间里找到自己需要阅读的文献信息，高效利用文献。特别是大数据技术被广泛运用的今天，读者仅仅输入一些关键词就可以搜索到与之有关的文献，同时还会被推荐一些其他类型的文献，这就是它实现整合数据资源的一个体现。

在这以外，大数据分析技术下的数字出版也可以为读者呈现更高质量的现代出版物，如通过图片和视频使书中的数据更有说服力，并且更便于读者的理解。在这样的出版方式下，大量的资源和数据联系更为密切，工作强度得到了弱化，削减了许多不重要的出版环节。

（二）人工智能技术对数字出版资源及技术创新的保障

1956 年，约翰·麦卡锡（J.McCarthy）在达特茅斯人工智能夏季研究会上，正式提出人工智能的概念，它被定义为"研究、开发和模拟、扩展人类智能行为的新技术科学"[①]，它的本质是模拟人的思维信息过程。人工智能作为重要的变革性技术，代表着互联网出现以来第二次全球技术社会形态的萌芽。随着 2016 年"人工智能元年"的到来，在云计算、大数据、泛在网络、图像语音识别等新信息技术和大量资金涌入的背景下，人工智能技术得到了快速发展。2017 年，国务院发布了《新一代人工智能发展规划》，明确提出把发展人工智能放在国家战略层面的系统布局上，推进中国经济和社会各领域向智能化方向发展。以人工智能为代表的新一轮产业革命方兴未艾，人工智能技术逐渐在医疗、工业制造和教育等领域得到应用。[②]

在我国政策规划的有效指导下，作为知识生产和文化传播产业的一项重要分支的数字出版产业，近几年完成了对当前趋势的适应，正迈向积极整合融创，进一步开放应用人工智能技术。在此基础上，笔者梳理了人工智能与数字出版产业的关系，对人工智能技术融入分析读者偏好、编辑制作图文内容、出版物运营等环节的可能性展开探讨，对具体应用过程中的

---

① 转引自李慧. 人工智能：改变世界的技术浪潮 [J]. 信息安全与通信保密，2016（12）：27-29.

② 武菲菲. 人工智能技术与出版行业的融合应用 [J]. 出版广角，2018（01）：26-28.

问题进行总结，为做好数字出版资源及技术创新保障工作提出建议。

在人工智能领域，语言理解、问题求解、检索编程、智能学习、专家系统开发、群体智能和人工生命等发展成了热门研究方向。根据《2016—2017年中国数字出版产业年度报告》的内容显示，人工智能作业速度和产出在简单、重复和模块化工作上均超过了出版业的工作人员。它不仅可以通过平台完成信息传输、有效地提高新闻发布速度，还能够将新闻报道过程转化为具体的能够与聊天机器人交互的产品，把为读者带来新颖的阅读体验，并且它可以基于用户行为和需求的深入分析，做到提高出版效率、节约成本。可见，人工智能技术正在从根本上改变数字出版产业的内容生产、发行与变现等一整套过程，造就新的文化产业生态系统，给出版产业转型升级提供了一种新的可能。

1. "AI+"内容生产

当前的社会处于数据信息爆炸式飙升的时期，数字式的信息传播正在建立起信息传播的主导地位。根据统计推测，步入21世纪20年代后，世界数据总量有望突破44ZB大关。当前，在人工智能技术的帮助之下，很多平台能够通过大数据分析结果生成的文本撰写新闻、报道、小说等出版物。将人工智能技术应用于出版内容制作，能够良好地展示模块化写作的特征，有助于创作人员完成对于收集到的数据研究分析乃至协助作者进行创作，尤其是在体育咨询与时事新闻等以数据模式为主的创作领域，人工智能技术可以有效把握收集人类难以识别的信息线索，然后在精确筛选的基础上重新创作。比如，腾讯的"Dream Writer"、新华社的"快笔小新"等写稿机器人依照自身的算法能够在极短的时间里完成稿件的自动化生产工作，并且能够在一分钟的时间段内把用户关注的资讯解读、传达给用户。从这里可以看出，基于数据采集—数据分析—文档规划—语句流程的实现，AI技术与出版行业内容生产环节的融合应用日臻完善。[①]而人工智能技术对于数字出版行业内容生产的这种技术性支持就正是它对于出版资源中技术资源的一种保障，保证技术资源能够顺应时代潮流进行不断更新。

---

① 武菲菲. 人工智能技术与出版行业的融合应用[J]. 出版广角，2018（01）：26-28.

2. "AI+" 出版背景下出版从业者所面临的新要求

经过以上对人工智能技术与数字出版各环节融创的研究分析，我们不难发现人工智能技术与数字出版业整合对于出版工作人员提出了两个新的要求。

第一，人工智能技术与出版业的融合对出版工作人员的知识结构和能力提出了新的要求。目前，人工智能算法在很多环节都可以做到部分性替代人工操作，特别是在编辑、采访、评论、写作等环节中。但需要明白的是，人工智能只能作为辅助工具使用，不能在适应新技术快速发展的同时，彻底解放出版工作人员的个人劳动。这是因为出版工作人员在从事出版工作过程中能够有效地处理复杂的逻辑关系，而目前人工智能技术则无法做到这一点，这项能力是人类作为智慧生命所特有的，也是思想创造的前提。因此，人工智能技术不能替代出版工作人员思维、情感、技艺在推动出版业发展的根本性地位。为了这个行业的不断发展和进步。合理化的融合应该是人工智能在其数据处理和分析的优势领域充分发挥其优势，把工作者从烦琐、重复性的工作中解放出来，令他们能够把时间与精力放在可以运用到自身才智的领域，这样就可以使工作者可以进一步优化出版产品，与人工智能共同打造出优良的产品给读者。

第二，我们可以将人工智能技术看成是未来较长一段时间内出版业的生态环境，以此为前提，出版工作者队伍应该由两部分从业人员组成：首先是传统的出版行业的工作者，这部分工作者有着一套自身学习积累的专业化出版知识结构体系，他们知道如何站在媒体的角度准确地把出版内容的精髓输送给读者；然后是专业的计算机科学工作人员，他们有能力运用人工智能的编辑能力，也可以熟练的操作计算机、应用智能技术。这类工作者能够打破传统出版从业人员无法打破的技术性壁垒。只有通过这两类出版从业者共同努力，才能造就人工智能技术与出版业融合发展的良好趋势。

从这两方面上看，人工智能技术的应用，对数字出版行业从业者提出了更高的要求，要求他们摆脱单纯的机械化工作，更注重于提高自身的知识与能力，使出版从业者向出版人才方向转变，这也就是人工智能对于出版资源中人才资源的一种有效的保障。

3. "AI+" 信息编辑

对于信息的编辑包含收集、评价、选择、排序与组织等多个流程。人工智能技术可以有效地完成信息内容处理、图像识别、格式转换、内容查重、智能翻译和语音交互等各个工作，甚至它还能够跨越图像与文字的边界完成对多媒体信息的处理。因此，人工智能技术具有与信息编辑融合发展的可行性。目前，人工智能已逐步应用于科学普及的图书领域，特别是在理工类教材及教辅书籍的编辑上，人工智能已经得到了尝试性的应用。

以"知识树"为例。这个系统作为一个 AI 技术智能平台可以在数以千万计的文章中发掘出经过授权的信息内容，此后依照定义的部分内容自动完成剩余内容的编辑工作，再与电子商务平台进行对接，并将编辑后的内容导出到各种数字出版发行渠道。现今人工智能平台能够将完成信息编辑的时间缩短至一天，充分展现了人工智能技术在信息编辑工作中的高效性与精细化。

不难看出通过对人工智能技术的使用，大大提高了出版信息处理工作的效率，它的信息收集、选取、编辑能力有效地完成了对于信息资源的保障。并且数字出版业的信息编辑工作时间可以得到大幅度的缩短，这就节省了大量的人力与财力，使大量的其他出版资源从中解放出来，投入到出版的其他环节。

三、构建基于产品服务与技术创新融合的数字媒体编辑业务培训体系

"互联网 +"时代的来临，使人才的竞争日趋激烈，越来越多的企业管理者认为人才资本是企业保持竞争优势的关键因素。因此，人才培训工作愈来愈受到重视，许多企业把人才培养作为保持核心竞争力、进行组织人才再造的重要途径。传统的培训以工作分析为基础，分析得出的范围较窄，局限在知识、技能等表象上。而胜任力理论从绩效差异分析入手，使分析结论与绩效具有很好的表面效度，企业可以借助这一理论，改进现有的培训体系建设，为促进绩效提升提供了新的思路与方法。编辑处于整个出版工作的中心环节，也是出版业人力资源的核心力量，编辑能力和素质的提

升直接影响出版业的改革发展。因此，本书将基于胜任力的数字媒体编辑业务培训体系作为构建基于产品服务与技术创新融合的数字媒体发展运行机制的一个不可或缺的系统来探讨。

对于数字媒体编辑胜任力特征要素的确定是一个复杂的过程，由于篇幅所限，本书在此不作赘述，只把周畅在《新媒体编辑胜任力模型构建与应用研究》一文中，对新媒体编辑胜任力特征要素的明确结果进行简单概述，为本书构建基于产品服务与技术创新融合的数字媒体编辑业务培训体系做个理论铺垫。

笔者在本书第一章对新媒体与数字媒体的概念比较中提到，在现阶段，新媒体在某种意义上是可以与数字媒体互换的，因此，周畅研究的新媒体编辑胜任力特征要素同样适用数字媒体编辑。

（一）基于胜任力的培训与传统培训的区别

1.新媒体编辑胜任力特征要素

周畅在《新媒体编辑胜任力模型构建与应用研究》一文中，综合运用文献分析法、工作分析法、高端访谈等方法，在立足于国内外最新研究成果的基础上搜集大量具有实践指导意义的资料，并结合深度访谈和网络数据挖掘建立了 35 项胜任特征要素。这 35 项胜任特征要素可归为 4 大类，即新媒介素养、专业技能、职业素质和人格特质。其中新媒介素养包括信息组织能力、批判思维、决策判断、跨媒体导航能力、新媒体内容加工制作能力、新媒体质量把控能力、新媒体的技术手段等 7 项胜任特征要素。专业技能包括书面表达、阅读理解、制作与传播、客户服务、口头理解、思维创造力、问题敏感度、广泛涉猎、调查研究、领导力、细致观察等 11 项胜任特征要素。职业素质包括时间管理、交流沟通、积极倾听、主动学习、协调能力、注重细节、灵活性、主动性、独立性、想象力等 10 项胜任特征要素。人格特质包括专注力、艺术感知、诚实可靠、抗压性、坚持、自控、成就感等 7 项胜任特征要素。[①]

---

① 周畅. 新媒体编辑胜任力模型构建与应用研究 [D]. 武汉：武汉大学，2018.

2.基于胜任力的培训与传统培训的区别

（1）需求分析的区别

传统培训以工作分析为基础，局限于知识、技能等内容；而基于胜任力的培训侧重影响绩效表现的关键胜任力的培训，定位准确。

（2）方式选择的区别

传统培训侧重点在培训，注重知识与技能的传授；而基于胜任力的培训侧重点在行为改变，培养中注重实践，发展中注重行动。

（3）效果评估的区别

传统培训采用传统的效果评估方式，与绩效表现缺少必要的联系；对于基于胜任力的培训而言，其效果评估的侧重点在于胜任力行为的改变和绩效的提升。

（二）我国数字媒体编辑业务培训存在的问题

随着出版行业体制改革不断深入，编辑作为出版企业核心人力资源的地位愈加凸显，融媒体出版时代的到来使得各出版企业对于数字媒体编辑的业务培训更加重视，但往往出现投入不少，却没有相应成效的局面。目前我国数字媒体编辑培训主要存在的问题有如下。

1.培训需求分析缺乏，目标不明。培训需求分析是培训活动开展的首要环节，也是保证培训有效性的起点。培训需求分析一般包括组织分析、任务分析和个人分析，综合此三部分内容才能为培训计划的制订和培训项目的选择提供全面可靠的依据；而且编辑专攻的方向不同，数字媒体编辑与传统图书编辑对能力、素质和技能储备要求各不相同。遗憾的是，大部分出版企业在组织培训时忽视了培训需求调查分析，导致不同类别的编辑培训内容没有差异化，多是一些原则性的万金油项目，致使培训效果差，学员参与积极性不强，培训变成了走过场或是休闲福利活动，造成了极大的资源浪费。

2.培训内容缺少设计和规划，针对性差。由于缺乏准确的培训需求调查分析，培训内容缺少长远规划和有针对性的设计，在形式和活动时间安排上也缺乏创新。多数出版企业编辑培训的套路和内容是新闻出版行政管理部门领导讲话、政策解读；所在出版集团或本单位领导讲话、传达精神；

高校学者专家编辑出版理论宣讲；业界知名编辑行家编辑实务讲座授课等。不同层次、不同层级、不同类型的编辑一锅烩，看似大而全的培训实际对具体业务提升缺乏帮助，专门针对数字媒体、互联网＋出版方面的编辑培训少之又少。

3.培训评估与反馈机制不够完善。培训评估是整个培训流程的最后一环，它既是对培训活动实施成效的评价和总结，其评估结果也是以后培训活动的重要依据。然而我国大多数出版企业的编辑培训的效果评估工作还停留在考试考核和考勤考核这一原始阶段。考试难度较小，考勤相对宽松，致使许多编辑人员对培训抱着"马马虎虎、蒙混过关"的态度，缺少对培训老师的评估、对培训效果的检验、对培训活动的反馈渠道，更无相应的监督机制促使培训组织者根据结果进行改进提高。

4.培训与绩效考核缺少联系，与企业发展目标不相匹配。编辑培训目标应该既考虑出版企业战略发展，又顾及数字媒体编辑个体职业发展。目前我国大多数出版企业并没有将业务培训的结果与绩效管理结合起来，将培训结果与企业的总体发展目标相匹配，这将会导致企业在后续发展中遭遇人才发展瓶颈，制约出版企业进一步做大做强。

（三）基于胜任力的数字媒体编辑业务培训的优势

由于我国出版企业基于工作岗位的编辑业务培训存在种种弊端，因此基于胜任力的编辑业务培训是一条值得探索和实践的新路。基于胜任力的数字媒体编辑业务培训将出版企业人力资源开发的关注点转移到深层次、全面性的胜任力提升上来，突出了培训的着力点，兼顾了影响组织和编辑个体的内外部环境因素，具体来说有以下几方面的优势。

1.战略导向，有利于组织发展需要。基于胜任力的数字媒体编辑培训体系不仅能满足出版企业当前岗位对胜任力的要求，还能在战略层面上满足组织当前及以后对人力资源胜任力的要求。这种以胜任力为基点的培训模式可以让数字媒体编辑感受到组织的支持以及更多的公平感，这两者都是组织承诺的重要因素。

2.对能力分层分类，突出对改善绩效的关键胜任力的培养。通过对数字媒体编辑胜任力的分类分层剖析，参照数字媒体编辑胜任力模型，发现员工当前胜任力水平与工作岗位需求之间的差距，从而确定培训内容与方案，使之更加具有针对性。

3.编辑培养方案更加个性化。不同编辑个体的胜任力水平各有差异，与各自工作岗位胜任力的差距也会不同，利用这些差距进行的人才培养更加个性化，如同订制化的培训服务一样，较易取得良好效果。

4.注重动机、态度、情感和价值观等隐性特质的培训和发展。传统的培训主要是针对岗位知识和技能进行，使员工更好地胜任当前工作。知识和技能往往容易习得和改变，而动机、态度、情感和价值观等隐性特质往往很难改变。基于胜任力的培训在各个环节贯穿对编辑个体隐性特质的关注，能唤起受训者全程自发参与。

（四）基于胜任力的数字媒体编辑业务培训体系的建立

与传统基于岗位的培训体系不同，基于胜任力的培训时依据胜任力特征要素的要求，对员工承担特定职位所需关键胜任力进行培养，提高个体和组织整体的胜任力水平，进而提升人力资源对企业战略的支持能力。建立基于胜任力的培训体系，关键是先建立关键岗位的胜任力模型，然后依此为基础来搭建企业的培训体系，具体包括基于胜任力的培训需求分析、培训计划制订与实施及培训效果评估等环节。

1.培训需求分析

培训需求分析是规划培训与开发活动之前，对组织及其成员的绩效、胜任力水平和职业发展愿望等进行系统的鉴别与分析，确定培训需要和内容的过程。在胜任力模型中，逻辑关系分为横向和纵向逻辑关系。横向逻辑关系体现出员工实际情况与组织要求之间的差距，在这个比较过程中，以胜任力模型为参照标准，通过员工当前情况和理想状况的对比，能够比较准确并有针对性地找出培训需求。纵向上是胜任力和行为、绩效的逻辑关系，培训需求不仅要考虑员工胜任力水平与组织要求的差距，还要充分考虑组织的内外部环境，如组织结构、成本承受能力等。只有综合考虑员工胜任力发展需求和组织内外部环境所得到的培训需求才能真正符合组织和个人要求，并能为培训的实施提供基础和条件。

组织内外部环境分析即通过对组织目标、资源、环境等因素的分析，找出组织存在的问题，并确定是否可以通过培训来解决这类问题的过程。组织内外部分析主要包括组织经营分析、组织文化氛围分析和组织资源分析。组织经营分析主要关注企业的经营理念、企业战略、业务范围和培训重点，分析组织在哪些业务领域存在绩效未达成目标的情况；组织文化分析侧重分析企业文化和组织氛围对培训的支持程度；组织资源分析重点分析企业目前的培训资源及资源瓶颈。组织内外部环境分析之后，就需要对岗位所需胜任力与员工实际胜任力水平进行比较分析。一般来说，员工是否需要培训主要取决于两个方面：一是员工当前胜任力水平与岗位胜任力要求是否有差距；二是员工当前胜任力水平是否能达到新职位所提出的要求。如某网络出版公司实际情况设定的网络初级编辑岗位所需胜任力：新媒介素养、协调能力、时间管理、成就感、坚持、自控、抗压性、领导力，每个胜任力要素设定 5 个等级，根据实际情况对初级编辑进行评估，并将实际胜任力水平现状与岗位所需胜任力水平的对比，得出该公司网络初级编辑胜任力水平在新媒介素养、协调能力、时间管理、成就感、坚持、自控、抗压性、领导力上与理想状态存在差距，尤其是抗压性和时间管理方面尤其突出，急需提高，因此在培训计划和内容制定上需要重点关注。

2. 培训计划制定与实施

找出员工实际胜任力水平与胜任力模型之间的差距后，就应据此制定相应的培训与发展计划和适当的培训内容，结合具体的培训方式来弥补员工的胜任力水平缺口。在制定培训计划之前，企业应进一步分析差距产生的原因，因为并不是所有的胜任力差距都可以通过培训的方式得以减小。因此针对能力缺口，企业首先要判断哪些差距是可以通过培训进行改善的，哪些差距是无法通过培训改善的。此项工作可以通过重要性－可塑性矩阵来分析完成。重要性—可塑性矩阵是基于胜任力培训方式选择的重要工具。胜任力重要性低、可塑性低的可以以自我提升、自我学习为主；胜任力重要性高、可塑性低的很难通过培训提高但又很重要，故需要在选拔时重点考察；胜任力重要性高且可塑性高的，应作为重点培养能力，选取最好的师资，开展集中、高强度、强迫性的培训并辅以其他培养手段加速能力提升；胜任力重要性低、可塑性高的，适合在企业内部开展具有针对性的小规模内训。利用此工具我们将某互联网出版企业网络初级编辑各项胜任力的重要性和可塑性进行分析，具体如表5-1所示。

高		协调能力	数字媒体的技术手段 数字媒体内容加工制作能力
可 塑 性		成就感	数字媒体质量把控能力 时间管理 抗压性
		领导力 自我培训	坚持 自控 选拔重点
低		低	重要性　　　　高

表5-1 某公司网络初级编辑胜任力重要性—可塑性分析

　　对于坚持、自控这些重要性高但可塑性低的胜任力，应在网络编辑招聘选拔时重点考察关注，不建议培训。对于领导力这种重要性较低、可塑性也较低的胜任力可进行自我学习培训。对于协调能力、成就感等重要性较低、可塑性较高可根据实际情况进行小规模企业内训。对于重要性和可塑性都高的六项胜任力应成为培训内容的重点。为使分析更为准确，可设计调查问卷进行针对性摸底，得出胜任力重要性排序结合可塑性，可制订出网络初级编辑培训体系的大致框架，具体见下表5-2。

培训方式	胜任力		重要性排序	可塑性
重点培训	数字媒体 素养	数字媒体的技术手段	1	高
		数字媒体内容加工控制能力	2	高
		数字媒体质量把控能力	3	高
	职业素质	时间管理	7	高
	人格特质	抗压性	6	高
		主动性	8	高

续表

小规模内训	职业素质	协调能力	9	中
	人格特质	成就感	11	中
自我学习培训	职业素质	领导力	10	低
选拔重点 （不需培训）	人格特质	坚持	4	低
		自控	5	低

表5-2 网络初级编辑培训体系框架

　　得出需要重点培训的胜任力框架后，为了使培训更具层级性以满足不同编辑岗位员工的需求，可进一步制定重点和方向各有侧重的分层次培训内容和课程。下图5-3为某网络出版企业基于胜任力的网络编辑分层培训内容与课程。

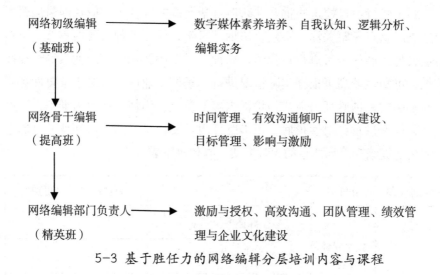

5-3 基于胜任力的网络编辑分层培训内容与课程

3.培训效果评估

　　培训效果评估是在培训完成后，采用一定的形式把培训效果运用定性或定量的方式表达出来。进行培训效果评估的目的在于确定培训结果是否达到了组织的预期目标，了解员工对培训的满意度、学员实际工作中对培训中涉及的技能知识的运用成效，凭借评估结果对培训方案进行相应的改善和修正。培训效果评估是整个培训体系中不可或缺的组成部分，培训效果评估的方法主要有柯氏模型和成本收益法，其中柯氏模型比较适合基于胜任力的培训体系。柯氏模型是由美国威斯康辛大学教授柯克帕特里克（D.L.Kirkpatrick）提出来的，即从"反应""学习""行为""结果"四个层次对培训结果进行系统评估[①]，具体内容如图5-4。

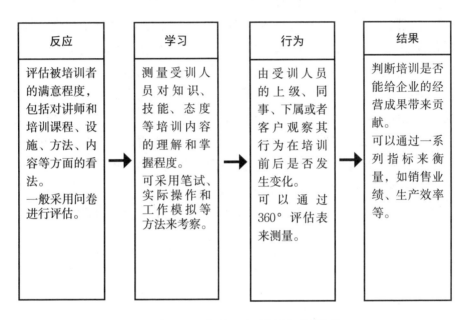

反应	学习	行为	结果
评估被培训者的满意程度，包括对讲师和培训课程、设施、方法、内容等方面的看法。 一般采用问卷进行评估。	测量受训人员对知识、技能、态度等培训内容的理解和掌握程度。 可采用笔试、实际操作和工作模拟等方法来考察。	由受训人员的上级、同事、下属或者客户观察其行为在培训前后是否发生变化。 可以通过360°评估表来测量。	判断培训是否能给企业的经营成果带来贡献。 可以通过一系列指标来衡量，如销售业绩、生产效率等。

表5-4　柯氏四级培训评估模型

　　通过反应层次评估对培训的组织和实施以及培训本身的质量进行评估；通过学习层次评估来评价学员对培训内容的掌握情况；通过行为层次评估来检验培训给学员带来的行为上的改变；通过结果层次评估来看培训是否使学员和组织的工作绩效得以提升。这四个层次的递进关系明显，评估的复杂程度也越来越深，因此要弄清培训与实现企业目标之间的关系，再决定评估效果选用的层次和方法。

---

① [美]柯克帕特里克. 如何做好培训评估: 柯氏四级评估法[M]. 奚卫华译. 北京: 机械工业出版社, 2007.

虽然基于胜任力的数字媒体编辑培训体系有着比较突出的优势，但也有一些局限性，主要体现在两个方面：第一需要投入大量资源和时间来研究每一个数字媒体编辑岗位的胜任力模型，这对于规模较小的出版企业绝非易事，而且如果有培养前途的员工数量较少，投资在基于胜任力模型的培训显得不够经济；第二即使组织为这种培训投入大量资源，某些环节得不到有效保证从而致使效果降低，如在某些需要以自主方式取得学习结果时，不可能人人都保持必要的自律。同时，基于胜任力的数字媒体编辑培训体系应防止步入一些误区：一是将编辑胜任力培训等同于岗位技能培训。现在许多出版企业已经逐渐重视编辑员工培训，但多数培训仅仅停留在编辑人员岗位技能层面上，将培训看做一个狭小的日常事务，培训内容也仅仅是陈述性知识、基础性知识的讲解上。二是培训需求分析形同虚设。目前一些出版企业对编辑需求分析流于形式或走过场，没有真正意识到重要性，而最终是培训结果收效甚微。三是将业务培训看成一个孤立和短期的行为。有资金预算则多做，经费紧张时则少做或不做，将业务培训作为一种装点企业门面的行为。因此企业需要根据自身发展阶段和人力资源实际情况来选择培训的方式，或将传统培训与基于胜任力的培训有机结合起来。

第六章　构建基于产品服务与技术创新融合的数字媒体发展实践路径

我国数字媒体产业在发展过程中也暴露出创新不足和战略摸索阶段的短板，如我国数字媒体产业链与企业之间的关联关系较弱，传统媒体企业与 IT 企业之间业务联系与合作不足；产业链的协作关系尚未理顺，制约了产业链资源整合效应的发挥；传媒业与 IT 业的融合程度较低，数字出版领域的产业融合仍存在一定的障碍；数字媒体产业部分产业门类与其他产业门类之间的关联程度仍较低，产业链的价值增值仍有提升空间。上述突出问题严重影响了数字媒体产业链的协调有效运行，制约了数字媒体产业的持续健康发展。数字媒体产业发展战略的执行需要政府、产业、企业个体等多方合力，以具体目标践行之。构建完整、科学的数字出版产业发展战略不是简单的文化产业发展战略或相关产业发展战略的灵活套用，必须紧跟数字媒体产业发展脉络，在方向选择上具体问题具体分析。总体而言，数字媒体产业的发展离不开合理优化配置生产要素，而要实现生产要素的高效利用，并成功实现向国际输出具备中国特色的数字媒体产品，关键在于宏观层面的政府数字媒体产业发展战略、中观层面的行业协会协调发展机制以及微观层面的企业经营发展模式。三者之间虽然对数字媒体产业的影响侧重点不同，但是三者之间相互作用、相互影响，共同构成一个完美的系统，才能合力实现数字媒体产业链的稳定、协调运行。

一、政府宏观层面的数字媒体发展实践路径

数字媒体产业的发展，离不开政策的保障。结构完整、协调运行的产业链，不仅是管理强化的结果，也是政策引导的结果。强化对我国数字媒体产业链的建设与管理，保障数字媒体健康持续发展，政府的作用必不可少。

（一）加强顶层战略设计，科学规划产业布局

从当前国际经验来看，不管是市场化主导的美国等发达国家还是新兴市场国家，在数字媒体产业大发展过程中政府的引导作用是不可或缺的。尽管我国针对数字媒体产业相关领域出台了一系列的发展政策，但是从国家层面尚未制定专门性的纲领性数字内容产业发展政策，数字内容产业内涵、分类界定不清晰，产业政策不明确，亟须加强顶层战略设计，科学规划数字内容产业布局。

1. 以顶层战略设计来推动数字媒体产业快速发展

政府是数字媒体产业发展的直接推动者，政府政策对推动产业发展有着明显的促进作用，因此，要通过顶层战略设计来促进战略发展。政府要积极践行"数字中国""网络强国"战略，在原有宏观产业政策的基础上，从全局高度确立数字媒体产业的战略性支柱产业地位，制定数字媒体产业总体战略规划和部署，明确数字媒体产业发展的指导思想、基本原则、发展路径、重点任务以及保障措施，统筹中央各部门以及地方政府的力量，推动数字媒体产业快速发展；要积极践行党的十九大提出的"培育新型文化业态"的发展理念，积极促进数字技术与文化创意产业的跨界融合，进一步丰富数字媒体产业的形式和内容，做强做大数字媒体产业；要发挥科研院所及高校的作用，针对数字媒体产业发展构建专业性的高端智库，分析国际国内数字媒体产业发展趋势，研判其发展规律和发展阶段，科学判断目前数字媒体产品与消费者心理诉求之间的差距，科学规划数字媒体产业发展的顶层设计，为其发展制定科学合理的宏观产业政策，营造优良的经营环境。

2. 引导数字媒体产业发展方向以促进产业高质量发展

数字媒体产业具备较强的跨领域性以及高复杂性，政府必须从宏观方面来引导产业发展方向，促进数字媒体产业高质量发展。首先，优化数字

媒体产业供给结构。要强化数字媒体产业的原创性发展，鼓励全民创意以及创作联动等数字媒体产业创作方式的发展；要强化数字技术对数字媒体创作、开发及传播的支撑作用，提升数字媒体产品的品质，丰富数字媒体产业的表现形式；要深化"互联网＋"的表现形式，深度应用数字技术的创新成果，实现创新链与产业链之间的高效对接；要提升数字媒体产业不同形式之间的融合与转换，适应数字经济时代的消费需要，创作更多多样化及个性化的产品。其次，促进优质传统文化资源数字化。积极践行数字内容创新发展工程，鼓励对传统优质文化资源进行数字化转化及开发；要鼓励地方依托特色文化，开发具备区域和民族特色的产品；要推动馆藏文化资源实现数字化，打破物理和地域局限，为公众提供多元异构的数字媒体产品。最后，要扩大和引导数字媒体产品消费需求。要结合目前开展的"引导城乡居民扩大文化消费试点工作"的契机，增加城乡数字媒体产品有效供给，引领数字经济时代消费时尚及潮流，满足城乡居民对数字化生活方式的需求；要把握当前知识产权环境有效改善、网络支付快速普及以及用户付费习惯逐渐养成的机遇，充分挖掘数字媒体产品消费潜力以及市场价值。

3.优化数字媒体产业整体布局以促进产业健康有序发展

数字媒体产业涉及领域众多，必须通过合理规划来优化产业结构，推动数字媒体产业健康、有序发展。首先，推动数字媒体产业重点领域提质升级。要依托新兴数字技术，创新表现形式以及传播渠道，推动网络动漫产业提质升级；要以内容价值为导向，积极培育国产原创品牌，推动网络游戏产业健康发展；要大力推行网络内容建设工程，提升产品的原创能力以及文化品位，丰富数字影音及数字出版产业的表现形式；加强自主创新能力建设，突破关键核心技术，促进内容软件产业高质量发展。其次，推进数字媒体产业内外部结构的合理配置。数字媒体产业涉及八大门类，各门类、各区域之间又存在着交叉与融合，为减少重复投资以及盲目的自由市场竞争，必须通过政府力量合理配置内外部结构。在外部方面，要优化数字媒体产业布局，发挥东中西部各自的优势和特色，加强数字媒体产业基地规划和建设，打造数字媒体产业集群；在内部方面，要实现内部行业协同发展，既要激活数字音乐、数字动漫、网络服务等相对弱势行业，又要创新发展网络游戏、数字出版、数字影视、内容软件等优势内容产业。

最后，超前布局数字媒体产业前沿领域。伴随数字经济发展壮大，数字技术不断推陈出新，国家应顺应时代变革以及技术发展趋势，推动数字媒体产业实现产品、模式及业态创新。要重点推动物联网技术、5G 技术、3D 打印技术、智能制造技术在数字媒体产业领域的应用，促进产业向虚拟化、超现实方向发展，进一步拓展数字媒体产业边界。

（二）规范产业发展秩序，优化产业发展环境

数字媒体产业涉及规模庞大的产业集群，包含内容产品制作、传播、交易、技术和服务支持等多个复杂的环节，这使得数字媒体产业的发展面临着较强的冲突与挑战。快速发展的数字技术虽然给数字媒体产业的发展带来了便利、开拓了空间，但同时也更增加了数字版权保护的难度，使得传统的市场监管体系遭到冲击，从而导致数字媒体产业在发展过程中面临着严峻的市场秩序问题。在此背景下，亟须出台相关政策和法律法规，规范数字媒体产业秩序，优化产业发展环境。

1.建立完善的数字媒体版权立法工作

数字媒体产业发展目前面临最主要的问题就是在互联网环境下如何保护知识版权，涉及著作权保护、数据库保护、网络传播、虚拟财产等各个方面，因此为促进数字媒体产业发展，必须制定配套的法律法规来保护数字内容知识版权。要仿效欧盟、日本等区域和国家制定国家层面数字媒体领域纲领性法律文件，如欧盟颁布实施的《关于数据库法律保护的指令》以及《协调信息社会中特定著作权和著作邻接权指令》、日本颁布实施的《高度信息通信网络社会形成基本法（IT 基本法）》，加大对知识产权保护力度，从而来规范和引领产业发展；要加强数字媒体产业的著作权立法工作，在国家颁布的《互联网著作权行政保护办法》以及《信息网络传播权保护条例》的基础上，进一步构建著作权补偿制度，通过立法对数字媒体领域大量出现的复制设备以及存储产品予以补偿；要构建数字媒体产业著作权保护支撑体系，逐步完善著作权登记制度，建立数字著作权查询体系，并探索新的版权使用方式。

2.加强数字媒体产业执法改革和普法宣传

一是要全面推动数字媒体产业执法改革。要加强专业化网络执法队伍

建设，面向数字媒体产业选择网络化、信息化、数字化执法人才的选拔与培训，提高执法队伍的整体专业素质；要针对数字媒体产业的特性转变执法理念和方式，积极运用数字化手段加强对侵犯数字版权的检测和保护，提高数字媒体产业保护效率；要整合信息部门、网络部门、公安部门、文化部门以及社会公众的力量，建立跨部门、跨区域的快速反应机制及上下联动机制，提高数字媒体产业领域执法效率。二是要加强对数字媒体产业领域法律法规的宣传教育及普及。社会公众的数字版权意识薄弱，是导致数字媒体领域违法侵权案件频发的根源之一，鉴于此，政府应通过多种途径在数字媒体产业领域加强对社会公众的普法宣传及教育。要加强与数字媒体企业和行业协会、法律机构、高校法律专业的合作，协力打造专业化的数字媒体产业法律法规咨询平台及纠纷处置平台；要通过网络视频等数字化手段开展普法讲座，提高普法效率和覆盖范围。

3.加强数字环境下市场监管和标准体系建设

要针对数字媒体产业领域的网络运营监管、公共信息资源开放以及行业标准等问题，拟定相应的规范政策。一是要积极运用宏观调控手段，加强对网络基础设施运营的监管，防止歧视性市场准入，推动数字媒体产业市场公平竞争。二是要优化对数字媒体产业政策的评价体系与监督机制，科学评价和判断数字媒体产业政策对产业发展的影响及效果，及时调整政策执行过程中出现的偏差和错误，以保障政策运行的科学化以及有序化。三是要加强数字媒体产业统计体系建设，明确数字媒体产业分类体系，构建与国际接轨的数字媒体产业统计体系，进而加强对数字媒体产业发展的实时监控。四是要促进数字媒体行业标准化建设稳步推进，协调解决在产品开发、传输和互用性等方面存在的产业标准问题，建立健全数字内容传输、描述以及安全等标准体系。

（三）加强产业引导扶持，完善产业政策体系

数字媒体产业的稳步发展以及国际竞争力的提升，与国家强有力的政策保障是密切相关。我国政府应积极仿效美日英韩等国的数字媒体产业发展经验，进一步完善公共服务体系、投融资体系以及数字人才体系等产业政策，实现对数字媒体产业的资源要素的高效利用，夯实产业发展基础，

从而引导和扶持数字媒体产业发展。

1.加强数字媒体产业引导及服务体系建设

政府要发挥其产业发展中的"催化剂"作用，积极加强对数字媒体产业的引导，面向数字媒体产业制定投资负面清单以及导向投资目录，加强对数字媒体产业的宏观引导及规范；要加强公共服务平台建设，为政府和数字媒体企业搭建沟通桥梁，一方面起着发布政府优惠政策及扶持措施的平台作用，另一方面通过凝聚社会力量来开展共性技术的应用服务，从而提高区域数媒体产业的竞争力；要积极搭建数字内容企业中介服务机构，合理优化配置数字资源，并为产业的发展提供技术支持、应用推广服务、知识产权服务、人才培训服务以及对内对外合作交流等专业化服务。

2.加强数字媒体产业投融资体系建设

政府应借鉴欧美等发达国家数字媒体产业发展模式，建立健全多元化的数字媒体产业投融资体系，促进产业发展、抢占新一轮国际竞争的制高点。一是要设立数字媒体产业专项扶持基金，以"重点倾斜"为支持原则，引导和培育数字媒体产业发展，支持重大项目的开发、技术成果转让以及产业化。二是要加快设立数字媒体产业创业投资引导基金，采取中央资金为主导、社会资金参股的形式，积极引导资金投向国家重点发展的数字媒体领域，并主要投资处于种子期和成长期的数字内容企业，促进优质数字媒体创业资本、项目、技术及人才的集聚。三是要扩大融资渠道以服务数字媒体产业，积极鼓励天使投资、VC 和 PE 的创新发展，进一步拓展数字媒体企业的直接融资渠道；建立和完善多层次的资本市场体系，推动场外交易市场的发展，从而满足不同阶段的数字媒体企业对资金的需求。四是要发挥政府投资的引导和放大作用，积极发展公私合营的创业风险投资基金，引导民间资本投向数字媒体产业；整合政府财政新资金和银行贷款资金的力量，在利用银行信贷资金扶持重点领域数字内容产业发展的同时，财政性资金也应该通过贴息贷款以及担保风险补偿等方式进行支持。五是要积极探索新型产业融资模式，选择特定区域试点推行"科技银行"、科技融资租赁公司以及众筹融资等模式，推动数字媒体产业发展。

3.完善数字媒体产业人才培养体系

数字媒体产业的竞争归根到底是创新竞争和技术竞争，而创新和技术竞争的关键依赖于一国在人力资本上的竞争优势，但是目前中国高知识、高技术、专业化的人才短缺，尤其是数字媒体领域现阶段存在着严重的人才体系不匹配，成为制约中国数字媒体产业发展的关键因素，因此要高度重视数字媒体产业领域的人才培养，完善现阶段数字化人才培养体系。具体而言，政府要加强数字化人才的顶层设计，利用国家自然科学基金和国家社会科学基金扶持数字内容重点领域开展重大课题研究，并在此基础上培养高端数字化人才；要整合高校、科研院所以及大型数字内容企业的力量，对数字媒体理论和实践进行系统化研究，为人才培养奠定基础；要创新数字媒体人才培养体系，打造多层次、多元化的数字化人才培养模式，推动高等教育和职业教育融合发展，整合高校、科研院所、职业院校以及培训机构的力量，打造专业化的数字人才培训基地，培育数字媒体产业所需的创作人才、高端技术人才、集成创新人才；要构建数字媒体培训与教育的在线管理系统，实现培训项目的网络化、公开化以及自动化，疏通人们获取基础数字技术的通道；要积极建立优越的国际化人才政策环境和人才管理机制，努力吸引并留住国内外高端数字技术人才以满足企业发展需求。

（四）优化数字媒体产业集群

1. 数字媒体产业集群的功能定位及突出问题

数字媒体产业链是数字媒体关联企业基于一定的产业集聚区域内形成的战略联盟关系，是产业空间组织形式的一种表现。集群战略是短期内形成强大竞争优势共生体的有效途径，以空间布局的约束在一定范围内优化配置资源，减轻流通资本，提高市场转化的辐射规模与能力，形成产业的区域影响。近年来，我国初步建立形形色色的产业园区便是产业集群战略的具体举措，其中就涉及数字媒体产业的相关领域。产业集群既是产业链在空间分布上的一种主要形式，同时也是实施产业链整合的重要组织形式之一。对于数字媒体产业链来说，推动产业链主体在空间分布上的集聚，组建产业集群，尤其是传统媒体企业与技术企业的集群，不仅能够更有力地推动二者的有效融合，加速数字媒体的产业融合进程，加速数字媒体版产业链的形成；同时能够更好地促进集群区域内关联企业的协调合作，发挥协同、关联效应，提升产业竞争力与产业链的价值增值能力。

产业集群并非企业的简单叠加，其功能定位应该是主动推动产业经济活动的繁荣，带有更多的政府规划性，集群与企业间合作是有明显区别的。集群战略不仅限于部分企业抱团的做大做强，而是希望依托区域资源将数字媒体产业链做长做全。上海张江国家数字出版基地重点发展以数字出版为核心，网络游戏、动漫、影视为重点，广告、娱乐等其他文化创意类行业为外围的产业推进体系；重庆北部新区国家数字出版基地确立三步走实施方案：第一步引进复合型内容加工和创造企业，建设数字出版内容资源数据库；第二步引进软件研发类企业，做移动媒体出版；第三步引进游戏类企业，从事网络游戏、数字影视及其他类现代立体传媒业。很显然，后者的集群功能定位带有鲜明的规划色彩，在战略实施和目标层面趋于具体化。

产业集群是逐渐完善的过程，但效益不可或缺，沦为商业地产更是对产业集群投入和政府资源的极大伤害。数字媒体产业集群吸收大量的资金和政策资助，需要一定的效益回报，专项资金是否用于产业集群的协调发展是指导并改进后期扶持思路的直接原因。核心层产值突破百亿元目标的构成和评价类别构成的选取标准亟需政府层面统一制定，以配套数字媒体产业集群的绩效评估。

产业集群战略实施过程中另一个突出问题是同一园区多次挂牌，常常分属不同的部委，甚至还有省市级的挂牌。众多的挂牌使得集群中的企业常常扮演多重角色，分散其产业集群功能的定位，企业主营业务疲于应付各集群的绩效汇报和检查，或是利用单一数据的多重汇报来充数，争取政府资源的倾斜，降低了政策扶持的均衡和合理性。以上海张江高科技园区为例，既有国家数字出版产业基地的挂牌，也有家网络游戏动漫产业上海基地、国家级文化产业示范区、全国版权示范园区、国家软件产业基地、国家 863 信息安全成果产业化（东部）基地、上海市文化产业园区、上海市创意产业示范集聚区、上海张江动漫谷、上海文化科技创意产业基地等近 10 个头衔，园区的可持续发展和规范协调难度可见一斑。

2. 优化数字媒体产业集群的策略

（1）促进文化科技融合下的业态模式创新转型

数字媒体产业是依托数字信息技术为载体迅速崛起，它以创意为核心，通过"文化资源＋数字技术"的跨界融合，重新构建了新型生产及消费模式，促使新型产业群落产生，为国家创造了6万亿元的经济社会价值，成为数字经济时代国民经济发展中的重要力量。由此可见，数字媒体产业的发展依托的基础是"文化资源"，而数字技术是"文化资源"焕发生机的载体，数字媒体产业实质上就是"文化＋技术"的跨界融合，要想促进数字媒体产业发展，就必须推动文化科技的跨界融合，促进业态和模式的创新。具体而言，要推动"数字技术＋博物馆资源"的高度融合，促使博物馆向数字化转型；要推动"数字技术＋表演＋庆祝活动"的高度融合，促使其向数字音乐转型发展；要推动"数字技术＋书籍＋报刊"的高度融合，促使传统出版产业向数字出版转变；要推动"数字技术＋设计＋创意服务"的高度融合，促进时尚产业向数字化、智能化迈进；要推动"区块链＋文化创意"的高效融合，拓展文化创意产品保护的新模式；要推动"数字技术＋视觉艺术＋手工艺"的高度融合，利用电商平台向全球输出创意产品；要推动"人工智能＋文化创意"的高度融合，促进经济和商业形态的变革。

（2）促进文化科技融合下的产业跨界聚合升级

跨界聚合，指的是在不同产业融合实践的基础上，信息技术产业、文化产业以及其他关联产业在跨界融合的过程中，各种要素在不断撮合的过程中所形成的一种融合模式。要推动数字媒体产业发展，既要促进文化科技融合下的业态模式创新转型，更要促进促进文化科技融合下的产业跨界聚合升级。文化科技下的产业跨界聚合升级，能够实现资源整合以及优势互补，促进各生产要素之间的集聚创新，最终提升数字内容产品的升级。具体而言，一方面要促进产业"跨界"升级。要以信息科技为主导，推动不同产业之间进行跨界融合，既包括促进传统文化产业、创意产业之间的跨界聚合，也包括促进数字内容产业向传统产业的跨界聚合，更包括促进数字内容企业之间施行跨行业、跨空间的企业兼并，从而形成典型的龙头数字媒体企业。另一方面要促进数字媒体生产要素的跨界聚合。数字媒体产品的出现并非文化要素与科技的直接融合，必须借助产业的跨界融合来推动要素的跨界聚合，因此，要推动数字媒体产品的升级，就必须借助产业跨界融合来推动文化、科技、创意、资本、人才以及信息、品牌和渠道等要素的集聚创新。

（3）促进文化科技融合下的关联产业集群发展

数字媒体产业的实质是数字技术与相关产业的跨界融合，所以其具备很强的产业关联度，关联产业的发展对其竞争力的提升有着重要的影响，所以必须积极推动与数字媒体产业密切相关的信息技术产业、教育业、传统文化产业、创意产业、数字媒体产业等领域的快速发展，构建协同发展的产业集群。具体而言，国家要大力推进互联网、大数据、云计算、区块链、人工智能、5G 等高端信息技术的快速发展，利用尖端数字信息技术推动传统产业向数字化转型发展；要依靠数字技术大力推动教育业转型升级，创新现代教育的人才培养模式，为数字媒体产业发展培养应用型人才以及高端人才；要推动电视、移动以及网上新媒体产业的发展，丰富数字内容产业的传播渠道以及表现形式；要推动演艺娱乐、工艺品、文化旅游以及文化会展传统文化产业以及创意产业向数字化转型升级，强化数字媒体产业的内容支撑。

此外，优化数字媒体产业集群、建设数字媒体产业基地，还需注意相关配套设施的建设，包括基础设施配套、优惠政策配套以及内部运作机制配套。尤其应当注重理顺数字出媒体业基地内相关企业的关系，实现上下分工联动；重视完善内部的信息沟通与共享机制，实现有效沟通协作。

（五）完善数字出版技术标准

从当前的制约数字媒体产业健康快速发展的突出问题看，技术标准不统一问题十分突出。

由于数字媒体产品及服务的形式多种多样，不同的产品及服务形式具有不同的技术标准，因而数字媒体产业的技术标准具有一定的复杂性。同时，参与数字媒体业务的企业众多，不同的企业实施不同的企业标准，又加剧了数字媒体产业技术标准的不统一、不规范性。就我国的情况而言，数字媒体产业技术标准问题主要表现在标准的混乱、不统一、不兼容，严重制约了产业的发展。与产品相关的硬件、软件、文件交换格式及数字内容整合等方面均缺乏行业乃至国家标准，标准建设严重滞后。以电子书格式标准为例，目前国内市场中就有 Adobe 的 PDF、OEB 组织的 OEB、方正的 CEBX、超星的 PDG、中国知网的 CAJ 等格式标准。各种标准可谓是琳琅满目，但是却缺乏统一的技术标准格式，各格式标准之间也不兼容。

技术标准的不统一，一方面既造成了产业在标准制定上的重复建设与资源浪费，增加了产业链的总量成本；另一方面，也阻碍了内容的多元开发与重复利用，限制了内容附加价值的提高。因此，技术标准的不统一，降低了资源的利用效率，制约了数字媒体产业链的价值增值能力。构建并完善我国的数字媒体产业链，亟须加强相关的政策保障，以建立完善层次分明、分类科学、完整适用的数字出版技术标准体系。完善数字出版技术标准，需要注意以下几个方面。

首先，保证技术信息的公开度。开放性是作为行业技术标准最为重要的条件，作为行业标准就必须全面公开相关的技术和数据信息，使得所有的应用者都能够方便获取，从而能够允许应用者以相关技术和数据为基础进行相应的开发。技术信息公开有限，是当前我国技术标准建设存在问题的一大缩影。

其次，要做好标准的更新、升级，保证技术标准的前沿性。任何标准都不会是一成不变的，必须时刻把握行业发展的新动向、新需求，做好技术标准的更新换代，否则必将会被其他新的标准所取代。当前通行的 EPUB 格式也是经过十多年的不断修改、完善，由最初的 OEBPS（Open eBook Publication Structure，即开放电子书结构）升级为了现今的 EPUB3.0 版本，该版本在性能等方面较之前的版本有了很大改善，也由此确立了其国际电子书主流标准的地位。

最后，加强对标准的宣传、推广。其实，我们的行业标准不少，但是真正执行的不多，这说明我们行业的标准执行存在很大问题。要推动标准的执行，关键是加强对标准的宣传和推广，而标准的宣传与培训是执行标准的基础。因此，完善数字出版技术标准，要重视对标准的宣传、推广工作。

（六）破除产业融合的制度障碍

从当前我国数字媒体产业链的产业融合效果看，数字媒体产业的产值与传统新闻出版产业相比仍有一定差距，其产业融合程度还较低。究其原因，很重要的一个方面就是，目前我国数字出版领域的产业融合仍存在一定的制度障碍。由于现行制度与政策大多是基于传统技术环境，我国文化产业领域的跨产业兼并与重组受到现行制度与政策的限制，在体制、政策上仍存在一些制约产业融合的因素，也就在一定程度上阻碍了产业融合的深入。比如不同媒介间、不同地区间的条块分割还较为严重，出版业作为意识形态的重要领域，行业外资本的进入受到限制，等等。这在一定程度上影响了企业间的兼并与战略联盟，也制约了数字媒体产业跨媒介、跨地区、跨行业的融合。为此，增强我国数字媒体产业链产业融合的程度，亟需政府破除产业融合存在的制度障碍。

破除产业融合的制度障碍，首先要面对的就是市场准入问题，其核心焦点也突出表现在了市场准入制度方面。只有降低各产业间的进入壁垒，才能模糊和打破产业边界，促进产业间的相互融合。对于数字媒体产业而言，由于其是由传统媒体业转型而来，基于传媒业所具有的意识形态属性，并从加强产业规范管理的角度，保持一定的准入限制是有必要的。但是，这种准入限制只适宜限定在内容的出版领域，对于内容的加工、发布与传播则应当保持相对的准入开放，以保持市场的有效竞争，尽量降低市场进入壁垒，推动产业融合进程。

这就需要考验准入制度的合理性，而目前我国在数字出版领域的准入制度仍存在一定的不合理性。

以电子书出版产业的市场准入为例，针对我国电子书出版产业无序竞争、同质化、效率低下、资源浪费等发展现实，我国为此设置了电子书产业准入门槛，强化对电子书产业参与企业的管理。早在 2010 年我国就发布了《关于发展电子书产业的意见》，明确提出了要依法建立电子书行业准入制度，对从事电子书内容原创、编辑出版和电子书内容资源投送平台运营业务的企业，作为电子出版物出版单位和互联网出版单位进行审批和管理；对从事出版物内容的数字转换、编辑加工、芯片植入的企业，作为电子出版物复制单位进行审批和管理；对从事电子书的总发行、批发、零售业务的销售企业，作为电子出版物发行单位进行审批和管理；对从事电子书进口经营业务的企业，作为电子出版物进口单位进行审批和管理。[①] 根据该意见分类审批与管理的指导思想，2010 年 11 月 4 日新闻出版总署公布

---

① 李丹. 新闻出版总署出台电子书产业发展意见 [N]. 经济日报，2010-10-11.

了首批电子书牌照，共 21 家企业获得了电子书从业资质。这对规范电子书市场秩序，细分产业市场，避免技术商与内容商的对立，提升我国电子书出版产业资源利用效率和竞争力，具有积极意义。然而，其中也存在一定的不合理性。

从当前获得电子书从业资质的企业情况来看，虽然技术企业占有相当比重，但是总体而言，对传统出版企业却更为有利，首批公布的电子书牌照名单中，三大运营商瞬间从主角变为了配角。从国家的角度，设置电子书从业资质是为了改善我国电子书市场无序竞争的格局，而从获得资质的企业角度，却有保护传统出版企业，限制技术企业之嫌。限制技术企业，其实就相当于了限制了竞争，此举显然不利于保持市场的有效竞争。此外，虽然有部分观点认为数字媒体产业链的整合应以内容为主导，但从技术企业在数字媒体产业链构建中的推动作用以及技术在数字出版产业链形成机制中的基础地位来看，以数字出媒体产业链整合技术为主导显然更具优势和现实可行性。为此，对技术企业开展数字出版业务的准入，理应保持相对的开放度，以促进数字出版市场的有效竞争，推动数字媒体产业链的融合与整合。

二、行业中观层面的数字媒体发展实践路径

政府和企业作为二元主体在推动产业发展时经常会陷入政府"失灵"以及市场"失灵"的困境，而发达国家促进数字媒体产业发展的经验表明，作为第三方主体的行业协会能够有效解决政府和企业二元主体所陷入的发展困境，在推动产业发展的过程中起着重要的作用。目前，行业协会虽然在中国的发展过程中被赋予了新的使命，但是其在推动产业发展过程中的作用尚显不足，尤其是对于数字媒体产业来说，虽然在落实产业政策、组织人才培训、开展技术研究以及提供社会服务等方面已经取得了一些成绩，但是在推动数字媒体产业发展方面尚未取得明显的效应。与美国等发达国家相比，中国数字媒体行业协会并未有效发挥出其第三方行为主体的作用，尤其是未能有效履行其行业自律管理职能，这也是导致现阶段数字媒体产业领域不规范现象频发以及竞争力弱于发达国家的重要因素之一。因此，

必须高度重视行业协会在数字媒体产业发展中的作用，积极发挥其政策倡导、行业自律、资源整合以及沟通协调等功能，为提升中国数字媒体产业国际竞争力做出贡献。

（一）发挥政策倡导功能，推动产业快速发展

所谓政策倡导，是指行业协会通过与政府的平等协商及政府对话，积极参与政府宏观经济及产业政策的制定，维护本行业内部成员的利益。在推动数字媒体产业发展过程中，行业协会的定位本质上是沟通政府与数字媒体企业的纽带和桥梁，是为市场和企业服务的公益性社会团体，其通过游说的方式对政府的公共政策施加影响。政策倡导功能对于推动商业活动法律法规的通过以及废除产业内部不公平法律法规起着重要的作用，所以备受政府和企业的关注。因此，作为沟通企业与政府的中观组织，应充分发挥其政策倡导功能，推动数字内容产业稳步有序发展。

1. 协助政府制定落实宏观产业政策

行业协会与宏观层面的政府相比，能够更加接近于数字内容企业，因此，行业协会应协助政府及相关产业部门制定并落实宏观产业政策，协助政府对行业及企业实施管理和援助，从而推动数字媒体产业发展。一方面，行业协会作为整体企业利益的代表者，应积极向政府部门反映企业的意见、呼声以及发展诉求，通过与政府及相关部门的政治对话，间接影响数字媒体产业政策的制定及实施，进而获得在税收及财政等方面的产业扶持；另一方面，要及时向数字媒体行业及企业宣传和解读最新发布的数字媒体产业政策，提升企业对政策的理解度，明确国家对产业的支持和资助政策，并积极引导数字媒体企业按照政策开展经营活动，促使其能够抓住发展机遇。

2. 协助政府贯彻落实各项法律法规

行业协会作为微观企业和宏观政府之间的纽带和桥梁，在辅助政府贯彻落实法律法规，营造良好产业发展环境方面起着重要的作用。首先，行业协会应积极搜集现阶段数字媒体产业在发展环境方面所面临的问题，尤其是不公平、不完善的法律法规所导致的发展问题，如对数字媒体产业来说最关键的数字版权保护问题，及时向政府反映企业在法律法规上的诉求，以期得到政府以及相关产业部门的积极回应和支持；其次，国家应积极回

应行业协会所提交的企业相关诉求，并对数字媒体产业实际发展现状进行调研，根据实际制定保护和促进数字媒体产业发展的法律法规，从而营造有利于产业发展的宏观环境；最后，行业协会应辅助政府贯彻和落实相关法律法规，督促数字媒体企业遵守法律法规，辅助政府规范数字媒体产业市场秩序以及企业经营行为，进而为产业发展创造良好的经营环境。

（二）发挥行业自律功能，维护产业发展秩序

在行业协会的所有功能之中，行业自律是其中最重要的职能，是促进产业发展不可或缺的因素。所谓行业自律，一般是指行业协会利用制定的行业规范以及发展策略，对行业内企业的竞争行为进行规范，对行业内企业之间建立信任关系进行推动，对行业内企业经营中的机会主义行为进行弱化，最终达到维护行业共同利益和良好秩序的治理活动。对于数字媒体产业来说，要想实现国际竞争力的稳步提升，就离不开公平公正、稳定健康的市场秩序，而要构建这种市场秩序，除了依赖宏观上政府的调控和微观上企业的有序经营，也离不开中观上行业协会的自律。

1.加强行业协会内部自律管理机制建设

虽然我国数字媒体企业目前已经处于由成长期向成熟期过渡的阶段，但是企业内部却普遍缺乏规范经营意识，尤其侵犯数字版权的事件屡有发生，这与数字媒体行业协会内部自律管理机制不完善而导致行业自律功能难以有效发挥有着密切的联系。因此，我国数字媒体行业协会应效仿欧美等发达国家加强内部自律管理机制建设，为行业自律功能的发展提供保障。

首先，充实数字媒体行业协会自律管理职权。功能匮乏是导致目前数字媒体行业协会难以担当行业管理重任的关键，所以首要的前提就是充实数字媒体行业的自律管理职权，必须要从法律上明确数字媒体行业协会的自治性职责，赋予数字媒体行业协会独立的自治性权力；要改革数字媒体行业协会组织管理体制，充实其管理职权以增强其自治性职能；要积极推动数字媒体行业协会加强自身建设，提升其自律服务职能。

其次，加强数字媒体行业协会自律组织机构建设。负责行业自律任务的主体是自律组织，所以要建设完善的自律管理机制就必须重点加强自律组织机构建设。国家要建设严格的行业组织审批机构，规范审批程

序，对于数字媒体行业协会的成立、年检、变更乃至终止都要经过严格的组织审批；要设置完善的行业协会内部权力机构，除了保留现在的会员代表大会以及常务理事会外，还应在内部建立监督机构，促进自治权力的良好运行；要严格规范行业协会分支机构的设置，除了要严格遵守政府严格的分支机构准入和设置制度外，还应效仿欧美等发达国家，以功能生成为机构设置原则，构建灵活机动的分支机构。

最后，加强行业协会内部自律管理机制建设。在设置科学灵活的自律组织机构的基础上，还应建立公平公正、科学合理的自律管理机制，从而保障组织机构的良好运转。要完善决策程序，改变传统的不定期集会制为定期集会制，通过定期举办会员代表大会的方式，研讨和商谈数字媒体行业内存在的问题和不足；改革人事任免机制，国家应放宽行政控制，促进行业协会按照自立、自主、自养的原则管理行业协会；完善会员管理机制，效仿欧美等发达国家，根据会员在需求及特性上的差异实行差别收费及分级管理，明确收费标准和表决权。

2. 构建自律惩戒为主、法律监管为辅的自律监管体系

构建一个科学高效的自律监督体系既是行业协会治理结构的一部分，也是行业协会推动自律功能发挥的重要保障。行业协会作为一种特殊的社会团体，其自律功能的发挥更多应采用的是自律惩戒这一非法律惩罚性措施，辅以法律监管，主要原因：一是在于行业内的矛盾更多的是源于协会成员之间，采取非法律惩罚性措施能够有更强的针对性及专业性；二是在于行业协会是互助性的服务组织，其建立的原则是平等互利和资源共享，成员之间的行为倾向于合作共赢而非背叛，所以自律惩戒更有利于维护行业秩序；三是在于自律惩戒机制有利于行业协会保持自治性，降低成员对国家机关的依赖心理。

在公正性、自律性以及保护成员合法利益的基础上，构建的自律惩戒为主、法律监管为辅的自律监管体系，要针对数字媒体产业的特性制定明确的自律惩戒种类以及适用范围，提高自律功能的发挥。一是要针对数字媒体企业制定明确的自律惩戒手段，重点通过名誉罚、处罚金、限期整改、集体抵制以及开除的方式，对扰乱数字媒体行业秩序的经营行为进行惩罚；二是要针对数字媒体从业人员制定明确的自律惩戒手段，重点通过行业警

告、通报批评、公开谴责以及吊销从业资格证书的手段，对违反行业自律规范的行为进行惩戒。

（三）实现出版业与 IT 业的充分融合

数字媒体产业是出版业与 IT 业相互融合的结果。作为全球产业发展的重要趋势，产业融合是产业边界固化走向产业边界模糊化的过程。其首先源于信息技术的出现和应用，发生在信息业与广播电视、出版业等行业之间的相互交叉、相互渗透的产业现象。产业融合，一方面能够打破产业固有的边界属性，密切产业间的关系，使得双方日益结成统一的市场，降低产业间的市场交易费用；另一方面，能够模糊产业边界，加速产化的竞争合作效益，并推动产业效率与效益的提升，对产业结构的优化与升级具有重要意义。

强化数字出版产业链与创新链的融合，需要实现传媒业与 IT 业的充分融合。为促进出版业与 IT 业的融合，国家新闻出版广电总局还为此出台了《关于推动传统出版和新兴出版融合发展的指导意见》。实现出版业与 IT 业的充分融合，主要是基于以下两方面因素考虑的。

一方面，当前我国数字媒体产业链的产业融合程度较低，产业链运行的产业融合效果不佳，严重制约了数字媒体产业链的有效运行。数字媒体产业链具有产业融合功能，出版业与 IT 业的融合程度越高，说明其产业融合功能的发挥越好，越有利于实现出版业与 IT 业的深度合作与紧密联系，从而越能促进数字媒体产业链的有效运行。然而，当前我国新闻出版业的数字化率仍较低，出版业与 IT 业的融合程度仍有待进一步加强。这也就影响了数字媒体产业链的运行效果。为实现数字媒体产业链的有效运行，就需要加强出版业与 IT 业的合作、融合。

另一方面，从当前数字媒体产业发展的主要路径看，也需要加快出版业与 IT 业的融合。我国的数字媒体产业，在其发展过程中，形成了出版业主导的数字化改造和 IT 企业主导的数字出版两条发展路径。其中，对于出版企业的数字出版发展路径而言，主要是传统出版企业通过对其内容进行数字化加工和对其业务流程进行数字化改造，实现数字化转型。而对 IT 企业的数字出版发展路径，主要是凭借其技术优势与平台优势，以提供数字化的阅读服务与体验为主要方式，进军数字媒体领域。然而，出版业主导的数字化改造空有丰富的内容资源，但是却不能准确把握数字化的特征及发展趋势；IT 企业主导的数字出版虽然拥有较强的技术优势，但是却缺乏优质内容资源与出版运作思维，因而，均未取得完全的成功。这其实也就反映出了，这两条以单一行业为主导的发展路径各自均存在其不足，只有实现两条路径、两大行业的融合，才是其成功之道。

而要实现传媒业与 IT 业的充分融合，可从以下几方面着手。

一是实现技术的创新融合。当前，出版业与 IT 业之间的有效融合仍存在一定的技术障碍。主要表现在，技术标准各行其是、尚未统一，各种内容格式、各式阅读终端、几大操作系统五花八门、兼容性差，形成了企业合作、融合的技术障碍。由此，也就造成了产业链主体之间各自为政、缺乏深度合作，导致产业链各环节缺乏合作共赢机制，并由此阻碍了产业的融合。而产业融合，恰恰也首先表现为技术的融合。要实现出版业与 IT 业的充分融合，首先要实现技术的创新融合。具体来说，就是要统一行业的技术标准，完善技术标准不仅只是政府层面应该力推的职责，也是行业层面应该积极参与的重要方面。技术标准最终需要在行业范围内落地，只有从行业层面推动技术标准的统一，技术标准的完善才具有真正的现实意义。

二是推动产品的融合。产品融合是产业融合的重要内容，从需求角度看，产业融合是以产品为基础的融合。产品融合的主要方式就是，基于数字技术开发新的产品形式，出版业与 IT 业的产品融合最为典型的就是电子书阅读器的研发。电子书阅读器可以视作一种电子产品，也是一种出版产品。近些年来，传统出版企业竞相进军电子书阅读器市场，开发专门的针对本版书是阅读器，如上海世纪出版集团的"辞海悦读器"、中国出版集团的"大佳移动阅读器"、人民军医出版社的"军医掌上图书馆"、读者集团的"读者电纸书"等。然而，上述传统出版企业开发的电子书阅读器在阅读器性能、性价比、内容资源拥有量等方面，对消费者都缺乏足够的吸引力。因而，随着 ipad、Kindle 等国外终端阅读设备的大量涌入，2011 年我国国内电子书阅读器产值锐减，目前，传统出版企业开发的阅读器多数已经关停并转。而究其原因，主要就是由于数字技术与出版产品的产品融合不够。亚马逊 Kindle 的成功，不仅仅在于其阅读器本身的产品性能，其内容优势才成功的关键，亚马逊 Kindle"内容＋终端"的发展模式，正体现了出版业与 IT 业在产品层面的相互融合。

三是建立沟通、协调机制。出版业与 IT 业双方只有实现充分的沟通与有效的协调，才更有利于加强与密切双方的联系与合作，进而推动双方的融合发展。具体而言，沟通、协调机制的建立，主要体现在了行业组织、行业协会的建立上。行业协会组织在协调行业成员的关系、消除行业成员间的矛盾、加强产业管理方面具有重要的地位和作用。近年来，随着数字出版产业的快速发展，传统出版企业、新媒体公司、技术企业、电信运营商等纷纷进入数字出版领域，在彼此间的合作、融合程度日益加深的同时，双方的矛盾也日益激化。为实现行业成员间的关系协调与矛盾解决，这几年，一些数字出版行业协会相继成立，如中国音像与数字出版协会、全国新闻出版单位数字出版部门主任联盟等。然而，这些数字出版行业协会，在协会制度建设、组织运作、作用发挥等方面均存在一定问题，更为主要的是，这些行业协会普遍缺少技术企业的参与加入，这并不利于出版业与 IT 业的沟通、协调。为此，为加强出版业与 IT 业的沟通、协调，实现双方的充分融合，建立由出版企业与 IT 企业共同构成的数字出版行业协会组织，应成为未来出版业与 IT 业共同致力的重要工作。

（四）推动产业链资源的有效整合

强化对数字媒体产业链的管理，构造结构完整的数字媒体产业链，需要出版业与 IT 业的共同参与，实现内容、技术、渠道等产业链资源的有效整合。尤其是在当前数字媒体产业链结构尚不完整，产业链的资源整合效果仍不理想的情况下，推动产业链资源的有效整合，对产业链有效运行与强化管理就显得尤为重要。

只要是产业链上的企业能够直接或间接控制链上其他企业的决策，使之产生期望的协作行为，就视为产生了某种程度的"整合"。产业链整合是产业链主导企业实施的一种产业链建设与管理活动，主导企业的存在是产业链整合的前提条件。虽然产业链整合是一种主导企业对其他联盟企业实施控制的行为活动，但是产业链整合活动的影响却是战略联盟关系层面的，是整个产业链层面的。从产业层面看，产业链整合，就是推动产业链内的所有主体在资源调配、风险控制、成本管理、利益共享等方面产生联动与合作，从而实现产业链效率与效益的提升。基于此，笔者认为，推动出版业与 IT 业在内容、渠道、技术等产业链资源的有效整合，是强化对数字媒体产业链与创新链融合，实现产业链有效运行与效率提升的重要手段之一。

实现出版业与 IT 业在内容、渠道、技术等产业链资源的有效整合，至少应实现下两方面的目标。

首先，数字媒体产业链的整合要能实现规模经济效应，有效提高产业链效益。始于企业组织分工协作研究的产业组织理论，能够为产业链整合过程中如何实现各关联企业的协同合作提供有益参考。产业组织理论研究在不完全竞争环境下，企业组织如何通过合并等市场行为，实施对其他关联企业的控制，以实现规模经济效应。由此，对于数字媒体产业链整合而言，无非就是通过在内容资源、渠道、技术等方面的整合，实现协同效应与规模效应，最大化产业链的利润。当前，数字媒体产业链无序竞争乱象突出，内容、技术、渠道割裂，内容商试图绕开平台商独立搭建自营分销平台，技术商凭借技术优势意图"通吃"产业链，渠道商积极布按内容生产图摆脱内容商。数字媒体产业链分工协作良好生态系统的缺失，其结果只能是资源的严重浪费、市场竞争的无序化与产业链效率的低下。为此，就需要通过内容、技术、渠道等方面的整合，协调产业链各方的市场行为，以形成良性竞争格局，实现数字媒体产业链效益的最大化。

其次，数字媒体产业链整合应以有效降低交易费用为前提。产业链是基于分工的一种迂回生产经济形式，在产业链最终产品产出的过程中，必然涉及中间产品的生产及转移。为有效降低中间产品生产与转移的成本，获得更合理的中间产品价格回报，产业链上的企业通常会通过积极的纵向一体化策略，将不同环节间形成的市场成本内部化，以获得更高的利润回报。而交易费用理论认为，纵向一体化的发生，正是为了降低其市场交易费用。从这个意义上讲，通过纵向一体化等方式实施的产业链整合，其目标之一就是为了有效降低市场交易费用。针对诸如当前数字出版领域存在的技术标准不统一，由此造成的数字内容在不同环节间的转换成本过高等问题，在推进产业链整合的过程中，如何有效降低市场交易成本就应成为其首要目标。

三、企业微观层面的数字媒体发展实践路径

从企业层面而言，目前存在的主要问题是传统出版企业与IT企业之间的分工协作不足，关联关系较弱。为此，强化数字出版产业链与创新链的融合，促进数字媒体持续健康发展，需要传统出版企业与IT企业之间加强联系，实现分工协作，企业应通过夯实自身发展基础，推动内容、技术、模式持续创新，推进要素资源持续优化，提升企业管理水平，积极拓展国际市场，进而为推进数字媒体产业健康持续发展贡献力量。

（一）明确各自分工定位

当前，数字媒体产业链运行的不顺畅，归根结底是由于产业链关联企业间分工协作关系的影响。正是由于产业链分工不够明确，产业链主体之间的分工定位模糊，弱化了产业链主体之间的关联关系、制约了产业链的资源整合与产业融合合、影响了产业链的价值增值能力。为保证数字媒体产业链运行的通畅，需要数字媒体产品与服务提供商、数字媒体技术开发商与平台提供商、数字媒体产品与服务分销商等产业链主体明确各自的分工定位。

1.产品与服务提供商的分工定位

数字媒体产品与服务提供商作为数字媒体产业链的源头，肩负着为数字媒体提供内容资源及相关服务的重任。数字媒体产业的一切活动都以产品及服务的提供为开展的前提和基础，这是数字媒体产业吸引读者、实现产业链价值增值的保证。产品与服务提供商在数字媒体产业链中应聚焦于内容资源的创新与集成、产品与服务的质量控制、产品与服务形态的创新、版权管理与授权等四个方面。

第一，在数字媒体产业链中应定位于数字内容资源创新与集成的承担者。一方面，作为传媒业赖以生存发展的核心资源，内容对数字媒体产业发展的意义不言而喻。内容资源的创新是数字媒体产业发展的不竭之源，只有不断提供创新的内容资源，才能保持活力与市场吸引为，赢得市场。另一方面，在数字阅读时代，用户的阅读需求趋于多元化，如何整合各类

信息资源并向用户传播，以满足其多元化的需求是内容提供商需要考虑的重要课题。基于此，通过内容资源的不断创新巩固其在内容资源占有方面的优势，通过对内容资源的集成形成规模优势，就成为数字媒体产品与服务提供商获取竞争优势的重要发展模式。中国知网、重庆维普、万方数据和龙源期刊等正是以集成型数字出版商的身份参与产业链竞争，并在各自的市场领域独领风骚。

第二，在数字媒体产业链中应作为数字媒体产品与服务质量的控制者。在激烈的市场竞争中，企业要求得生存和发展，除了战略选择外，产品与服务的质量控制至关重要。质量不过硬，小则退货赔钱，大则失去消费者，并最终被市场所淘汰。传媒产业作为人类文明的主要传播者，内容质量的重要性不言而喻。数字出版时代，产品与服务的任何质量问题都有可能通过网络贴吧、微博、手机短信等途径被无限放大，并有可能导致产品与服务提供商在产业链中败退。为此，提供商要从内容资源策划、组稿、编校、数字化加工等方面加强对产品与服务的质量控制，优化质量，增强阅读体验及享受，提高消费者满意度，从而提升企业价值增值能力。

第三，在数字媒体产业链中应定位于数字媒体产品与服务形态创新的推动者。除了数字内容资源创新，产品与服务形态创新也是数字媒体产业的重要方面。数字出版产业的产品形态从最初的封装型产品，经历了数据库、电子书、手机出版物等多种形态的变化，并仍在不断丰富当中。数字出版产品与服务形态的每一次创新，都会带动一批企业的兴起，同时也会造成一批企业的衰亡。比如，网络出版形态的出现使得20世纪80年代末、90年代初盛行一时的光盘出版企业逐渐被取代；而像Kindle、ipad等终端阅读设备的出现则强烈地冲击了点读机、学习机等终端市场。因而数字媒体产品与服务提供商只有持续创新产品与服务形态，才能在数字媒体产业链中得以生存和持续发展。数字媒体产品与服务形态创新可以是基于技术进步创造出新的产品和服务，同步于从光盘、数据库、电子书到手机出版物等的演变过程；也可以是基于消费者的不同需求，就同一产品提供不同阅读体验的产品形态。

第四，在数字媒体产业链中应作为数字版权管理与授权的实施者。如果说技术开发商和平台提供商的优势在于技术和平台，分销商的优势在于渠道和客户。毫无疑问，产品与服务提供商的优势在于其所掌握的内容资源及建立在内容资源基础上的对于版权的控制权。这是产品与服务提供商在数字媒体产业链中竞争的根本，为此，其应强化自身在数字版权管理与授权方面的功能定位。数字媒体产品与服务提供商应建立自身的内容管理系统，并通过数字版权加密保护技术、数字对象标识符及相关的版权追踪技术等技术手段进行版权保护，实现数字内容的权利管理。同时，产品与服务提供商应通过建立合理的数字版权授权模式、版权授权费用标准、盗版赔偿标准等，强化对数字版权授权的控制。

2. 技术开发商与平台提供商的分工定位

数字媒体技术开发商作为数字媒体产业链最初的组建者和推动者，数字媒体平台提供商作为主导者之一，二者均为数字媒体产业链的核心主体。它们不仅极大地推动了数字媒体产业的发展，同时还推动了传统出版商的数字化进程。它们在数字媒体产业链中的分工定位主要体现在以下方面。

一是数字媒体技术与平台的支持和创新。一方面，数字媒体产业是技术与出版实践结合的产物，传统出版商的数字化转型更离不开技术商的支持。另一方面，在平台化的驱动下，数字媒体产业的发展同样离不开平台提供商的支持。数字内容资源的上传与发布、产品及服务的在线消费、生产与消费的连接已经越来越离不开平台提供商的平台支持。我国的数字学术出版，因为有了中国知网、万方数据、重庆维普这三家平台商的介入和支持，才有了目前"传统内容提供商＋平台提供商＋用户"的较为稳定的产业链形式。因此，在数字媒体产业链中，技术开发商与平台提供商应着重于发挥其技术与平台的支持及创新功能。

二是产业融合的推动。技术开发商与平台提供商是推动IT业与出版业融合的重要力量。其所具备的技术优势、先发优势和平台优势能够为推动数字出版领域相关产业的融合创造条件，主要表现在：首先，为获取内容资源这一产业发展的核心要素，技术开发商与平台提供商在寻求与传统出版商合作以获得所需内容的过程中，无形中推动了IT业与出版业的融合。其次，作为数字媒体产业较早的参与者，技术开发商与平台提供商的发展、利润的实现，必须建立在完善产业链功能以加快产业发展的基础上。为此，它们凭借技术优势和平台优势迫使传统出版商进行数字化转型，并将其纳入数字出版产业链中，从而实现了数字媒体产业链结构与功能的完善、产业融合进程的推进。

三是资源生产和市场分销。在数字媒体产业链"资源＋市场"的二元结构中，技术开发商与平台提供商往往以内容提供商身份从事"资源生产"或以分销商身份从事产品的"市场分销"。对于数字媒体技术开发商，其在产业链中更多的是以集成型数字出版商的身份参与产业链建设。它们借助掌握的技术优势，通过提供出版产品数字化加工技术和服务，以及从事内容资源整合、集成发布等活动实现"资源生产"的功能。数字媒体平台提供商很少单纯地提供平台及相关技术，更多的则是通过搭建数字媒体平台参与产品及服务的分销。

四是用户体验与增值服务的提供。提供用户体验与增值服务，是数字媒体技术开发商与平台提供商在数字出版产业链中的重要功能定位。一方面，用户体验、增值服务，都需经由一定的技术加以实现。比如，为提高不同终端用户的阅读体验，需通过一定的自适应技术自动生成匹配不同终端屏幕的阅读页面；而信息订制及推送等个性化增值服务则需通过相关信息订制技术和信息推送技术加以实现。另一方面，用户体验及增值服务主要通过数字出版平台提供给消费者。由此可见，用户体验与增值服务的提供需要技术开发商和平台提供商的支持，这也是其参与数字媒体市场竞争、提高产业链价值增值能力的要求和重要手段。

3.产品与服务分销商的分工定位

数字媒体产品与服务分销商在数字媒体产业链中扮演着内容提供商与消费者沟通桥梁的重要角色。这一功能有利于扩大读者接触面、促进数字媒体产品及服务的销售。只有使尽可能多的经销、零售、营销和其他各种各样的机构与个人网站加入进来共同扩散其产品、服务及相关信息，才能接触到尽可能多的读者和消费者。数字媒体产品与服务分销商在数字媒体产业链中的分工定位主要体现在以下几个方面。

（1）数字媒体产品与服务销售的促进。数字媒体时代，产品与服务呈爆炸性趋势增长。面对海量的信息产品，仅仅依靠内容提供商进行产品与服务的销售，不仅不利于扩大消费者接触面和市场范围，也不利于内容提供商专注于内容的创新与质量控制等业务活动。这就需要发挥分销商的作用。数字媒体分销商往往具备内容提供商所不具备的开展分销活动的条件，包括技术、人力资源、基础设施、分销经验等，分销商通过资源禀赋能力的发挥，能够促进数字媒体产品与服务的销售。

数字媒体产品与服务分销商促进销售功能的方式主要有三种：一是通过数字出版平台进行分销，这是最常见及便捷地接触消费者、实现销售的分销方式。消费者通过网银、支付宝等在线结算手段，可以随时随地购买数字媒体产品及服务。二是通过手机、电子阅读器等移动媒体分销，部分数字媒体产品及服务直接内置于移动终端中，而更多的则通过无线网络在线销售。三是通过网上书店或实体书店分销。

（2）资金的及时回收和流转。分销商面对的是产品及服务的最终市场，是实现产品及服务价值的最后一环。分销商需要负责很大一部分的资金回收及流转功能，而资金的及时回笼及正常流转是企业扩大再生产、实现稳定持续发展的重要条件。传统出版业中，由于普遍采用寄销形式，分销商（即传统出版中的发行商）的结算周期长达半年甚至一年，资金很难快速流转。同时，发行商依靠对发行渠道的控制而拖欠货款的现象比比皆是。这些严重影响了出版社或报社正常的生产经营活动。而在数字媒体产业中，分销商很少与消费者直接面对面交易，而是通过网银、支付宝、手机短信等方式结算，分销商除了留下一定比例的销售收入外，交易结束后其余收入随即流入数字媒体企业账户中，资金的回收和流转速度较之往无疑大大提高。

然而，这一过程中需注意支付工具的安全问题化及收入分成问题。支付安全问题关乎消费者的消费意愿，而收益分成则关乎产业链各方的有效合作，中国移动等身陷分成模式的舆论旋涡正说明了分成问题的重要性。

（3）数字媒体市场反馈的接收从及与内容提供商、读者间的沟通。虽然数字媒体产业链的任一主体都不能忽视市场需求，都要接触、了解市场，收集市场信息及反馈。但是，作为接触消费者与市场的"最前线"，分销商无疑要承担更多市场反馈接收功能。分销商必须通过其市场辐射为最大程度地收集市场信息及反馈。对此，一方面要与读者积极沟通，了解其需求与喜好；另一方面，则要将市场反馈信息提供给内容提供商，为后者把握市场需求、与读者进行有效沟通架设桥梁，合作解决市场反映的问题，从而促进产品及服务的销售。

（4）多媒体数字内容的集成分销。

数字化阅读逐渐成为一种趋势，随之而来的则是阅读需求的多媒体趋势，人们更倾向于消费集书、报、刊、影视、音乐等于一体的多媒体产品。这就要求分销商必须集成分销多媒体数字内容，才有可能最大程度地满足读者需求，淘宝旗下的淘花网就是一家综合性数字内容分销平台，拥有影视、电子书、电子期刊等产品 3 万余种，依托淘宝网的优势资源为内容提供商和用户打造多方共赢的多媒体数字内容产销平台。

（5）数字产品与服务分销解决方案的开发运作。数字媒体产品与服务分销商在数字媒体产业链中除了直接分销数字媒体产品外，为内容提供商提供分销解决方案也应成为其重要的功能定位。分销解决方案在帮助内容提供商实现数字内容及服务快速分销的同时，也促进了行业对市场开发和营销经验的积累。

（二）强化数字出版战略联盟关系

数字媒体产业链是基于价值链基础形成的战略联盟关系链，数字媒体战略联盟的组织形式能够有效降低市场交易成本，对于推动有竞争力的数字媒体产业链的形成和打造有积极意义。数字媒体关联企业之间的战略联盟关系网络尚未真正建立起来，尤其是传统媒体企业与 IT 企业间缺乏战略联盟合作，为此，就需要强化数字媒体战略联盟关系，实现相互间的分工协作及产业链的协调运行。

产业链是由关联企业组成的一种战略联盟关系链，产业链与战略联盟之间有着诸多关联。产业链主体结成战略联盟关系，有利于资源整合与共享，促进联盟成员间的资源优化配置；有助于协调联盟成员的分工协作关系，加强联系与合作，实现专业化分工生产。当前，数字媒体产业链主体间的关联关系较为松散，分工协作尚未十分明确；产业链资源整合效应发挥不充分，在内容资源数字化加工和分销平台建设上各自为政，影响了资源配置效率。强化数字媒体关联企业的战略联盟关系，就是要建立起产业链主体间资源互补、利益共享、协调合作的关系。以此，强化产业链主体间的关联关系的紧密程度，协调相互间的竞合行为，实现分工的协调与专业化；整合多方资源，尤其是内容资源的整合，提升资源的规模效应，在实现资源的互补与优化配置的同时，提升整体的竞争优势。

强化数字媒体战略联盟关系，应推进统一的公共信息服务平台的构建，以加强关联企业之间的信息沟通。当前，数字媒体战略联盟关系仍有待强化，很重要一点是由于联盟成员间缺乏良好的信息沟通机制与沟通渠道，导致成员间的关系十分松散，影响了各方的协调行动，进而也影响到了战略联盟关系的发展。针对此，建立一个统一的公共信息服务平台，为相互间的信息沟通与共享提供一个良好的平台，就显得尤为重要。

强化数字媒体战略联盟关系，需要推动内容提供商与分销商之间的联合重组。战略联盟关系的组建，既可以是协议的方式组成的研发、生产、市场销售等方面的联合关系，也可以是以合资、互相持股等产权契约的方式组成的企业集团。从关系的稳固性及产生的效益来讲，合并重组的战略联盟关系更具优势。对于数字媒体产业链中的传统内容提供商而言，虽然大部分已开展了数字媒体业务，积极对自身的内容进行数字化加工，但是从各自的内容资源集成度看，数字内容资源集成量较低，难以发挥规模优势与规模效应。为此，可以通过与其他关联企业的战略联盟或合作，实现资源整合与互补。而对于内容提供商与分销商之间而言，由于二者的纵向联合重组目前尚存在一定的制度约束，但是双方可以通过技术研发合作、市场共享和建立合资企业等方式，实现纵向的联合与合作，以实现资源互补与利益共享。

（三）推动企业持续创新，促进产业整体提升

创新是引领企业发展的首要核心动力，也是提升企业国际竞争力的关键。创新则兴，不创新则亡。对于数字媒体企业来说，要不断适应数字经济的发展变化，在内容、技术、模式等方面不断创新，从而为国内外消费者提供更加优质的数字化产品和服务，提升企业的国际竞争力，进而促进整体产业国际竞争力的提升。

1.要积极推动内容产品持续创新

内容是媒体的基础性工程，体现了媒体的原创价值。数字媒体的出现颠覆了传统的内容观、内容生产及传播模式，在由技术、渠道、产品、平台等多重指标所构成的新环境体系下，新闻纸语境下单一化的"内容为王"

转变为网络中的内容产品价值开发。数字媒体内容生产者必须对内容的制作、供应、传播等方面进行全方位变革，为内容寻求新的增值点和发展空间。

所谓内容产品创新策略，其基本思路是以数字信息技术、网络技术为手段，按照互联网的价值原则和运作规律，从生产方式、产品形态、传播渠道和产品营销等方面入手，对媒体最有核心竞争优势的内容产品的价值加以重新开发与提升。

（1）树立"大内容观"，进行内容产品结构再造

①内容产品是一切符合用户需求的信息和服务

区别于传统媒体内容体系对"内容就是新闻"的理解，在数字媒体框架下，内容不等于就是新闻，而是一切符合用户需求的、有价值的、适合传播的信息或资讯，都能成为内容。这是因为，随着信息时代的到来和社会多元化需求的形成，传媒的服务对象变得更加宽泛，信息内容更加丰富。当今用户通过电子设备进行的内容消费与手持油墨印刷的报刊进行内容消费是完全不同的两个时代的两种行为。媒介融合对媒体带来的影响是信息边界的消解，数字媒体内容的内涵和外延与传统媒体比较有很大变化。

首先，新闻仍是报刊新媒体内容不可忽略的重要组成。"新闻纸"是过时了，但新闻业仍旧存在。新闻产生于人的社会化需要，因而从本质上而言，人们对新闻的需求是不会随时代而改变的。

其次，那些迎合个人兴趣的、商业化的、娱乐化的信息也是内容，它们更多体现出好看、有用的特点。甚至连网络游戏也算是数字媒体内容，网络游戏业已被归入大信息服务业。事实上，房产、旅游、明星、摄影、美食等信息对芸芸众生更有吸引力，严肃的新闻无法带来足够的点击率，而没有点击率，就没有了做严肃新闻的资金。

再次，用户生产内容、微内容等。微内容是相对于传统媒体制作的宏内容而言的。宏内容指的是由专业人员在专业机构中制作的、并经由专门渠道发布的信息产品。由于成本较高、资源有限（如版面、时段等），其传播必然遵从规模经济的传播模式——以尽可能少的内容服务于尽可能多的消费者，这就是典型的大众传播模式。微内容指的是个体用户所创造、传播的信息，如一个元数据、一个简单的链接、一篇用户评论、一张图片、一段音频或视频、一个的主题或的内容列表等，它们与宏内容相比显得微

不足道，因而被西方学者命名为"微内容"。在网络上，用户生产内容往往能更快地引起其他用户的兴趣并激活"病毒式"的传播。

最后，关系信息也是内容。在社交性成为数字媒体必备特性的今天，人们往往根据社交圈子、熟人推荐、媒介使用习惯等来选择内容。在社会化生产的思维中，一切与用户有关联度的、链接的、分享的、甚至用户关系等，都应成为数字媒体内容体系的组成部分。关系本身就是一种丰富的信息，可以呈现出用户属性、媒体节点的位置、传播网络的联结方式，等等。网络社区具有强烈的社交属性，是人气较旺的网络空间，在社区参与者的不断信息交流碰撞过程中，大量的、各种类型的信息内容也自然生成。微信是近几年在中国走红的社交媒介，它将人与人的通信联系通过手机号、QQ号织成错综复杂的关系网，这些关系网就是一个个信息内容发布和传播平台。因此，数字媒体要充分重视论坛、即时通信、博客、微博、微信等热点应用。

②渠道、终端改变内容，从单一产品到多介质、多媒体、移动化产品

菲利普.科特勒（Philip Kotler）在《市场管理：分析、计划、执行与控制》一书中将产品界定为包括核心利益产品、有形产品、期望产品、附加产品、潜在产品的五层次结构。从阅读体验的角度说，数字媒体是十分重视多层次的产品生产与体验拓展的，重视除核心利益产品之外的其余四个"非功能层"产品。

数字媒体多渠道、多终端化的发展趋势形成了对内容的倒逼机制，要求内容去适应不同属性的平台、渠道、终端、数据库等，从而形成了对内容的分类处理和产品多层开发思路。数字媒体传播从表面上看是对渠道和终端的要求，本质上也是对内容的要求。融合新闻是数字媒体的一种主要内容产品，融合新闻是以数字化为方向和纽带聚合并能够通过计算机、通信、个人电子设备等多样化终端自由分配与接触的新闻样态。它不仅在新闻信息的采集、原创、生产、整合、展示、增值等基本环节适应数字技术的要求，而且能在不同的介质终端上实现自由选择和组合，使新闻传播更加自由、个性化和互动化。因此，融合新闻是多媒体、跨设备的多样化新闻——报业新媒体生产出的内容与互联网、手机、电子纸、平板电脑等融合，就产生了新闻网站、手机报、电子报、客户端等产品，与云技术融合就产生

云新闻、云阅读等。

内容多层开发的最新发展趋势是要跟进移动互联网潮流，移动终端设备的普及促进了人们的内容消费，无论从花费的时间上还是消费数量上看拥有移动终端的用户会消费更多的新闻产品。数字媒体内容建设应该是用多种手段、多种方式、立体化地传播内容信息，也可以说是差异化、个性化的信息内容通过不同的渠道和终端去传递。电视的高清化、大屏幕决定了娱乐为主要内容；电脑的人机互动特点，形成了以互动、个性化的信息服务为主要特征的互联网内容；手机则是便携、随性的，决定了其内容应该是短小精悍、满足碎片化时间段的信息需求的。从使用体验来看，终端有两极化的趋势，一个方向是更为好看，另一个方向是更为好听，前者强调功能使用，后者强调视听享受。终端的这一发展特点也应和了上文所强调的"大内容观"。

总之，伴随着网络融合与终端融合的推进，多样化的融合型产品将成为数字媒体内容产品开发的主要形态，是重构媒体新闻生产和内容产业价值链的支撑点。

（2）内容产品生成开放化，专业化制作与社会化生产结合

数字媒体的内容生产模式与传统媒体的有很大不同，前者是社会化的内容生产占据很大比重，用户成了信息的共同生产者；而后者是组织化的内容生产，专业人员是主要生产者。所谓"无评论、不新闻"或者"无分享、不新闻"，凸显的正是数字媒体领域用户对内容生产的广泛深度参与。数字媒体内容生产的模式可以采用"二八机制"：20%的精品内容+80%的UGC内容，也就是精品内容实行专业化自产，比例小、价值高；一般性内容来自用户，用丰富性带来点击量。这种结构的好处是，既能将传统报业的内容优势继续保持，又能发挥网络开发性的特点，通过引进、集成手段来创造内容价值。

①突出媒体专业化优势，用精品内容体现水准

"二八机制"中的"二"指的是20%的精品内容来自媒体自产。

自媒体、社交媒体内容及其他用户生产内容作为一种内容样态，可以丰富内容的"形"和"量"，但并不代表内容的"质"能得以提升。虽然专业新闻与公民新闻的融合开始成为当前网络新闻生产的主要方式，但会

开车不等于就能当职业司机，"人人都是记者"其实是个伪命题，从实际情况来看，大部分公民记者仅仅充当了报料人的角色，这反而在某种意义上强化了职业新闻生产机构和职业的重要性。出身于传统媒体的数字媒体还是可以延续母体的内容生产优势，通过内容的品质来展现媒体的品质，以专业化制作的精准独特内容来保障媒体的健康良好发展。

在我国当前的新闻管理制度下，传统媒体组织拥有强大的政策资源优势和专业的采编团队，产业集中度较强；而且我国媒体强调担负公共文化传播的责任性，其舆论监督和喉舌功能决定了有些专业内容生产必须交由报业机构负责。传统媒体内容生产主要包括新闻、财经、体育、教育、高雅艺术等，这些类别的内容一般而言生产成本较高、专业性较强；其中，属于政策保护、承担一定的公共服务的内容如新闻等，目前还是社会化媒体难以进入的领域。因此，总体而言，传统媒体组织目前仍然是整个传媒业资讯内容生产的主要来源。

当然，与传统媒体时期所不同的，数字媒体的专业精品内容强调网络原生，按互联网规律运作，要特别注意避免以往那种将印刷版内容挪移到各种屏幕上的做法。传统写作者和媒体要从纸质状态向互联网状态转移，内容形态和传播要符合网络特性。

②兼容用户生产内容，社会化制作体现开放性

"二八机制"中的"八"指的是80%的内容来自互联网用户生产内容（UGC）。传统媒体的传播模式是"一对多"的，内容生产是自上而下、缺乏互动的，现在这种创作流程将被彻底抛弃。互联网是开放的平台，是"多对多"的互动传播，用户的转发、上传、分享、评论等行为在技术的支持下已经非常容易，用户生产内容占网络内容的绝大部分现已成常态。统计表明，整个互联网上的内容贡献活动，相当于约有3200万全职人员在写作和编辑。数字媒体现在要做的事情，就是将UGC中的"U"——user即用户，包括公民记者、网友、粉丝、微友以及民间机构、业余生产团队之类的非专业力量的参与性和创造力充分调动起来，将一部分生产权力还给他们。用户生产内容是"草根"的原创和民间的智慧，往往来自生活一线，虽然带有分散、格式不规范的问题，但也具有数量众多、成本低廉、表现形式多样、流行文化因子丰富等特点，具有很高的分享度和用户黏性。对

这些内容的关注和导入能为报业新媒体带来丰富的流量，并进而带来盈利的可能。

新闻报道机制可以形成专业记者与公民记者相结合。比如，美国福布斯网站招募近千人的投稿团队，受众参与稿件的数量一直在上升。我国的数字媒体应该学习这种做法，开辟空间、给予机会让网民在重要和突发事件中展开现场直播和体验式报道，就热点话题进行讨论、评论、围观，鼓励他们上传自己拍到的照片或视频，为媒体撰写博文等。公民记者的参与有利于提升了专业记者工作效果，访问网站、求助百科、使用搜索引擎、微博互动等，现已成为是专业记者获取新闻选题线索、采集资料的重要渠道。内容生产的公众参与、协同传播，可以加快信息的快速传播，使报道形成由快到深的"循环"特征，即由一次刊发、单次传播变成接力赛跑、循环报道。针对 UGC 内容散乱、无序、不规范等问题，可以通过筛选、整合加工的方式对它们进行重构，使其内在价值显现出来，再以新产品的形式再提供给用户。

（3）内容产品营销关注用户体验，开展个性化订制服务

"以用户为中心"的媒体运作理念诞生于 Web.2.0 时代，其核心是高度重视用户的利益，以满足需求为目的，以关系为纽带，利用社交网络等手段，使得用户和媒体融合为一体。"以用户为中心"理念下的数字媒体内容产品不是简单的采编产物，而是集价值观、技术、用户需求、资讯、渠道特征于一体的产品体系。在这个产品体系中，内容本身很重要，但给用户提供内容的方式更关键。社会上人们对数字媒体的广泛接受表明这种创新和人们的需求是一致的，为传媒创新指明了方向，即对信息发布和接收的形式有了更高的要求。

①提供智能匹配的订制内容及服务

传统媒体的生产方式满足的是共性需求，而数字媒体则关注个性化需求。当媒体内容提供在用户生活中变得不可或缺、不可替代时，用户会形成消费依赖。而要做到这一点，内容就必须是以用户需求为导向的，为用户量身定做。这样，单纯的看内容就会变为多层次的内容使用，并在此基础上构建起"一次生产、次销售"的商业模式，内容的价值也就最大程度地被挖掘出来了。

量身定做内容就是信息订制服务，属于现代"大规模订制"生产方式。大规模订制是满足个性化需求的一种有效方式，能有效解决信息生产的指向模糊、成本过高、不能精准传播等问题。具体来说，即根据客户不同的具体需求，充分调用企业已有的各种资源，依托强大的计算机处理能力和各种类型的应用软件工具，进行标准化、大批量、低成本的订制产品生产和服务。在数字技术条件下，信息产品的大规模订制不仅可以实现，而且非常符合数字时代的信息消费需求。人们日常生活中存在着大量的、具体的信息需求，比如房产、旅游、婚恋家庭、汽车、医疗保健，等等。如果媒体能深度挖掘和分析用户的这些需求，在某一领域不断深入，让用户通过上自己的网站、关注自己的社区，方便快捷地获得自己需要的信息，并能进行信息查询、产品对比、售后服务、互动交流和分享乃至产品购买等，那么这家媒体就可以成为人们需要某类信息的首选媒体。

　　如何实现内容的订制服务呢？信息技术的发展已经为此提供了可能。技术与内容是相辅相成发展的关系，事实上数字媒体成功的利器就是新技术运用。当前，搜索引擎、数据库、云计算技、大数据等技术的成熟和不断发展，使数据挖掘成为现实，基于云计算和数据挖掘的"语义网"正在形成。"'语义网'作为 Web.3.0 的网络，和传统的基于网页的万维网存在着根本区别；语义网的关键在于实现精准信息的智能化。"[①] 从技术角度而言，现在为每个用户建立反映其行为轨迹的用户体系完全可以做到的。这些数据分析方式都能够先聚合用户再细分用户，对用户个性化需求、行为方式等进行精确定位和掌握，比如他们喜欢看什么、什么时候看、与谁进行互动和分享；然后围绕不同的用户群体重组、集成内容，为他们提供主题性、个性化的订制内容产品及相关服务产品；最后还可通过各种支付手段，实现智能化信息的收费。

　　②优化内容提供的用户体验感

　　是否注重用户体验是传统媒体大众化传播和数字媒体个性化传播之间的重要区别。所谓体验，是指每个人以个性化的方式参与其中的事件，是当一个人达到情绪、体力、智力甚至于精神的某一特定水平时在意识中产

---

① 郭全中. 传媒大转型 [M]. 广州：中山大学出版社，2013：187.

生的美好感觉。^①互联网经济是一种典型的体验经济，无论是初期的社区、新闻组，还是后来的网络游戏、即时通信、Blog、RSS、SNS等应用，这些应用的核心都在强调以人为中心和用户的体验性。

从内容产品经营的角度，能为用户带来良好的体验感的内容才有价值。一是优化内容产品形态和分发方式。内容与提供方式同样重要，满足内容需求与满足服务需求同样重要，内容获知体验与服务全程体验同样重要。户体验感可用两个简单的指标加以表达，即便利程度和停留时间：便利程度决定信息传播的有效性，而停留时间则体现了受众对媒体价值的认同。因此，哪怕在一些简单具体的产品形态和操作细节层面，也要讲求人性化，比如提高内容响应度。在生活节奏快速的今天，用户的忍耐度有限，网页的相应速度必须做到及时、快速，追求"秒开"。随着触摸屏、无线通信和生物智能穿戴设备等信息技术融入传媒产品，操作的人性化要求提升到一个新的境界，乃至一个按钮的设置都讲求精益求精，以最大程度方便用户为标准。要让用户获取信息摆脱时间、空间、数量、载体、使用方式等方面的限制，让用户享受信息产品更加自由便捷。当前，随着移动媒体成为主要信息载体，终端改变内容的趋势明显，碎片化逐渐成为人们信息消费的新特点。移动媒体使人们的阅读习惯大大改变，"在路上"和快节奏越来越成为常态。

二是优化内容提供的服务方式。这还是要依赖新技术加以实现。这方面的工作主要由计算机系统设计完成，比如搜索引擎具有内容智能筛选功能，可以帮助用户快速找到想要的信息和内容。此外，将断点记忆技术用于新闻信息，可以实现新闻阅读的书签功能和断点播放功能；将信息搜索技术嵌入新闻网站，用户就可根据关键词、日期、主题等快速搜寻到所需的新闻信息；将Cookies和关键词技术运用到新闻推送中，能实现新闻信息的智能推送和广告关联呈现，有助于开展精准服务和精准营销。报业的短板是技术，做数字媒体产品应在加大技术改造与引进产品的便利操作和智能化运用方面下功夫，从而最大化地黏住用户。以报纸转型为例，当前，点播、推送、自动抓取、互动、分享等已成为数字媒体服务提供的常态和标配，

① 周笑. 重构中的媒介价值 [M]. 上海：复旦大学出版社，2008：118.

报纸数字媒体产品显然不能忽略这些方面的功能开发。比如报纸微信客户端，即时语音聊天、群组聊天等功能、定时或按需推送功能、语音留言功能、关联各大社交媒体平台提供分享功能、甚至手机"摇一摇"功能、捆绑及手机通信录等功能，都应该提供给用户。

2. 要积极推动数字技术持续创新

数字媒体产业有别于传统产业的最大不同，就在于其从生产制作、传输传播乃至售后服务都是依托数字技术进行的，数字技术是其发展的基础性要素，是数字媒体产业创新发展的关键，因此，要提升企业的竞争力，就必须加强数字技术的持续创新。所谓技术创新，是指数字媒体企业通过加强基础研究，以技术研发的方式，研发出更加易于生产制作、传输传播、产品保护的数字技术，从而提升企业的市场效益。为实现技术创新的目的，大中型数字内容企业要加大基础研究的投入力度，重点围绕基础前沿和关键核心数字技术进行自主创新，摆脱关键核心技术受制于人的局面；数字媒体企业要以共同利益为基础，加强与关联企业、地方高校、科研院所的联合创新，在技术创新的过程中实现投入共摊、风险共担、人员共参、成果共享；中小型数字媒体企业要以自主创新者的思路和行为参照对象进行模仿创新，通过数字媒体产品进口、技术许可、技术转让、合作企业、合作生产等方式吸收和掌握领先数字媒体产品的核心技术，然后在此基础上进一步改进和完善，进而开发出更具有市场竞争力的数字内容产品。

3. 要积极推动商业模式持续创新

伴随着数字媒体产品形态的多元化，新型商业模式正日益细分数字内容市场，满足消费者的个性化需求成为数字经济时代企业竞争的新方向。尤其是随着互联网、移动终端、物联网、云计算、VR、AI 等新兴技术的不断演进，数字媒体企业在生产经营的各环节正经受着严峻的挑战，重塑商业模式是提升企业竞争力的重要影响因素。首先，企业要实施品牌化和延伸产业链相互结合的商业模式。对于数字媒体产品品牌而言，数字技术的进一步发展为其创造了机遇，也为完善产业链提供了便利，数字媒体企业应通过打造更多优质品牌来延伸产业链，同时反过来产业链的延伸也会辅助企业创造更多的优质品牌，双方相辅相成的商业模式将会有效推动企业发展。其次，企业要积极推行"五位一体"的平台商业发展模式。在数字经济时代，平台公司将会逐步垄断数字化产业利润，欧美发达国家呈现"内容为王"的商业模式，而我国目前却是"平台为王"占据主流，数字媒体企业要提升盈利水平，就必须开发属于自己的互联网平台，推行"传播内容＋交易内容＋下载内容＋自制内容＋开发延伸产品"为一体的商业模式。最后，企业要积极打造数字全产业链集聚发展的商业模式。企业，尤其是大中型数字媒体企业，要积极打造全产业链的数字媒体产业园区，实现虚拟形象打造、制作数字影视动漫、广告植入、数字媒体平台经营以及内容频道经营等共同发展，从而实现规模效益。

（四）提升企业管理水平 促进企业科学发展

虽然近年来中国数字媒体企业进入了快速发展期，取得了一系列显著的发展成就，得到了政府及社会各界的一致认可，但是由于缺乏对数字媒体产业的整体把握，企业内部的管理机制出现了一些问题，已经严重影响到了数字媒体企业乃至数字媒体产业的发展。因此，中国数字媒体企业应积极吸取欧美发达国家数字媒体企业发展经验，以中国数字媒体产业的实际管理状况为出发点，逐步提升企业管理水平，促进企业科学发展，进而提升企业的竞争能力。

1. 数字媒体企业要不断更新管理理念

管理思想及理念的创新是数字媒体企业实施创新管理的首要前提。首先，数字媒体企业管理人员要提升对数字媒体产业的认识程度。数字媒体产业是数字经济时代文化创意产业与信息技术产业高度融合的产物，既涉及传统文化产业、又包含新兴技术产业，所以在管理上是一项极其复杂的工程，管理人员必须对其有一个清醒的认识，明确数字媒体产业与传统产业的区别和联系，进而在企业管理体制上进行创新。其次，数字媒体企业管理人员要积极转变思维方式。企业管理人员要积极适应数字经济时代的发展需要，要认识到企业的数字化转型不仅仅是一场技术革命，更是一场认知革命，同时也是思维方式和经营模式的革命，将会涉及企业战略、组织、运营以及人才等方面的变革与创新，必须积极培养数字化思维，随机而动、主动作为。最后，数字媒体企业要具备合作联盟的管理理念。数字媒体产业涉及数字影视等八大领域，为提升市场占有率，不同领域的数字媒体企业之间应相互合作，由单一化经营向规模集聚化转变，所以企业必须具备集团化和多元化的合作管理理念以应对发展的需要。

2. 数字媒体企业要加快管理机制建设

目前国内数字媒体企业出现的一系列问题，与内部管理机制不健全存在着明显的关联性，只有逐渐建立起完善的内部管理机制，才能有效激发数字媒体企业的创新活力和发展动力，从而提升企业产品的竞争能力。因此，数字媒体企业要加强内部管理机制建设，为企业提升管理效率及水平打下坚实的基础。具体而言，企业首先应把握互联网时代的特征以及数字内容产品的特性，打碎传统的组织结构，以贴近客户、走进客户为目标，并以客户为中心建立事业体，实行扁平化的组织结构，缩短企业与消费者间的距离，让消费者成为企业的"员工"，参与到数字媒体产品的设计研发，传播和推动数字媒体产品。其次，企业要用互联网思维来构建管理机制，在企业内部推行企业平台化、员工创客化以及用户个性化的管理机制改革，强调管理无边界和去中心化，管理者要从企业的发号实力能者转变为资源的提供者以及员工的服务者，企业与员工实现价值共创、利益共享。最后，基于互联网时代的特性，企业应积极推行自组织、自管理、自运行的管理机制，加强对员工内在潜能的开发以及自我管理，从而激发员工的创新创业精神，为数字媒体企业发展提供不竭的创新动力。

3. 数字媒体企业要持续优化管理模式

为适应企业向数字化转型发展的需要，在完善的内部管理机制的基础上，企业还应加快优化管理模式，增强自身的盈利水平和能力。首先，企业要从战略上高度重视数字媒体产业的发展，把握国际国内数字媒体产业发展趋势，从组织结构、管理机制、产品布局、品牌运营、国际化发展等方面为企业发展制定短期和中长期发展战略，为提升企业管理水平奠定基础。其次，要积极借助互联网、大数据、云计算、人工智能等数字技术来推动传统管理模式向数字化转型升级，打造数字化制作、管理、经营、传播等平台，提升管理效率与水平。最后，要利用大数据升级监管手段，构建高效运行的大数据监控平台，积极运用电子预警、数据分析、数据挖掘等数字化技术，围绕数字内容企业的生产经营活动，开展全方位的监管并进行历史数据分析，从而有效帮助企业监管人员实时发现生产经营过程中的不当行为。

（五）参与国际竞争合作 不断开拓国际市场

创新国际化发展之路一直是中国企业实现技术赶超以及能力提升的关键路径，但是作为后发经济体，在国际化过程中上一直面临着市场和技术的双重劣势。企业如何在当前数字经济时代实现从技术模仿到技术引领，真正参与全球竞争、实施国际化经营，实现从"追随者"向"引领者"的转换才是推动中国企业真正崛起的关键。对于数字内容企业来说，要创新国际化竞争合作路径，实现"走出去""走进去""走上去"，进而打开数字媒体领域的国际版图。

1.数字媒体企业"走出去"要加快步伐

就数字媒体企业而言，需要加快"走出去"的步伐，其目的并不是单纯占有国际市场，而是在于增强数字媒体企业的国际化经营能力，能够对全球的资源进行有效的整合与转化，持续提升数字媒体企业的学习和适应能力，进而成为具有世界一流水平的跨国公司。在"走出去"阶段，数字媒体企业在区域的选择上要更加全面，既要关注"一带一路"国家，也要关注新兴市场国家，更要关注欧美等成熟市场国家，通过海外经营引进成熟市场国家的资质、技术以及标准等，弥补企业的短板及软肋；数字内容企业在"走出去"阶段，既要重视产品的数量和规模，更要重视树立企业品牌及品牌价值，为后续企业"走进去"和"走上去"打下坚实的基础；同时数字媒体企业在"走出去"阶段，要注意把握所在国政策法律背景、市场环境，深刻了解当地消费者的消费习惯以及偏好，避免因管控不力给企业形象和品牌带来负面影响。

2.数字媒体企业"走进去"要更有深度

数字媒体企业要实现长远发展，"走出去"不能只注重眼前红利和短期利益，要以追求各方的共同利益为目标，与所在国的文化、民俗相融合，从"走出去"实现"走进去"。所谓"走进去"，是指数字媒体企业要积极融入当地和国际市场，依照国际惯例经营企业。在"走进去"阶段，数字媒体企业不仅要参与到全球价值链体系之中，更重要的是要构建属于自己的国际品牌。数字媒体企业要实现"走进去"，应积极通过海外并购及合作创新的方式来建立创新伙伴，实现对关键技术的收购及整合，从而利用本地品牌来打开国际市场；数字媒体企业要加强要素资源的属地化配置，提升对文化资源、创意要素、劳动力资源的属地化配置能力，积极融入当地市场，实现海外事业扎根发展。

3. 数字媒体企业"走上去"要更有力度

对于数字媒体企业来说，开展国际竞争的本质并不是简单的提供"质优价廉"数字化产品和服务，企业在通过"走出去"进行国际化经营的过程中，要积极开拓国际化视野，提升企业的核心竞争能力，在国际上树立企业的品牌形象，努力"走上去"，最终实现高质量发展。数字媒体企业要实现"走上去"，就必须以创新为驱动，开展技术含量高、附加值高、生命周期长的高端技术研发，向全球输出中国标准；要以创新和布局全球产业链为发展导向，以国际融资为手段，在全球范围内配置资源，向产业链的高端迈进，提升企业核心竞争力；要在全球范围内树立领先的国际品牌形象，打造以数字技术为驱动的自主品牌，提升企业在全球市场的美誉度及话语权。

（六）促进要素资源升级　形成动态竞争优势

除了上述所提到的技术要素外，资源、资本以及人才要素也是形成企业核心竞争力的关键因素。数字技术的快速更新换代，为要素资源的可持续升级提供了可能性，进而为数字媒体产业形成动态竞争优势打下坚实的基础。

1. 以数字技术推动文化资源可持续发展

文化资源是决定中国数字媒体产业国际竞争力的基础，中国拥有丰富的文化资源以及世界文化遗产，为中国数字媒体产业的发展提供了不竭的源泉以及潜在竞争优势。然而文化资源从属性上属于静态竞争优势，企业必须利用数字技术对其进行转换并于产品开发相结合，才能使其焕发出新的生命力。具体而言，企业要加强基础文化资源平台建设，推动数字技术与传统文化资源的深度融合，将可接触的以及不可接触的文化遗产转化为数字文化资源；要借助数字技术加强对传统文化资源的研发、共享及管理，将传统优秀文化资源研发为消费者喜欢的数字影视动漫、网络游戏、网络文学等，使传统文化的理念和精髓通过互联网平台走进消费者的心里；要积极利用数字技术拓宽文化资源的传播路径和空间，丰富消费者的观感体验。

2. 要积极拓宽资金来源渠道和投资能力

对于数字媒体企业来说，资本要素是提升其竞争力的重要保障，其发展离不开对资本要素的高效利用。然而现阶段中国数字媒体企业与欧美发达国家相比，在融资和投资能力方面存在着较大的差距，这也是影响其竞争力的重要因素，因此，数字媒体企业要积极拓宽资金来源渠道，提升资本经营能力。一方面，要积极把握国家对数字媒体产业的财税金融扶持政策，争取国家的扶持与资助。要积极利用国家文化产业发展基金，促进企业数字媒体产品创作、研发以及平台建设；要积极申报高新技术企业的认定，争取在企业所得税方面的优惠。另一方面，要积极实现投融资渠道多元化发展。数字媒体企业要积极通过相互持股、联合经营的方式，开辟多元化的投融资渠道，构建以上市融资、"股权＋项目"、互联网金融、海外融资、私募以及信托等相结合的多元化投融资体系。

3. 要积极为企业长足发展提供人才储备

对与数字媒体企业来说，人才要素是提升其竞争力的根本。然而目前中国数字媒体企业与国外相比存在着明显的劣势，尤其是数字媒体领域存在着严重的人才体系不匹配，在数字影音、网络游戏等领域严重缺乏专业人才，在较大程度上制约了中国数字媒体产业国际竞争力的提升。因此，数字媒体企业要加快优化人才结构，为企业长足发展提供人才储备。具体而言，企业要加大对数字媒体相关领域人才培养的投入力度，针对企业发展战略制定合理有效的数字化人才培育和管理体系；要积极与高校合作加强高层次人才培养，针对企业发展需要重点培养数字视频编辑、数字音乐制作、网络游戏开发以及移动娱乐开发等高技术复合型人才，尤其是培养硕士、博士研究生层次的技术型、管理型人才；企业要与高校、职业院校及培训机构合作加强应用型人才培养，为企业发展提供基础性人才资源；企业要加强培养或引进一批具备国际视野、精通国际运营能力的复合型人才，为企业"走出去"提供人才保障。

参 考 文 献

[1] [美]施拉姆. 传播学概论[M]. 陈亮灯译. 北京：新华出版社，1984.

[2] 张燕飞，严红. 信息产业概论[M]. 武汉：武汉大学出版社，1998.

[3] 郭庆光. 传播学教程[M]. 北京：中国人民大学出版社，1999.

[4] 岳剑波. 信息管理基础[M]. 北京：清华大学出版社，1999.

[5] [美]罗杰·菲德勒. 媒介形态变化：认识新媒介[M]. 北京：华夏出版社，2000.

[6] 陆学艺. 当代中国社会阶层研究报告[M]. 北京：社会科学文献出版社，2002.

[7] 潘知常，林玮. 大众传媒与大众文化[M]. 上海：上海人民出版社，2002.

[8] 陈燕. 超越时空：媒介科技史论[M]. 石家庄：河北大学出版社，2002.

[9] 张轶. 设计中的第四维——人性——新世纪关于设计人性化的思考[J]. 艺术百家，2002（04）.

[10] 胡昌平. 信息服务管理[M]. 北京：科学出版社，2003.

[11] 陈建龙. 信息服务模式研究[J]. 北京大学学报（哲社版），2003（03）.

[12] [加拿大]加阿尔·维托曼古埃尔. 阅读史[M]. 北京：商务印书馆，2004.

[13] [美]迈克尔·波特. 竞争优势[M]. 陈小悦译. 北京：华夏出版社，2004.

[14] 周荣庭. 网络出版[M]. 北京：科学出版社，2004.

[15] 朱春阳. 成就卓越：传媒产品创新研究——一种行为与能力的分析范式[D]. 上海：复旦大学，2004.

[16] 彭兰. 网络媒体产品的增值开发[J]. 网络传播，2004（01）.

[17] 龚勤林. 论产业链构建与城乡统筹发展[J]. 经济学家，2004（03）.

[18] 许正林. 欧洲传播思想史[J]. 上海：上海三联书店，2005.

[19] 李振国，纪淑平. 网络广告媒介的发展趋势及其创新[J]. 商业研究，2006（21）.

[20] 顾涛. 数字技术的发展对电视媒体的影响研究[D]. 大连：大连理工大学，2007.

[21] 柯平，高洁. 信息管理概论[M]. 北京：科学出版社，2007.

[22] [美]柯克帕特里克. 如何做好培训评估：柯氏四级评估法[M]. 奚卫华译. 北京：机械工业出版社，2007

[23] 周笑. 重构中的媒介价值[M]. 上海：复旦大学出版社，2008.

[24] 黄鸣奋. 新媒体与西方数码艺术理论[M]. 上海：学林出版社，2009.

[25] [新西兰]史蒂文·罗杰·费希尔. 阅读的历史[M]. 北京：商务印书馆，2009.

[26] 仲伟俊，梅姝娥，谢园园. 产学研合作技术创新模式分析[J]. 中国软科学，2009（08）.

[27] 刘贵富. 产业链与供应链、产业集群的区别与联系[J]. 学术交流，2010（12）.

[28] 夏立新，翟姗姗，李冠楠. 面向用户需求的个性化政务信息服务模式[J]. 图书情报工作，2010（08）.

[29] [美]保罗·莱文森. 新新媒介[M]. 何道宽译. 上海：复旦大学出版社，2011.

[30] 方卿，等. 出版产业链研究[M]. 北京：高等教育出版社，2011.

[31] 黄先蓉，赵礼寿，刘玲武. 数字技术环境下的出版产业政策调整——基于2000年—2010年数字出版的政策分析[J]. 编辑之友. 2011（07）.

[32] 孙良文. 基于信息系统成功模型的电子政务服务质量研究[J]. 中国管理信息化，2011（02）.

[33] [加拿大]罗伯特·洛根. 理解新媒介——延伸麦克卢汉[M]. 上海：复旦大学出版社，2012.

[34] 郝振省. 2011—2012中国数字出版产业年度报告[M]. 北京：中国书籍

出版社，2012.

[35] 郭全中. 传媒大转型[M]. 广州：中山大学出版社，2013.

[36] 曾元祥，余世英，方卿. 论数字出版产业链主体及其功能定位[J]. 出版科学，2013（03）.

[37] 方卿，曾元祥，余世英. 数字出版产业链的二元结构分析[J]. 出版科学，2013（03）.

[38] 喻国明. 当前中国传媒业发展面临的四个转变——关于现阶段中国传媒业发展基本面分析的若干结论[J]. 新闻与写作，2013（04）.

[39] 武海东. 基于信息系统成功模型的数字资源统一检索系统评价[J]. 情报杂志，2013（04）.

[40] [美]约瑟夫·熊彼特. 经济发展理论[M]. 南昌：江西教育出版社，2014.

[41] 邓仲华，李立睿，陆颖隽. 大数据环境下嵌入科研过程的信息服务模式研究[J]. 图书与情报，2014（01）.

[42] 孙瑞英. 信息服务与用户认知过程的关联与互动研究[J]. 情报杂志，2014，33（4）.

[43] 胡昌平. 信息服务与用户[M]. 武汉：武汉大学出版社，2015.

[44] 吕怀伟. 基于D&M模型的电子政务成功研究[D]. 石家庄：河北工业大学，2015.

[45] 叶舒，严威川. 人工智能：改变世界的技术浪潮[J]. 信息安全与通信保密，2016（12）.

[46] 邓君，张巨峰，孟欣欣，等. 基于用户感知的公共档案馆服务质量影响因素研究[J]. 图书情报工作，2016（16）.

[47] 王晶晶. 基于CSI的高校移动数字图书馆服务质量评价研究[J]. 现代情报，2016（08）.

[48] 孙绍伟，甘春梅，宋常林. 基于D&M的图书馆微信公众号持续使用意愿研究[J]. 图书馆论坛，2017（01）.

[49] 周畅. 新媒体编辑胜任力模型构建与应用研究[D]. 武汉：武汉大学，2018.

[50] 武菲菲．人工智能技术与出版行业的融合应用[J]．出版广角，2018（01）．

[51] 郑文范，关宝瑞．论产业链、创新链与资金链合理配置[J]．山东科技大学学报（社会科学版），2018（02）．